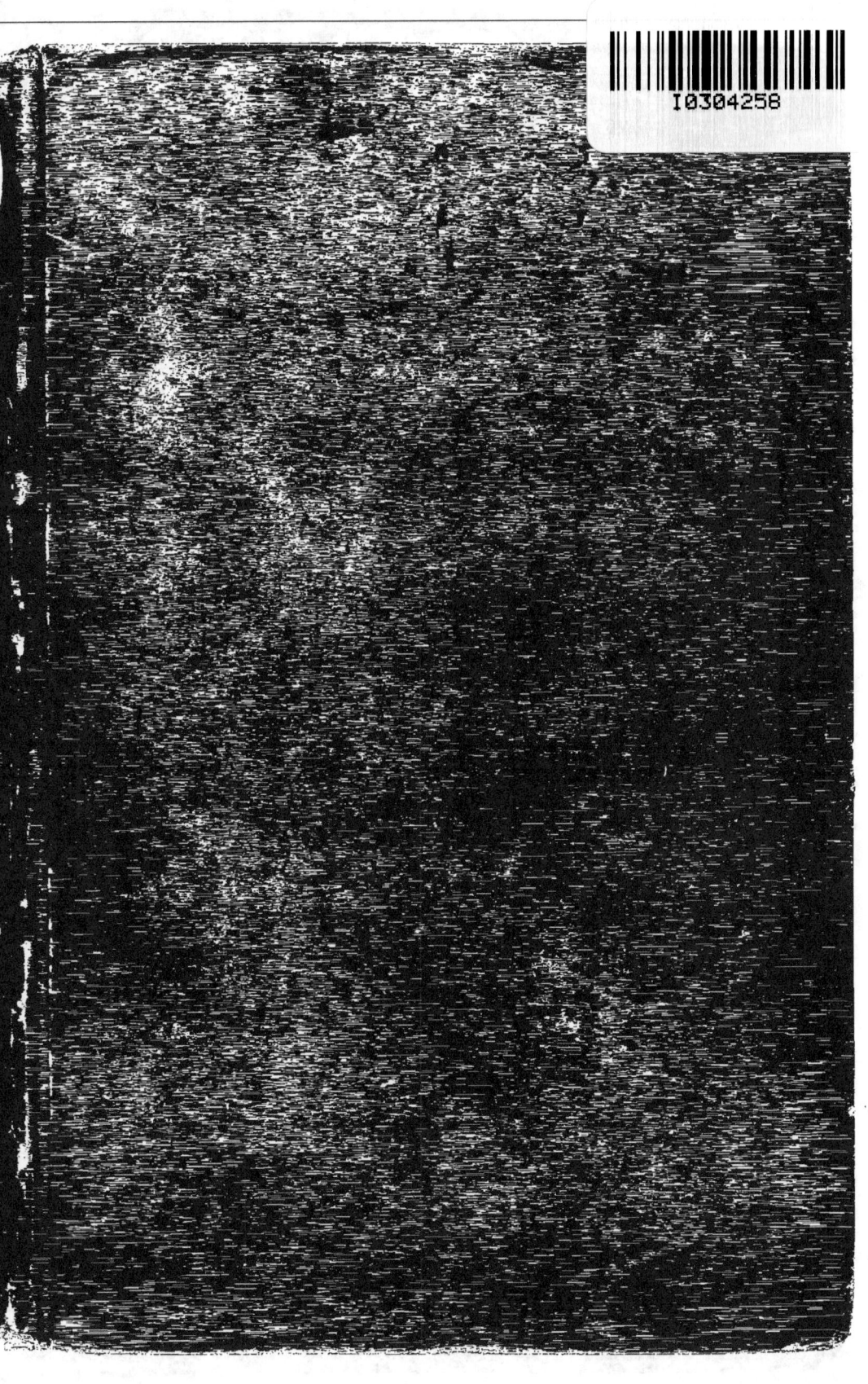

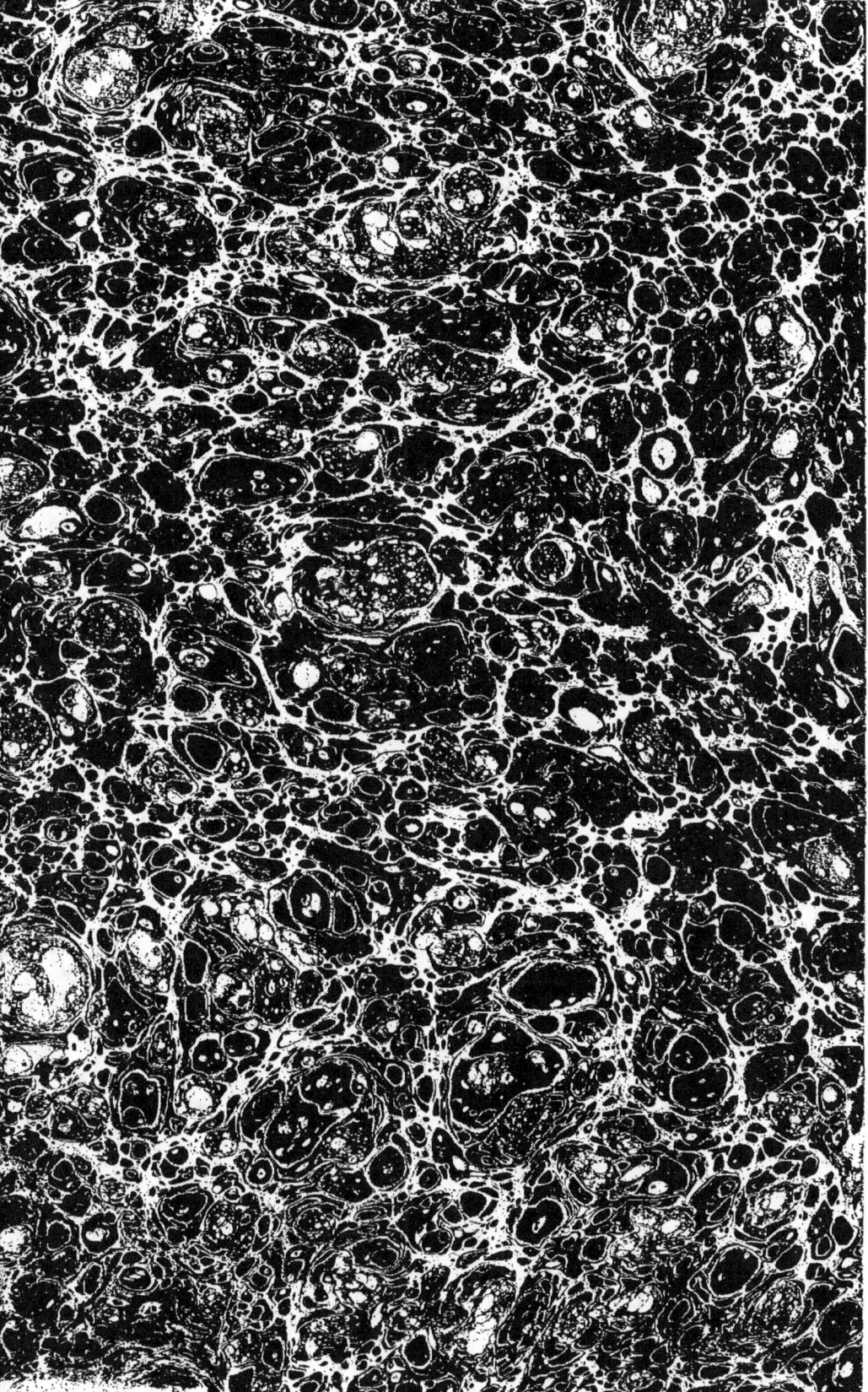

1291. 9ter
H.

# VOYAGE

## AUX RÉGIONS ÉQUINOXIALES

DU

# NOUVEAU CONTINENT.

DE L'IMPRIMERIE DE J. SMITH.

# VOYAGE

## AUX RÉGIONS ÉQUINOXIALES

DU

## NOUVEAU CONTINENT,

FAIT EN 1799, 1800, 1801, 1802, 1803 ET 1804,

PAR AL. DE HUMBOLDT ET A. BONPLAND,

RÉDIGÉ

PAR ALEXANDRE DE HUMBOLDT;

AVEC UN ATLAS GÉOGRAPHIQUE ET PHYSIQUE.

TOME TROISIÈME.

A PARIS,

A LA LIBRAIRIE GRECQUE – LATINE – ALLEMANDE, RUE DES
FOSSÉS-MONTMARTRE, N.° 14.

1817.

# VOYAGE
## AUX RÉGIONS ÉQUINOXIALES
### DU
# NOUVEAU CONTINENT.

## LIVRE III.

### CHAPITRE VI.

*Montagnes de la Nouvelle-Andalousie.— Vallée de Cumanacoa.— Cime du Cocollar. — Missions des Indiens Chaymas.*

Notre première excursion à la péninsule d'Araya fut bientôt suivie d'une autre plus longue et plus instructive dans l'intérieur des montagnes, aux missions des Indiens Chaymas. Des objets d'un intérêt varié y appeloient notre attention. Nous entrions dans un pays hérissé de forêts : nous allions visiter un couvent ombragé de palmiers et de fougères en arbres, situé dans une vallée étroite, où l'on jouit, au centre de la zone torride, d'un climat frais et délicieux. Les montagnes d'alentour renferment des cavernes habitées par des milliers d'oiseaux nocturnes; et, ce qui frappe plus l'imagination que toutes les merveilles du monde physique, on trouve, au-delà de ces montagnes, un peuple naguère encore nomade, sortant à peine de l'état de nature, sauvage sans être barbare, stupide plutôt par ignorance que par un long abrutissement. A cet intérêt si puissant se mêloient involontairement des souvenirs historiques. C'est dans le promontoire de Paria que Colomb a reconnu le premier la terre continentale : c'est là que se terminent ces vallons, dévastés tour à tour par les Caribes guerriers et anthropophages, et par les peuples commerçans et policés de l'Europe. Dans le commencement du seizième siècle, les malheureux Indiens des côtes de Carupano, de Macarapan et de Caracas furent traités comme l'ont été de nos jours les habitans de la côte de Guinée. On cultivoit le sol des Antilles; on y transplantoit des végétaux de l'ancien continent; mais la

Terre-Ferme resta long-temps étrangère à un système régulier de colonisation. Si les Espagnols en visitoient le littoral, ce n'étoit que pour se procurer, soit par violence, soit par échange, des esclaves, des perles, des grains d'or et du bois de teinture. On crut ennoblir les motifs de cette avarice insatiable, en affectant un zèle passionné pour la religion; car chaque siècle a ses nuances, son caractère particulier.

La traite des indigènes à teint cuivré fut accompagnée des mêmes actes d'inhumanité que celle des nègres africains : elle eut aussi les mêmes suites, elle rendit plus farouches et les vainqueurs et les vaincus. Dès-lors, les guerres devinrent plus fréquentes parmi les indigènes; les prisonniers furent traînés de l'intérieur des terres vers les côtes, pour être vendus aux blancs qui les enchaînoient sur leurs vaisseaux. Cependant les Espagnols étoient à cette époque, et furent encore long-temps après, une des nations les plus civilisées de l'Europe. La vive lumière dont brilloient les lettres et les arts en Italie, avoit rejailli sur tous les peuples dont les langues remontent à la même source que celle du Dante et de

Pétrarque. On auroit dit qu'un adoucissement général dans les mœurs devoit être la suite de ce développement de l'esprit, de ces élans sublimes de l'imagination. Mais au-delà des mers, partout où la soif des richesses amène l'abus de la puissance, les peuples de l'Europe, à toutes les époques de l'histoire, ont déployé le même caractère. Le beau siècle de Léon X fut signalé, dans le Nouveau-Monde, par des actes de cruauté qui semblent appartenir aux siècles les plus barbares. On est moins surpris de l'effrayant tableau que présente la conquête de l'Amérique, si l'on se rappelle ce qui se passe encore, malgré les bienfaits d'une législation plus humaine, sur les côtes occidentales de l'Afrique.

Le commerce des esclaves avoit cessé depuis long-temps à la Terre-Ferme, grâce aux principes adoptés par Charles-Quint; mais les *Conquistadores*, en continuant leurs incursions, prolongeoient ce système de petite guerre, qui a diminué la population américaine, perpétué les haines nationales, étouffé pendant long-temps les germes de la civilisation. Enfin des missionnaires, protégés par le bras séculier, firent entendre des paroles de paix. Il appartenoit à la religion de consoler l'humanité d'une partie des maux causés en son nom ; elle a plaidé la cause des indigènes devant les rois ; elle a résisté aux violences des commendataires ; elle a réuni des tribus errantes dans ces petites communautés que l'on appelle *missions*, et dont l'existe ce favorise les progrès de l'agriculture. C'est ainsi que se sont formés insensiblement, mais d'après une marche uniforme et préméditée, ces vastes établissemens monastiques, ce régime extraordinaire, qui tend sans cesse à s'isoler, et place sous la dépendance des ordres religieux des pays quatre ou cinq fois plus étendus que la France.

Des institutions, si utiles pour arrêter l'effusion du sang et pour jeter les premières bases de la société, sont devenues par la suite contraires à ses progrès. L'effet de l'isolement a été tel, que les Indiens sont restés dans un état peu différent de celui où ils se trouvoient, lorsque leurs habitations éparses n'étoient point encore réunies autour de la maison du missionnaire. Leur nombre a considérablement augmenté, mais non la sphère de leurs idées.

Ils ont perdu progressivement de cette

vigueur de caractère et de cette vivacité naturelle, qui, dans tous les états de l'homme, sont les nobles fruits de l'indépendance. En soumettant à des règles invariables jusqu'aux moindres actions dl eur vie domestique, on les a rendus stupides, à force de les rendre obéissans. Leur nourriture est en général plus assurée, leurs habitudes sont devenues plus paisibles; mais assujétis à la contrainte et à la triste monotonie du gouvernement des missions, ils annoncent, par un air sombre et concentré, qu'ils ont sacrifié à regret la liberté au repos. Le régime monastique, restreint à l'enceinte du cloître, tout en enlevant à l'état des citoyens utiles, peut servir quelquefois à calmer les passions, à consoler de grandes douleurs, à nourrir l'esprit de méditation; mais transplanté dans les forêts du Nouveau-Monde, appliqué aux rapports multipliés de la société civile, il a des suites d'autant plus funestes que sa durée est plus longue. Il entrave, de génération en génération, le développement des facultés intellectuelles; il empêche les communications parmi les peuples, il s'oppose à tout ce qui élève l'ame et agrandit les conceptions. C'est par la réunion

## CHAPITRE VI.

de ces causes diverses, que les indigènes qui habitent les missions, se maintiennent dans un état d'inculture que nous appellerions stationnaire, si les sociétés ne suivoient pas la marche de l'esprit humain, si elles ne rétrogradoient point, par cela même qu'elles cessent d'avancer.

Ce fut le 4 septembre, à cinq heures du matin, que nous commençâmes notre voyage aux missions des Indiens Chaymas et au groupe de montagnes élevées qui traversent la Nouvelle-Andalousie. On nous avoit conseillé, à cause de l'extrême difficulté des chemins, de réduire nos bagages au plus petit volume. Deux bêtes de somme suffisoient en effet pour porter nos provisions, nos instrumens et le papier nécessaire pour sécher les plantes. Une même caisse renfermoit un sextant, une boussole d'inclinaison, un appareil pour déterminer la déclinaison magnétique, des thermomètres et l'hygromètre de Saussure. C'est le choix des instrumens, auquel nous nous arrêtâmes constamment dans les courses de peu de durée. Quant au baromètre, il exigeoit plus de soins encore que le garde-temps : je puis ajouter que c'est l'instrument qui donne le plus d'embarras aux voyageurs. Nous le confiâmes pendant cinq ans à un guide qui nous suivoit à pied; et cette précaution, assez dispendieuse, ne l'a pas toujours mis à l'abri des accidens. Ayant déterminé avec précision l'époque des marées atmosphériques, c'est-à-dire les heures auxquelles le mercure monte et descend régulièrement tous les jours sous les tropiques, nous avions reconnu la possibilité de niveler le pays au moyen du baromètre, sans employer des observations correspondantes faites à Cumana. Les plus grands changemens dans la pression de l'air ne s'élèvent, dans ces climats, sur les côtes, qu'à 1-1,3 ligne; et si l'on a une seule fois marqué, dans un lieu et à une heure quelconques, la hauteur du mercure, on peut indiquer, avec quelque probabilité, les variations qu'éprouve cette hauteur pendant l'année entière, à toutes les époques du jour et de la nuit [1]. Il en résulte que, sous la zone torride, le manque d'observations correspondantes ne peut guère causer des erreurs qui excèdent 12-15 toises, ce qui est peu im-

---

[1] *Voyez* mes *Observ. astron.*, Tom. I, p. 289.

portant lorsqu'il s'agit d'un nivellement géologique, ou de l'influence des hauteurs sur le climat et la distribution des végétaux.

La matinée étoit d'une fraîcheur délicieuse. Le chemin, ou plutôt le sentier qui conduit à Gumanacoa, suit la rive droite du Manzanarès, en passant par l'hospice des Capucins, situé dans un petit bois de gayac et de câpriers [1] arborescens. En sortant de Cumana, nous jouîmes, du haut de la colline de San Francisco, pendant la courte durée du crépuscule, d'une vue étendue sur la mer, sur la plaine couverte de *Bera* à fleurs dorées [2], et sur les montagnes du Brigantin. Nous étions frappés de la grande proximité, dans laquelle se présentoit la Cordillère avant que le disque du soleil levant eût atteint l'horizon. La teinte bleuâtre des cimes est plus foncée, leurs contours paroissent plus fermes, leurs masses plus détachées, aussi long-temps que la trans-

---

[1] On appelle ces câpriers dans le pays : *Pachaca, Olivo, Ajito;* ce sont Capparis tenuisiliqua, Jacq., C. ferruginea, C. emarginata, C. elliptica, C. reticulata, C. racemosa.

[2] *Palo sano,* Zygophyllum arboreum Jacq. Les fleurs ont l'odeur de la vanille.

parence de l'air n'est pas troublée par les vapeurs qui, accumulées pendant la nuit dans les vallons, s'élèvent à mesure que l'atmosphère commence à s'échauffer.

À l'hospice de la *Divina Pastora*, le chemin se dirige vers le nord-est, et traverse, pendant deux lieues, un terrain dépourvu d'arbres, et anciennement nivelé par les eaux. On y trouve non seulement des Cactiers, des touffes de Tribulus à feuilles de Ciste, et la belle Euphorbe pourprée, cultivée dans les jardins de la Havane sous le nom bizarre de *Dictamno real*, mais aussi l'Avicennia, l'Allionia, le Sesuvium, le Thalinum, et la plupart des Portulacées qui croissent sur les bords du golfe de Cariaco. Cette distribution géographique des plantes semble désigner les limites de l'ancienne côte, et prouver, comme nous l'avons remarqué plus haut, que les collines, dont nous longeâmes le revers méridional, formoient jadis un îlot séparé du continent par un bras de mer.

Après deux heures de chemin, nous arrivâmes au pied de la haute chaîne de l'inté-

---

[1] Euphorbia tithymaloides.

rieur, qui se prolonge de l'est à l'ouest, depuis le Brigantin jusqu'au Cerro de San Lorenzo. C'est là que commencent de nouvelles roches, et avec elles un autre aspect de la végétation. Tout y prend un caractère plus majestueux et plus pittoresque. Le terrain, abreuvé par des sources, est sillonné dans tous les sens. Des arbres, d'une hauteur gigantesque et couverts de lianes, s'élèvent dans les ravins; leur écorce, noire et brûlée par la double action de la lumière et de l'oxigène atmosphérique, contraste avec la fraîche verdure des Pothos et des Dracontium, dont les feuilles coriaces et luisantes ont quelquefois plusieurs pieds de longueur. On diroit que les Monocotylédones parasites remplacent, entre les tropiques, la mousse et les lichens de notre zone boréale. A mesure que nous avancions, les rochers, tant par leur forme que par leur agroupement, nous rappeloient les sites de la Suisse et du Tyrol. Dans ces Alpes de l'Amérique, même à des hauteurs considérables, végètent des Héliconia, des Costus, des Maranta et d'autres plantes de la famille des Balisiers, qui, près des côtes, ne se plaisent que dans les endroits bas et humides. C'est ainsi que, par un rapprochement extraordinaire, dans la zone torride comme dans le nord de l'Europe[1], sous l'influence d'une atmosphère continuellement chargée de vapeurs, comme sur un sol humecté par des neiges fondantes, la végétation des montagnes offre tous les traits qui caractérisent la végétation des marécages.

Avant de quitter les plaines de Cumana et les brèches ou grès calcaires qui constituent le sol du littoral, nous rappellerons les différentes couches dont se compose cette formation très-récente, telle que nous l'avons observée sur le revers des collines qui entourent le château Saint-Antoine. Cette indication est d'autant plus indispensable, que nous apprendrons bientôt à connoître d'autres roches, qu'on pourroit aisément confondre avec les poudingues des côtes. En avançant vers l'intérieur du continent, nous verrons se dérouler peu à peu à nos yeux le tableau géologique de ces contrées.

La *brèche*, ou *grès calcaire*, est une for-

[1] *Wahlenberg, de vegetatione Helvetiæ et summi Septentrionis*, p. XLVII et LIX.

mation locale et partielle, propre à la péninsule d'Araya¹, au littoral de Cumana et de Caracas. Nous l'avons retrouvée au Cabo Blanco, à l'ouest du port de la Guayra, où elle renferme, outre des débris de coquilles et de madrépores, des fragmens souvent anguleux de quarz et de gneiss. Cette circonstance rapporte la brèche de ce grès récent, désigné par les minéralogistes allemands sous le nom de *nagelfluhe*, et qui couvre une si grande partie de la Suisse, jusqu'à mille toises de hauteur², sans offrir cependant quelque trace de productions pelagiques. Près de Cumana, la *formation de brèche calcaire* se compose, 1.° d'un *calcaire compacte* gris-blanchâtre, dont les couches, tantôt horizontales, tantôt irrégulièrement inclinées, ont cinq à six pouces d'épaisseur. Quelques bancs sont presque sans mélange de pétrifications; mais, dans la plupart, les cardites, les turbinites, les ostracites et des coquilles de petites dimensions se trouvent rapprochées à tel point, que la masse calcaire ne forme qu'un ciment,

---

¹ *Voyez* plus haut, Tom. II, p. 333.
² Au Hohgant qui domine l'Emmethal.

par lequel sont unis des grains de quarz et les corps organiques; 2.º d'un *grès calcaire*, dans lequel les grains de sable sont beaucoup plus fréquens que les coquilles pétrifiées : d'autres couches forment un grès entièrement dépourvu de débris organiques, faisant peu d'effervescence avec les acides, et enchâssant, non des paillettes de mica, mais des rognons de mine de fer brune compacte; 3.º des bancs d'*argile endurcie*, qui renferment de la sélénite et du gypse lamelleux[1]. Ces derniers bancs offrent beaucoup d'analogie avec l'argile muriatifère de Punta Araya, et paroissent constamment inférieurs aux couches précédentes.

La formation de brèche ou d'agglomérat du littoral que nous venons de décrire, a une teinte blanche; elle repose immédiatement sur le calcaire de Cumanacoa, qui est gris-bleuâtre. Ces deux roches contrastent d'une manière aussi tranchante, que la molasse du pays de Vaud avec le calcaire du Jura[2]. Il est à remarquer qu'au contact des

[1] Au nord du château de Saint-Antoine, tout près de Cumana.

[2] Par exemple, près d'Aarau, de Boudry et de Porentrui, en Suisse.

deux formations superposées, les bancs du calcaire de Cumanacoa, que je regarde comme un *calcaire alpin*, sont presque toujours fortement chargés d'argile et de marne. Dirigés, comme les schistes micacés d'Araya, du nord-est au sud-ouest, ils se trouvent inclinés, près de Punta Delgada, sous un angle de 60° au sud-est.

Nous traversâmes la forêt par un sentier étroit; nous longeâmes un ruisseau qui coule en bouillonnant sur un lit de rochers. Nous observâmes que la végétation étoit plus belle partout où le *calcaire alpin* est recouvert d'un *grès quarzeux*, dépourvu de pétrifications, et très-différent de la *brèche du littoral*. La cause de ce phénomène ne tient vraisemblablement pas autant à la nature du terreau, qu'à la plus grande humidité du sol. Le grès quarzeux renferme des couches peu épaisses d'une argile schisteuse[1] noirâtre, qu'on confondroit aisément avec du *thonschiefer* secondaire; et ce sont ces couches qui empêchent les eaux de se perdre dans les crevasses dont est rempli le calcaire alpin. Ce dernier offre

[1] *Schieferthon.*

ici, comme dans le pays de Salzbourg et dans la chaîne des Apennins, des bancs fracturés et fortement inclinés. Le grès, au contraire, partout où il est superposé à la roche calcaire, rend l'aspect des sites moins sauvage; les collines qu'il forme paroissent plus arrondies, et leur revers, doucement incliné, est couvert d'un terreau plus épais.

C'est dans ces lieux humides où le grès enveloppe le calcaire alpin, que l'on trouve constamment quelque trace de culture. Nous rencontrâmes des cabanes habitées par des métis, dans le ravin de Los Frailes, comme entre la Cuesta de Caneyes et le Rio Guriental. Chacune de ces cabanes est placée au centre d'un enclos qui renferme des bananiers, des papayers, de la canne à sucre et du maïs. On pourroit être surpris de la petite étendue de ces terrains défrichés, si l'on ne se rappeloit[1] qu'un arpent cultivé en bananiers rapporte près de vingt fois plus de substance alimentaire que le même espace semé en céréales. En Europe, nos graminées nourrissantes,

[1] *Essai polit. sur la Nouvelle-Espagne*, Tom. III, p. 36 de l'éd. in-8.°

le froment, l'orge et le seigle, couvrent de vastes étendues de pays : les terres labourées se touchent nécessairement partout où les peuples tirent leur nourriture des céréales. Il n'en est pas de même sous la zone torride, où l'homme a pu s'approprier des végétaux qui donnent des récoltes plus abondantes et moins tardives. Dans ces climats heureux, l'immense fertilité du sol répond à l'ardeur et à l'humidité de l'atmosphère. Une population nombreuse trouve abondamment sa nourriture sur un espace étroit, couvert de bananiers, de manioc, d'ignames et de maïs. L'isolement des cabanes dispersées au milieu de la forêt, indique au voyageur la fécondité de la nature; souvent un petit coin de terre défriché suffit au besoin de plusieurs familles.

Ces considérations sur l'agriculture de la zone torride rappellent involontairement les rapports intimes qui existent entre l'étendue des défrichemens et les progrès de la société. Cette richesse du sol, cette force de la vie organique, tout en multipliant les moyens de subsistance, ralentissent la marche des peuples vers la civilisation. Sous un climat doux et uniforme, le seul besoin urgent de l'homme est celui de la nourriture. C'est le sentiment de ce besoin qui excite au travail; et l'on conçoit aisément pourquoi, au sein de l'abondance, à l'ombre des bananiers et de l'arbre à pain, les facultés intellectuelles se développent moins rapidement que sous un ciel rigoureux, dans la région des céréales, où notre espèce est sans cesse en lutte avec les élémens. Lorsqu'on embrasse d'un coup d'œil général les pays occupés par les peuples agricoles, on observe que les terrains cultivés restent séparés par des forêts ou se touchent immédiatement, non-seulement selon l'accroissement de la population, mais selon le choix des plantes alimentaires. En Europe, nous jugeons du nombre des habitans par l'étendue de la culture: sous les tropiques, au contraire, dans la partie la plus chaude et la plus humide de l'Amérique méridionale, des provinces très-peuplées paroissent presque désertes, parce que l'homme, pour s'y nourrir, ne soumet au labourage qu'un petit nombre d'arpens.

Ces circonstances, bien dignes d'attention, modifient à la fois l'aspect physique du pays et le caractère de ses habitans; elles donnent à l'un et à l'autre une physionomie particulière, quelque chose d'agreste et d'inculte, qui appartient à une nature dont l'art n'a point encore altéré le type primitif. Sans voisins, presque sans commerce avec les hommes, chaque famille de colons forme une peuplade isolée. Cet isolement arrête ou ralentit les progrès vers la civilisation, qui ne peut s'accroître qu'à mesure que la société devient plus nombreuse, et que ses liens sont plus intimes et plus multipliés : mais la solitude développe aussi et raffermit dans l'homme le sentiment de l'indépendance et de la liberté; c'est par elle qu'est nourrie cette fierté de caractère, qui, dans tous les temps, a distingué les peuples de race castillane.

Ces mêmes causes, dont l'influence puissante nous occupera souvent dans la suite, tendent à conserver au sol, dans les régions les plus habitées de l'Amérique équinoxiale, un aspect sauvage qui se perd, dans les climats tempérés, par la culture des graminées nourrissantes. Entre les tropiques, les peuples agricoles occupent moins de terrain : l'homme y a moins étendu son empire; on diroit qu'il y paroît, non comme un maître absolu qui change à son gré la surface du sol, mais comme un hôte passager qui jouit paisiblement des bienfaits de la nature. En effet, dans le voisinage des cités les plus populeuses, la terre reste hérissée de forêts ou couverte d'une bourre épaisse que le soc n'a jamais fendue. Les plantes spontanées y dominent encore, par leur masse, sur les plantes cultivées, et déterminent seules l'aspect du paysage. Il est à présumer que cet état de choses ne changera qu'avec une extrême lenteur. Si, dans nos climats tempérés, la culture des céréales contribue à répandre une triste uniformité sur les terrains défrichés, on ne sauroit douter que, même avec une population croissante, la zone torride conservera cette majesté des formes végétales, ces traits d'une nature vierge et indomptée qui la rendent si attrayante et si pittoresque. C'est ainsi que, par un enchaînement remarquable de causes physiques et morales, le choix et le produit des plantes alimentaires influent à la fois sur trois objets importans: l'association ou l'isolement des familles, les progrès plus ou moins lents de la civilisation, et le caractère individuel du paysage.

A mesure que nous nous enfonçâmes dans la forêt, le baromètre nous indiqua l'élévation progressive du sol. Les troncs des arbres offroient ici un coup d'œil extraordinaire : une graminée [1] à rameaux verticillés grimpe, comme une liane, à huit ou dix pieds de hauteur, et forme des festons qui traversent le chemin et sont balancés par les vents. Nous fîmes halte, vers les trois heures de l'après-midi, sur un petit plateau, que l'on désigne sous le nom de *Quetepe*, et qui est élevé à peu près de 190 toises au-dessus du niveau de l'Océan. Quelques cases [2] ont été construites près d'une source renommée, parmi les indigènes, par sa fraîcheur et sa grande salubrité. L'eau de cette source nous parut

---

[1] *Carice* analogue au *Chusque* de Santa-Fe, du groupe des Nastus. Cette graminée donne une excellente nourriture pour les mulets. *Voyez* les *Nova Genera et Species Plantarum equin.* (Tom. I, p. 201 de l'éd. in-4°.) que je publie conjointement avec MM. Bonpland et Kunth.

[2] *Habitacion de Don Juan Pelay.*

en effet très-belle : sa température étoit[1] de 22°,5 du thermomètre centigrade, tandis que celle de l'air s'élevoit à 28°,7. Les sources qui descendent des montagnes voisines plus élevées, indiquent souvent un décroissement de chaleur trop rapide. En effet, si l'on suppose de 26° la température moyenne des eaux à la côte de Cumana, on doit en conclure, à moins que d'autres causes locales ne modifient la température des sources, que celle de Quetepe acquiert sa grande fraîcheur à plus de 350 toises d'élévation absolue[2]. En parlant des sources qui jaillissent dans les plaines de la zone torride ou à de petites élévations, je ferai observer, en général, que c'est seulement dans les régions, où la température moyenne de l'été diffère beaucoup de celle de l'année entière, que les habitans peuvent boire de l'eau de fontaine extrêmement froide, pendant la saison des grandes chaleurs. Les Lapons, près d'Umeo et de Sörsele, sous les 65° de latitude, se rafraî-

[1] De 18° R.

[2] *Voyez* plus haut, Tom. I, p. 255; Tom. II, p. 181 et 232.

chissent à des sources, dont la température, au mois d'août, est à peine de 2 à 3 degrés au-dessus du point de la congélation [1], tandis que, le jour, la chaleur de l'air s'élève à l'ombre, dans ces mêmes régions boréales, à 26 ou 27 degrés. Dans nos climats tempérés, en France et en Allemagne, la différence entre l'air et les sources n'excède jamais 16 à 17 degrés : entre les tropiques, il est même rare qu'elle s'élève à 5 ou 6 degrés. On se rend facilement raison de ces phénomènes, en se rappelant que l'intérieur du globe et les eaux souterraines ont une température presque identique avec la température moyenne annuelle de l'air, et que cette dernière diffère d'autant plus de la chaleur moyenne de l'été, que l'on s'éloigne de l'équateur. L'inclinaison magnétique à Quetepe étoit de 42°,7 de la division centésimale : le cyanomètre n'indiquoit, pour la couleur du ciel au zénith, que 14°, sans doute parce que la saison des pluies avoit commencé depuis quelques jours, et que l'air étoit déjà mêlé de vapeurs [2].

[1] *Kongl. Vetensk. Acad. Nya Handl.*, 1809, p. 205.
[2] A quatre heures du soir : hygomètre de Deluc,

Du haut d'une colline de grès qui domine la source de Quetepe, nous jouîmes d'une vue magnifique sur la mer, le cap Macanao et la péninsule de Maniquarez. Une immense forêt s'étendoit à nos pieds jusqu'au rivage de l'Océan : les cimes des arbres, entrelacées de lianes, couronnées de longs panaches de fleurs, formoient un vaste tapis de verdure, dont la teinte sombre relevoit l'éclat de la lumière aérienne. L'aspect de ce site nous frappoit d'autant plus, que nos yeux embrassoient ici, pour la première fois, ces grandes masses de la végétation des tropiques. Nous cueillîmes, sur la colline de Quetepe, au pied du Malpighia *cocolloboefolia*, dont les feuilles sont extrêmement coriaces, parmi des touffes de Polygala *montana*, les premiers Melastomes, surtout cette belle espèce décrite sous le nom de M. rufescens. Le souvenir de ce site nous restera long-temps présent

48°; thermomètre centigrade, 26°,5. De Quetepe, je relevai, avec la boussole, le cap Macanao N.26°O. L'angle entre ce cap et la vallée San Juan de l'île de la Marguerite est de 29° 28'. La distance directe de Quetepe à Cumana paroît être de trois lieues et demie.

à la mémoire : le voyageur conserve une vive prédilection pour les lieux où il rencontre un groupe de plantes qu'il n'a point encore vues à l'état sauvage.

En avançant vers le sud-ouest, le sol devient aride et sablonneux : nous gravîmes un groupe de montagnes assez élevées qui séparent la côte des vastes plaines ou savanes bordées par l'Orénoque. La partie de ce groupe, sur laquelle passe le chemin de Cumanacoa, est dénuée de végétation, et a des pentes rapides vers le nord et le sud. On la désigne sous le nom de l'*Imposible*, parce qu'on pense qu'en cas d'un débarquement de l'ennemi, cette crête de montagnes offriroit un asyle aux habitans de Cumana. Nous arrivâmes à la cime peu de temps avant le coucher du soleil, et je pus à peine prendre quelques angles horaires pour déterminer la longitude du lieu, au moyen du chronomètre [1].

---

[1] *Voyez mes Observ. astron.*, Tom. I, p. 94. La latitude doit être près de 10° 23′ à cause de la distance à la côte méridionale du golfe de Cariaco. Je relevai la rade de Cumaná, N.61°20′O.; le cap Macanao, N.29°27′O.; la Laguna Grande, sur la côte septentrionale du golfe de Cariaco, N.3°10′O.; le Cerro del Ber-

La vue de l'Imposible est plus belle et plus étendue que celle du plateau de Quetepe. Nous distinguâmes très-bien, et à la simple vue, la cime aplatie du Brigantin, dont il seroit si important de bien fixer la position, l'embarcadère et la rade de Cumana. La côte rocheuse de la péninsule d'Araya se dessinoit dans toute sa longueur. Nous fûmes frappés surtout de la configuration extraordinaire d'un port, que l'on désigne sous le nom de *Laguna Grande* ou *Laguna del Obispo*. Un vaste bassin, environné de hautes montagnes, communique au golfe de Cariaco par un canal étroit, qui ne donne passage qu'à un seul vaisseau. Ce port, dont M. Fidalgo a levé le plan détaillé, pourroit contenir plusieurs escadres à la fois. C'est un lieu désert, fréquenté, d'année en année, par des bâtimens qui conduisent des mulets aux îles Antilles. On trouve quelques pâturages au fond de

gantin (centre de la Mesa), S.27°5′O. Distance plus courte à la mer : trois à quatre milles. Les angles ont été pris, en partie par le sextant, en partie par la boussole. Ces derniers sont déjà corrigés par la déclinaison magnétique.

la baie. Nous suivîmes de l'œil les sinuosités de ce bras de mer qui, semblable à un fleuve, s'est creusé un lit entre des rochers, taillés à pic et dénués de végétation. Ce coup d'œil extraordinaire rappelle le fond du paysage fantastique dont Léonard de Vinci a orné le fameux portrait de la Joconde [1].

Nous pûmes observer, au chronomètre, le moment où le disque du soleil toucha l'horizon de la mer. Le premier contact eut lieu à $6^h 8' 13''$; le second, à $6^h 10' 26''$, en temps moyen. Cette observation, qui n'est pas sans intérêt pour la théorie des réfractions terrestres, fut faite au sommet de la montagne, à la hauteur absolue de 296 toises. Le coucher du soleil fut accompagné d'un refroidissement de l'air bien rapide. Trois minutes après le dernier contact apparent du disque avec l'horizon de la mer, le thermomètre baissa subitement de $25°,2$ à $21°,3$. Ce refroidissement extraordinaire étoit-il l'effet de quelque courant descendant? L'air cependant étoit calme, et aucun vent horizontal ne se fit sentir.

Nous passâmes la nuit dans une maison où

[1] Mona Lisa, épouse de Francesco del Giocondo.

il y a un poste militaire de huit hommes commandés par un sergent espagnol. C'est un hospice, construit à côté d'un magasin à poudre, et qui offre au voyageur toute sorte de secours. Le même détachement militaire habite la montagne pendant cinq à six mois. On choisit de préférence les soldats qui ont des *chacras* ou plantations dans les environs. Lorsqu'après la prise de l'île de la Trinité par les Anglois, en 1797, la ville de Cumana fut menacée d'une attaque, beaucoup d'habitans se réfugièrent à Cumanacoa, et déposèrent ce qu'ils avoient de plus précieux dans des hangars, construits en hâte, à la cime de l'Imposible. On avoit résolu alors d'abandonner, en cas d'une invasion imprévue, le château Saint-Antoine, après une courte résistance, et de concentrer toutes les forces de la province autour de la montagne qu'on peut regarder comme la clef des *Llanos*. Les événemens militaires qui, à la suite des révolutions politiques, ont eu lieu depuis dans ces contrées, ont prouvé combien ce premier plan étoit sagement combiné.

La cime de l'Imposible, autant que j'ai pu l'observer, est couverte d'un grès quarzeux dépourvu de pétrification. Ses couches sont ici, comme sur le dos des montagnes voisines, assez régulièrement dirigées du N.N.E. au S.S.O. [1]. J'ai rappelé déjà plus haut que cette direction est aussi la plus fréquente, dans les formations primitives, à la péninsule d'Araya et le long des côtes de Venezuela. Sur la pente septentrionale de l'Imposible, près des Peñas Negras, une source abondante sort du grès, qui alterne avec de l'argile schisteuse. On observe, sur ce point, des couches fracturées, qui sont dirigées du nord-ouest au sud-est, et dont l'inclinaison est presque perpendiculaire.

Les *Llaneros*, ou habitans des plaines, envoient leurs productions, surtout le maïs, le cuir et le bétail, au port de Cumana, par la route de l'Imposible. Nous voyions arriver sans cesse des mulets conduits par des Indiens ou des mulâtres. La solitude de ce lieu me rappela vivement les nuits que j'avois passées à la cime du Saint-Gothârd. Le feu avoit pris sur plusieurs points aux vastes forêts qui entourent la montagne. Des flammes rougeâtres,

---

[1] Hor. 3-4; inclin. de 45° au sud.

à demi-enveloppées dans des torrens de fumée, offroient le spectacle le plus imposant. Les habitans mettent le feu aux forêts pour améliorer les pâturages et détruire les arbustes qui étouffent l'herbe déjà si rare dans ces contrées. Souvent aussi d'énormes embrasemens sont causés par l'insouciance des Indiens, qui négligent, en voyageant, d'éteindre le feu auquel ils avoient préparé leurs alimens. Ces accidens ont contribué à diminuer le nombre des vieux arbres dans le chemin de Cumana à Cumanacoa, et les habitans observent avec raison que, sur plusieurs points de leur province, la sécheresse a augmenté, non seulement parce que le sol devient d'année en année plus crevassé par la fréquence des tremblemens de terre, mais aussi parce qu'il est aujourd'hui moins garni de bois qu'il ne l'étoit à l'époque de la conquête.

Je me levai pendant la nuit pour déterminer la latitude du lieu par le passage de Fomahault par le méridien. L'observation fut perdue, par le temps que j'employai à niveler l'horizon artificiel. C'est le grand inconvénient des instrumens à réflexion, lorsqu'on ne se sert pas, à cause de la mobilité des fluides, d'horizons à mercure, à amalgame ou à huile, mais de ces verres plans, dont l'usage a été introduit par M. de Zach. Il étoit minuit; j'étois transi de froid comme nos guides; cependant le thermomètre se soutint encore[1] à 19°,7. A Cumana, je ne l'ai jamais vu baisser au-dessous de 21°; mais aussi la maison que nous habitions à l'Imposible, étoit élevée de 258 toises au-dessus du niveau de l'Océan. Je déterminai, à la *Casa de la Polvora*, l'inclinaison de l'aiguille aimantée : elle étoit[2] de 42°,5. Le nombre des oscillations correspondantes à 10′ de temps, s'élevoit à 233; l'intensité des forces magnétiques avoit par conséquent augmenté des côtes à la montagne, peut-être par l'influence de quelques masses ferrugineuses, cachées dans les couches de grès, qui surmontent le calcaire alpin.

Nous quittâmes l'Imposible le 5 septembre, avant le lever du soleil. La descente est très-

[1] A 15°,5 R.

[2] L'inclinaison magnétique est toujours exprimée, dans cette *Relation historique*, en division centésimale, si le contraire n'est pas expressément indiqué.

dangereuse pour les bêtes de somme; le sentier n'a généralement que 15 pouces de large, et il est bordé de précipices. En 1796, on avoit conçu le projet utile de tracer une belle route depuis le village de San Fernando jusqu'à la montagne. Un tiers de cette route étoit même déjà terminé; malheureusement on l'avoit commencée dans la plaine, au pied de l'Imposible, de sorte que la partie du chemin la plus difficile étoit restée intacte. Les travaux furent interrompus par une de ces causes qui font échouer presque tout projet d'amélioration dans les colonies espagnoles. Plusieurs autorités civiles voulurent s'arroger le droit de diriger à la fois les travaux. Le peuple a payé patiemment le péage pour un chemin qui n'existoit pas, jusqu'à ce que le gouverneur de Cumana ait mis fin à cet abus.

En descendant l'Imposible, on voit reparoître, sous le grès, la roche calcaire alpine. Comme les couches sont généralement inclinées au sud et au sud-est, un grand nombre de sources jaillissent sur la pente méridionale de la montagne. Dans la saison des pluies, ces sources forment des torrens qui descendent en cascades ombragées d'Hura, de Cuspa et de Cecropia [1] à feuilles argentées.

Le *Cuspa*, assez commun dans les environs de Cumana et de Bordones, est un arbre encore inconnu aux botanistes de l'Europe. Il n'a servi pendant long-temps qu'à la construction des maisons, et il est devenu célèbre, depuis l'année 1797, sous le nom de Cascarilla ou Quinquina de la Nouvelle-Andalousie. Son tronc s'élève à peine à quinze ou vingt pieds de hauteur ; ses feuilles alternes [2] sont lisses, entières et ovales. Son écorce, très-mince et d'un jaune pâle, est éminemment fébrifuge ; elle a même plus d'amertume que l'écorce des véritables Cinchona, mais cette amertume est moins désagréable. Le Cuspa s'administre, avec le plus grand succès, en extrait alcoholique et en infusion aqueuse, tant dans les fièvres intermittentes que dans les fièvres

---

[1] Bois de trompette.

[2] Vers le sommet des branches, les feuilles sont quelquefois opposées, mais constamment dépourvues de stipules.

malignes. Le gouverneur de Cumana, M. d'Emparan, en a envoyé une quantité considérable aux médecins de Cadix; et, d'après des renseignemens donnés depuis peu par Don Pedro Franco, pharmacien de l'hôpital militaire de Cumana, le Cuspa a été reconnu en Europe presque aussi bon que le Quinquina de Santa-Fe. On prétend que, pris en poudre, il a l'avantage, sur ce dernier, d'irriter moins l'estomac des malades, dont le système gastrique est très-affoibli.

Sur les côtes de la Nouvelle-Andalousie, le Cuspa est regardé comme une espèce de Cinchona; et l'on assure que des moines aragonois, qui avoient résidé long-temps dans le royaume de la Nouvelle-Grenade, ont reconnu cet arbre par la ressemblance de ses feuilles avec celles des véritables Quinquinas. Cette assertion n'a rien d'exact: c'est justement par la disposition de ses feuilles et par l'absence des stipules, que le Cuspa diffère totalement des plantes de la famille des Rubiacées. Il se rapproche peut-être de la famille des Chèvre-Feuilles ou Caprifoliacées, dont une section a des feuilles alternes, et parmi lesquels on trouve déjà plusieurs Cornouillers remarquables par leurs propriétés fébrifuges [1].

Le goût à la fois amer et astringent et la couleur fauve de l'écorce ont pu seuls conduire à la découverte de la vertu fébrifuge du Cuspa. Comme il fleurit à la fin de novembre, nous ne l'avons pas trouvé en fleur, et nous ignorons à quel genre il appartient. Depuis plusieurs années, j'ai demandé vainement à nos amis de Cumana des échantillons de la fleur et du fruit. J'espère que la détermination botanique du Quinquina de la Nouvelle-Andalousie fixera un jour l'attention des voyageurs qui visiteront ces régions après nous, et qu'ils ne confondront pas, malgré l'analogie des noms, le *Cuspa* avec le *Cuspare*. Ce dernier ne végète pas seulement dans les missions du Rio Carony, mais aussi à l'ouest de Cumana, dans le golfe de Santa-Fe. Il fournit aux pharmaciens d'Europe le fameux *Cortex Angosturæ*, et forme le genre Bonplandia, décrit par M. Willdenow dans

---

[1] Cornus florida et C. sericea des États-Unis. (*Walker, on the virtues of the Cornus and the Cinchona compared. Philad.*, 1803.)

les Mémoires de l'Académie de Berlin[1], d'après des notes que nous lui avions communiquées.

Il est assez surprenant que, pendant un long séjour que nous avons fait sur les côtes de Cumana et de Caracas, sur les rives de l'Apure, de l'Orénoque et du Rio Negro, dans une étendue de terrain de 40,000 lieues carrées, nous n'ayons jamais rencontré une de ces nombreuses espèces de Cinchona ou d'Exostema, qui sont propres[2] aux régions basses et chaudes des tropiques, surtout à l'Archipel des Antilles. Nous sommes loin de vouloir affirmer que dans toute la partie orientale de l'Amérique du Sud, depuis Portocabello jusqu'à Cayenne,

[1] *Année* 1802, p. 24.

[2] Aux Cinchonas des basses régions (qui sont presque toutes des *Exostema*, corollis glabris, filamentis longe exsertis, e basi tubi nascentibus, seminibus margine integro cinctis) appartiennent: C. longiflora de Lambert, C. caribæa, C. angustifolia de Swartz, C. lineata de Vahl, C. philippica de Née. *Voyez* mon Essai botanique et physique sur les Quinquinas du Nouveau-Continent, dans *Berl. Magazin Naturforsch. Freunde*, 1807, p. 108. Le genre Exostema a été décrit le premier par MM. Richard et Bonpland dans nos *Plantes équinoxiales*, Tom. I, p. 131. (*Schrader, Journ. für die Botanik*, B. I, p. 358.)

## CHAPITRE VI.

ou depuis l'équateur jusqu'au 10° de latitude boréale, entre les méridiens de 54 et 71 degrés, il n'existe absolument pas de Quinquina. Pourroit-on se vanter de connoître en entier la Flore d'une si vaste étendue de pays? Mais lorsqu'on se rappelle qu'au Mexique même, on n'a encore découvert aucune espèce [1] des genres Cinchona et Exostema, ni sur le plateau central, ni dans les plaines, on doit être porté à croire que les îles montagneuses des Antilles et la Cordillère des Andes ont des Flores particulières, et qu'elles possèdent des

[1] Le Cinchona angustifolia et le C. longiflora n'ont jamais été trouvés à la Nouvelle-Espagne ou à Cayenne, quoiqu'on l'ait affirmé récemment: *(Lambert, Descr. of the genus Cinchona*, 1797, p. 38. *Bulletin de Pharmacie*, 1812, p. 492.) M. Richard, qui a résidé si long-temps, après Aublet, à la Guiane françoise, assure qu'aucune espèce de Quinquina n'y a été découverte. L'échantillon du C. longiflora, que M. Lambert cite dans son intéressante Monographie, comme tiré de l'herbier d'Aublet, est probablement de l'île Saint-Domingue : du moins Vahl a reconnu parmi les plantes des Antilles, conservées dans les collections de M. de Jussieu, le C. longiflora. Le Quinquina du Grand Parà (C. brasiliensis, Hofmansegg) est-il un véritable Cinchona, ou appartient-il au genre Machaonia?

groupes de végétaux qui n'ont passé ni des îles sur le Continent, ni de l'Amérique méridionale aux côtes de la Nouvelle-Espagne.

Il y a plus encore. En réfléchissant sur les nombreuses analogies qui existent entre les propriétés des végétaux et leur forme extérieure, on est surpris de trouver des vertus éminemment fébrifuges dans des écorces d'arbres qui appartiennent à différens genres, et même à des familles différentes [1]. Quelques-unes de ces écorces se ressemblent à tel point, qu'il

[1] Il peut être de quelque intérêt pour la chimie, la physiologie et la botanique descriptive de réunir sous un même point de vue les végétaux qui ont été employés avec plus ou moins de succès dans les fièvres intermittentes. Nous trouvons, parmi les *Rubiacées*, outre les Cinchona et les Exostema, le Coutarea speciosa ou Quinquina de Cayenne, le Portlandia grandiflora des Antilles, un autre Portlandia découvert par M. Sesse au Mexique, le Pinknéia pubescens des États-Unis, le fruit du Cafier, peut-être aussi le Macrocnemum corymbosum et le Guettarda coccinea; parmi les *Magnoliacées*, le Tulipier et le Magnolia glauca; parmi les *Zanthoxylées*, le Cuspare de l'Angostura, connu en Amérique sous le nom de Quinquina de l'Orénoque, et le Zanthoxylon caribæum; parmi les *Légumineuses*, le Geoffræa, le Switenia febrifuga, l'Æschinomene

est facile de les confondre au simple aspect. Mais, avant d'examiner la question de savoir si l'on découvrira un jour, dans le véritable Quinquina, dans le Cuspa de Cumana, le grandiflora, le Cæsalpinia bonducella; parmi les *Caprifoliacées*, le Cornus florida et le Cuspa de Cumana; parmi les *Rosacées*, le Cerasus virginiana et le Geum urbanum; parmi les *Amentacées*, les saules, les chênes, les bouleaux, dont l'extrait alcoholique est usité en Russie parmi le peuple, le Populus tremuloides, etc.; parmi les *Annonacées*, l'Uvaria febrifuga, dont nous avons vu employer avec succès les fruits dans les missions de la Guiane espagnole; parmi les *Simaroubées*, le Quassia amara, célèbre dans les plaines fiévreuses de Surinam; parmi les *Thérébinthacées*, le Rhus glabrum; parmi les *Euphorbiacées*, le Croton Cascarilla; parmi les *Composées*, l'Eupatorium perfoliatum, dont les sauvages de l'Amérique septentrionale connoissent les vertus fébrifuges. ( *Grindel, Chinasurrogat, Dorpat*, 1809. *Renard, über inländ. Surrogate der Chinarinde, Mainz*, 1809. *Decandolle, sur les propriétés médicales des plantes*, 1816, p. 73, 129, 138, 142, 165, 171, 179. *Rogers, on the properties of the Liriodendron tulipifera. Philad.*, 1802.) C'est de l'écorce des racines qu'on se sert dans le Tulipier, comme dans le Quassia. On a de même reconnu, à Loxa, des vertus éminemment fébrifuges dans le corps cortical des racines du Cinchona condaminea; mais il est heureux, pour la conservation de l'espèce, qu'on

*Cortex Angosturæ*, le Switenia de l'Inde, les saules de l'Europe, les fruits du Cafier et de l'Uvaria, une matière uniformément répandue, et offrant (comme l'amidon, le caoutchouc et le camphre), dans différens végétaux, les mêmes propriétés chimiques; on pourroit demander si, en général, dans l'état actuel de la physiologie et de la médecine, on doit admettre un *principe fébrifuge?* N'est-il pas probable, plutôt, que ce dérangement particulier de l'organisation, que l'on désigne sous le nom vague d'*état fiévreux*, et dans lequel le système vasculaire et le système nerveux sont attaqués à la fois, cède à des remèdes qui n'agissent point par les mêmes principes, par un même mode d'action sur les mêmes organes, par un même jeu des attractions chimiques et électriques? Nous nous bornerons à faire observer ici que, dans les espèces du genre Cinchona, les

---

n'emploie pas dans les pharmacies les racines des véritables Quinquinas. On manque encore de recherches chimiques sur les amers éminemment énergiques, contenus dans les racines du Zanthoriza apiifolia et de l'Actæa racemosa; le dernier a été quelquefois employé avec succès à New-York dans les épidémies de la fièvre jaune.

vertus antifébriles ne paroissent résider, ni dans le tannin (qui y est mêlé accidentellement), ni dans le cinchonate de chaux, mais dans une matière résiniforme que l'alcohol et l'eau dissolvent à la fois, et que l'on croit composée de deux principes, de l'*amer* et du *rouge cinchoniques*. Or, peut-on admettre que cette matière résiniforme, différemment énergique selon les combinaisons qui la modifient, se retrouve dans toutes les substances fébrifuges? Celles par lesquelles le sulfate de fer est précipité en vert, comme le vrai Quinquina, l'écorce du saule blanc et le périsperme corné du Cafier, n'annoncent pas pour cela une identité de composition chimique [1], et

[1] L'écorce du Cuspare (*Cort. Angosturæ*) précipite le fer en jaune, et cependant elle est employée sur les bords de l'Orénoque, et surtout à la ville de Saint-Thomas de l'Angostura, comme un excellent Quinquina. D'un autre côté, l'écorce du cerisier commun, dont la propriété fébrifuge est presque nulle, précipite le fer en vert, comme les véritables Cinchonas. (Vauquelin, dans les *Annales de Chimie*, Tom. LIX, p. 143. Reuss, dans le *Journal de Pharmacie*, 1815, p. 505. Grindel, *Russisches Jahrb. der Pharm.*, 1808, p. 183.) Malgré l'extrême imperfection de la chimie végétale, les expériences déjà faites sur les Quinquinas prouvent,

cette identité pourroit exister, sans que l'on puisse en conclure que les vertus médicales fussent analogues. Nous voyons que les *sucres* et les *tannins*, lorsqu'ils sont extraits de plantes qui ne sont pas d'une même famille, offrent des différences multipliées, tandis que l'analyse comparative du sucre, de la gomme et de l'amidon, la découverte du radical de l'acide prussique, dont les effets sur l'organisation sont si puissans, et tant d'autres phénomènes de la chimie végétale, prouvent indubitablement que « des substances composées d'un petit nombre d'élémens identiques, et en même proportion, offrent les propriétés les plus hétérogènes, » à cause de ce mode particulier de combinaison que la physique corpusculaire appelle l'arrangement des molécules [1].

En sortant du ravin qui descend de l'Imposible, nous entrâmes dans une forêt épaisse suffisamment que, pour juger des propriétés antifébriles d'une écorce, il ne faut pas attacher une grande importance, ni au principe qui *verdit* les oxides de fer, ni au tannin, ni à la matière qui précipite l'infusion de tan.

[1] *Gay-Lussac, Exp. sur l'Iode*, p. 149, note 1. (*Humb.*, *Vers. über die gereizte Muskelfaser*, B. I, p. 128.)

et traversée par un grand nombre de petites rivières[1], que l'on passe facilement à gué. Nous observâmes que le Cecropia, dont la disposition des branches et le tronc élancé rappellent le port du palmier, se couvre de feuilles plus ou moins argentées, selon que le sol est aride ou marécageux. Nous en vîmes des pieds dont la feuille étoit entièrement verte sur les deux surfaces[2]. Les racines de ces arbres se cachoient sous des touffes de Dorstenia, qui ne se plaît que dans les endroits ombragés et humides. Au milieu de la forêt, sur les bords du Rio Cedeño, comme à la pente méridionale du Cocollar, on trouve, à l'état sauvage, des papayers et des orangers à fruits grands et doux. Ce sont probablement les restes de quelques *conucos* ou plantations indiennes; car, dans ces contrées, l'oranger ne peut être compté parmi les végétaux spontanés, non plus que le

[1] Le Manzanarès; le Cedeño avec une plantation de Cacoyers et une roue hydraulique; le Vichoroco; le Lucasperez avec une habitation qui porte le nom du *Piè de la Cuesta;* le Rio San Juan, etc.

[2] Le Cecropia concolor de Willdenow ne seroit-il qu'une variété du C. peltata?

bananier, le papayer, le maïs, le manioc et tant d'autres plantes utiles dont nous ignorons la véritable patrie, quoiqu'elles aient accompagné l'homme, dans ses migrations, dès les temps les plus reculés.

Lorsqu'un voyageur, récemment arrivé d'Europe, pénètre, pour la première fois, dans les forêts de l'Amérique méridionale, la nature se présente à lui sous un aspect inattendu. Les objets qui l'entourent ne lui rappellent que foiblement les tableaux que des écrivains célèbres ont tracés sur les bords du Mississipi, en Floride et dans d'autres régions tempérées du Nouveau-Monde. Il sent, à chaque pas qu'il se trouve, non sur les limites, mais au centre de la zone torride, non dans une des îles Antilles, mais sur un vaste continent, où tout est gigantesque, les montagnes, les rivières et la masse des végétaux. S'il est sensible aux beautés des sites agrestes, il a de la peine à se rendre compte des sentimens divers qu'il éprouve. Il ne sait démêler ce qui excite le plus son admiration, ou du calme silencieux de la solitude, ou de la beauté individuelle et du contraste des formes, ou de cette force et de cette fraîcheur de la vie végétale qui caractérisent le climat des tropiques. On diroit que la terre, surchargée de plantes, ne leur offre pas assez d'espace pour se développer. Partout le tronc des arbres est caché sous un tapis épais de verdure; et si l'on transplantoit avec soin les Orchidées, les Piper et les Pothos, que nourrit un seul Courbaril ou un figuier [1] de l'Amérique, on parviendroit à couvrir une vaste étendue de terrain. Par cet agroupement bizarre, les forêts, comme le flanc des rochers et des montagnes, agrandissent le domaine de la nature organique. Les mêmes lianes qui rampent sur le sol, atteignent la cime des arbres, et passent de l'un à l'autre, à plus de cent pieds de hauteur. C'est ainsi que, par un entrelacement continuel de plantes parasites, le botaniste est souvent exposé à confondre les fleurs, les fruits et le feuillage qui appartiennent à des espèces différentes.

Nous marchâmes, pendant quelques heures, à l'ombre de ces voûtes qui laissent à peine entrevoir l'azur du ciel. Il me parut d'un bleu d'indigo d'autant plus foncé, que le vert

---

[1] *Ficus gigantea.*

des plantes équinoxiales est généralement d'un ton vigoureux et tirant sur le brun. Une grande fougère en arbre [1], très-différente du Polypodium arboreum des Antilles, surmontoit des masses de rochers épars. Nous fûmes frappés, dans cet endroit, pour la première fois, de ces nids en forme de bouteilles ou de petites poches, qui se trouvent suspendus aux branches des arbres les moins élevés. Ils attestent l'admirable industrie des Troupials qui mêloient leur ramage aux cris rauques des perroquets et des aras. Les derniers, si connus par la vivacité de leurs couleurs, ne voloient que par paires, tandis que les véritables perroquets errent par troupes de plusieurs centaines d'individus. Il faut avoir vécu dans ces climats, surtout dans les vallées chaudes des Andes, pour concevoir comment ces oiseaux peuvent quelquefois couvrir de leur voix le bruit sourd des torrens qui se précipitent de rocher en rocher.

Nous quittâmes les forêts à une forte lieue de distance du village de San Fernando. Un sentier étroit conduit, après plusieurs détours,

---

[1] Peut-être notre Aspidium *caducum*.

dans un pays découvert, mais extrêmement humide. Dans la zone tempérée, les Cypéracées et les Graminées y auroient formé de vastes prairies : ici le sol abondoit en plantes aquatiques à feuilles sagittées, et surtout en balisiers, parmi lesquels nous reconnûmes les fleurs superbes des Costus, des Thalia et des Héliconia. Ces herbes succulentes s'élèvent à huit ou dix pieds de hauteur, et en Europe leur agroupement seroit considéré comme un petit bois. Le spectacle ravissant des prairies et d'un gazon parsemé de fleurs manque presque entièrement aux basses régions de la zone torride ; on ne le retrouve que sur les plateaux des Andes.

Près de San Fernando, l'évaporation, causée par l'action du soleil, étoit si forte, que, n'étant que très-légèrement vêtus, nous nous sentîmes mouillés comme dans un bain de vapeur. Le chemin étoit bordé d'une espèce [1] de bambousier, que les Indiens désignent sous le nom de Iagua ou Guadua, et qui s'élève à plus de quarante pieds de hauteur. Rien n'approche de l'élégance de cette gra-

[1] Bambusa *Guadua*. (*Voyez* la Pl. XX de nos *Plantes équin.*, Tom. I, p. 68.)

minée arborescente. La forme et la disposition de ses feuilles lui donnent un caractère de légèreté qui contraste agréablement avec la hauteur de sa taille. Le tronc lisse et luisant du Iagua est généralement penché vers le bord des ruisseaux, et il s'agite au moindre souffle des vents. Quelque élevée que soit la canne [1] dans le midi de l'Europe, elle ne peut donner aucune idée de l'aspect des graminées arborescentes; et si j'osois m'en rapporter à ma propre expérience, je dirois que le bambousier et la fougère en arbre sont, de toutes les formes végétales des tropiques, celles qui frappent le plus l'imagination du voyageur.

Je n'entrerai pas dans les détails de la botanique descriptive pour prouver que les bambous des grandes Indes, les *calumets des hauts*[2] de l'île de Bourbon, les Guaduas de l'Amerique méridionale, et peut-être même les Arundinaria gigantesques des bords du Mississipi, appartiennent à un même groupe de plantes. Ces discussions sont consignées dans un autre ouvrage, consacré

---

[1] Arundo Donax.
[2] Bambusa, ou plutôt Nastus alpina.

uniquement à la description des nouveaux genres et des nouvelles espèces que nous avons rapportés de nos voyages [1]. Il suffit ici de faire observer, en général, qu'en Amérique, les bambousiers abondent moins qu'on ne le croit communément. Ils manquent presque entièrement dans les marécages et les vastes plaines inondées du Bas-Orénoque, de l'Apure et de l'Atabapo, tandis qu'ils forment des bois épais, de plusieurs lieues de long, dans la partie du nord-ouest, dans la Nouvelle-Grenade et dans le royaume de Quito. On diroit que la pente occidentale des Andes est leur véritable patrie; et, ce qui est assez remarquable, nous les avons trouvés non seulement dans les basses régions, au niveau de l'Océan, mais aussi dans les hautes vallées des Cordillères, jusqu'à 860 toises d'élévation.

Le chemin, bordé de bambousiers, nous conduisit jusqu'au petit village de San Fernando, qui est situé dans une plaine étroite, entourée de rochers calcaires très-escarpés.

---

[1] *Nov. Gen. et Species*, Tom. I, p. 201 et 241 de l'édition in-4°. Les deux continens offrent chacun diverses espèces des genres Nastus et Bambusa.

C'étoit la première mission [1] que nous voyions en Amérique. Les maisons, ou plutôt les cabanes des Indiens Chaymas, séparées les unes des autres, ne sont point entourées de jardins. Les rues, larges et bien alignées, se coupent à angle droit: les murs, très-minces et peu solides, sont de terre glaise et raffermis par des lianes. Cette uniformité de construction, l'air grave et taciturne des habitans, l'extrême propreté qui règne dans leurs maisons, tout rappelle ici les établissemens des Frères Moraves. Chaque famille d'Indiens cultive, à quelque distance du village, outre son propre jardin, le *conuco* de la commune [2]. C'est dans ce dernier que les individus adultes des deux sexes travaillent une heure le matin et une heure le

[1] On appelle, dans les colonies espagnoles, *Mision* ou *Pueblo de Mision*, une réunion d'habitations autour d'une église qui est desservie par un moine missionnaire. Les villages indiens, gouvernés par des curés, s'appellent *Pueblos de Doctrina*. On distingue d'ailleurs le *Cura doctrinero*, qui est le curé d'une paroisse d'Indiens, et le *Cura rector*, qui est le curé d'un village habité par des hommes blancs ou de race mêlée.

[2] *Conuco de la communidad.*

soir. Dans les missions les plus rapprochées de la côte, le jardin de la communauté est généralement une plantation de canne à sucre ou d'indigo, dirigée par le missionnaire, et dont le produit, si l'on suit strictement la loi, ne peut être employé qu'à l'entretien de l'église et à l'achat des ornemens sacerdotaux. La grande place de San Fernando, située au centre du village, renferme l'église, la demeure du missionnaire et cet humble édifice que l'on appelle fastueusement la maison du roi, *Casa del Rey*. C'est un véritable caravanserai, destiné à donner de l'abri aux voyageurs, et, comme nous l'avons souvent éprouvé, infiniment précieux dans un pays où le mot d'auberge est encore inconnu. Les *Casas del Rey* se retrouvent dans toutes les colonies espagnoles, et l'on pourroit croire qu'elles sont une imitation des *Tambos* du Pérou, établis d'après les lois de Manco-Capac.

Nous avions été recommandés aux religieux, qui gouvernent les missions des Indiens Chaymas, par leur syndic qui réside à Cumana. Cette recommandation nous étoit d'autant plus utile, que les missionnaires, soit par zèle pour la pureté des mœurs de leurs paroissiens, soit pour soustraire le régime monastique à la curiosité indiscrète des étrangers, mettent souvent en exécution un réglement ancien, d'après lequel il n'est pas permis à un homme blanc de l'état séculier de s'arrêter plus d'une nuit dans un village indien. En général, pour voyager agréablement dans les missions espagnoles, il seroit imprudent de se fier uniquement au passe-port émané de la secrétairerie d'état de Madrid ou des gouverneurs civils: il faut se munir de recommandations données par les autorités ecclésiastiques, surtout par les gardiens des couvens ou par les généraux des ordres résidant à Rome, qui sont infiniment plus respectés des missionnaires que ne le sont les évêques. Les missions forment, je ne dirai pas, d'après leurs institutions primitives et canoniques, mais dans le fait, une hiérarchie distincte, à peu près indépendante, et dont les vues s'accordent rarement avec celles du clergé séculier.

Le missionnaire de San Fernando étoit un capucin aragonois très-avancé en âge, mais encore plein de vigueur et de vivacité. Son extrême embonpoint, son humeur joyeuse, son intérêt pour les combats et les siéges, s'accordoient assez mal avec les idées que l'on se forme, dans les pays du nord, de la rêverie mélancolique et de la vie contemplative des missionnaires. Quoique très-occupé d'une vache qui devoit être tuée le lendemain, ce vieux religieux nous reçut avec bonhomie ; il nous permit de tendre nos hamacs dans un corridor de sa maison. Assis, sans rien faire, pendant la majeure partie du jour, dans un grand fauteuil de bois rouge, il se plaignoit amèrement de ce qu'il appeloit la paresse et l'ignorance de ses compatriotes. Il nous fit mille questions sur le véritable but de notre voyage, qui lui parut hasardeux et pour le moins très-inutile. Ici, comme à l'Orénoque, nous fûmes fatigués par cette vive curiosité que conservent les Européens, au milieu des forêts de l'Amérique, pour les guerres et les orages politiques de l'ancien monde.

Notre missionnaire sembloit d'ailleurs très-satisfait de sa position. Il traitoit les Indiens avec douceur : il voyoit prospérer sa mission ; il louoit avec enthousiasme les eaux, les bananes et le laitage du canton. La vue de nos instrumens, de nos livres et de nos plantes sèches lui arrachoit un sourire malin, et il avouoit, avec la naïveté qui est propre à ces climats, que de toutes les jouissances de la vie, sans en excepter le sommeil, aucune n'étoit comparable au plaisir de manger de la bonne viande de vache, *carne de vacca*: tant il est vrai que la sensualité se développe par l'absence des occupations de l'esprit. Notre hôte nous engagea souvent à visiter avec lui cette vache qu'il venoit d'acheter; et, le lendemain, au lever du soleil, nous ne pûmes nous dispenser de la voir tuer à la manière du pays, c'est-à-dire en coupant le jarret, avant d'enfoncer un large couteau dans les vertèbres du cou. Quelque dégoûtante que fût cette opération, elle nous apprit à connoître l'extrême adresse des Indiens Chaymas, qui, au nombre de huit, en moins de vingt minutes, parvinrent à couper l'animal en petites portions. Le prix de la vache n'étoit que de sept piastres, et ce prix sembloit très-considérable. Le même jour, le missionnaire avoit payé dix-huit piastres à un soldat de Cumana, pour avoir réussi, après plusieurs tentatives infructueuses, à le saigner au pied. Ce fait, peu important en apparence, prouve, d'une manière frappante, combien, dans les pays incultes, le prix des choses diffère de celui du travail.

La mission de San Fernando a été fondée à la fin du dix-septième siècle, près de la jonction des petites rivières du Manzanarès et de Lucasperez[1]. Un incendie qui consuma l'église et les cabanes des Indiens, engagea les capucins à placer le village dans le beau site qu'il occupe aujourd'hui. Le nombre de familles s'est accru jusqu'à cent, et le missionnaire nous fit observer que l'usage que suivent les jeunes jeunes, de se marier à l'âge de treize ou quatorze ans, contribue beaucoup à cet accroissement rapide de la population. Il nioit que la vieillesse fût aussi précoce parmi les Indiens Chaymas, que le croient communément les Européens. Le gouvernement de ces communes indiennes est d'ailleurs très-compliqué ; elles ont leur gouverneur, leurs alguazils majors et leurs

[1] *Caulin, Hist. corogr. de la Nueva-Andalusia*, p. 309.

commandans de milice, qui sont tous des indigènes cuivrés. La compagnie des archers a ses drapeaux et fait l'exercice avec l'arc et la flèche en tirant au blanc; c'est la garde nationale du pays. Cet appareil militaire, sous un régime purement monastique, nous parut bien singulier.

La nuit du 5 septembre, et le matin suivant, il y eut une brume épaisse; nous n'étions cependant pas élevés de plus de cent toises au-dessus de la surface de la mer. Je déterminai géométriquement, au moment de partir, la hauteur de la grande montagne calcaire placée à huit cents toises de distance, au midi de San Fernando, et coupée à pic vers le nord. Elle n'est que de 215 toises plus élevée que la grande place; mais des masses nues de rochers, que l'on découvre au milieu d'une végétation épaisse, lui donnent un aspect très-imposant [1].

[1] Base dirigée vers la montagne, 290 pieds. Angles de hauteur, 14° 25′ 16″ et 15° 17′ 36″. Baromètre de 6,7 lignes plus bas qu'au port de Cumana. Hauteur au-dessus du niveau de la mer, 215+93=308 toises. De la grande place de San Fernando, la montagne de l'Imposible gît N.74°O.. et la ville de Cumanacoa S.41°E.

Le chemin de San Fernando à Cumaná passe, au milieu de petites plantations, par une vallée ouverte et humide. Nous traversâmes à gué un grand nombre de ruisseaux. A l'ombre, le thermomètre ne se soutenoit pas au-dessus de 30° : mais nous étions exposés aux rayons directs du soleil, parce que les bambousiers qui bordent la route, ne présentoient qu'un foible abri, et nous souffrîmes beaucoup de la chaleur. Nous passâmes par le village d'Arenas, habité par des Indiens qui sont de la même race que ceux de San Fernando; mais Arenas n'est plus une mission, et les indigènes, gouvernés par un curé [1] y sont moins nus et plus policés. Leur église est d'ailleurs connue dans le pays, à cause de quelques peintures informes. Une frise étroite renferme des figures d'Armadils, de Caymans, de Jaguars et autres animaux du Nouveau-Monde.

C'est dans ce même village que vit un laboureur, Francisco Lozano, qui offre un phéno-

---

[1] Les quatre villages d'Arenas, Macarapana, Mariguitar et Aricagua, fondés par des capucins d'Aragon, portent le nom de *Doctrinas de Encomienda*.

mène de physiologie bien propre à frapper l'imagination, quoiqu'il soit très-conforme aux lois connues de la nature organique. Cet homme a nourri un fils de son propre lait. La mère étant tombée malade, le père, pour tranquilliser l'enfant, le prit dans son lit et le pressa contre son sein. Lozano, âgé de trente-deux ans, n'avoit point remarqué, jusqu'à ce jour, qu'il eût du lait, mais l'irritation de la mamelle sucée par l'enfant causa l'accumulation de ce liquide. Le lait étoit épais et fortement sucré. Le père, étonné de voir grossir son sein, donna à têter à l'enfant, pendant cinq mois, deux ou trois fois par jour. Il attiroit sur lui l'attention de ses voisins, mais il n'imaginoit pas, comme il auroit fait en Europe, de mettre à profit la curiosité qu'il excitoit. Nous avons vu le procès-verbal dressé sur les lieux, pour constater ce fait remarquable. Les témoins oculaires vivent encore; ils nous ont assuré que, pendant l'allaitement, le fils ne reçut aucune autre nourriture que le lait du père. Lozano, qui ne se trouvoit pas à Arenas lors de notre voyage dans les missions, est venu nous visiter à Cumana. Il étoit accompagné de son fils qui avoit déjà treize ou quatorze ans. M. Bonpland a examiné attentivement le sein du père, et l'a trouvé ridé comme chez les femmes qui ont nourri. Il observa que le sein gauche étoit surtout très-dilaté; ce que Lozano nous expliqua par la circonstance que les deux mamelles n'ont jamais fourni le lait avec la même abondance. Don Vicente Emparan, le gouverneur de la province, a envoyé à Cadix une description circonstanciée de ce phénomène.

Il n'est pas très-rare de trouver, parmi les hommes et les animaux [1], des mâles dont les mamelles renferment du lait, et le climat ne paroît pas exercer une influence bien marquée sur cette sécrétion plus ou moins abondante. Les anciens citent le lait des boucs de Lemnos et de Corse: encore de nos jours, on a vu, dans le pays d'Hanovre, un bouc qui, pendant un grand nombre d'années, fut trait de deux jours l'un: il donnoit plus de lait que les chèvres [2]. Parmi

---

[1] *Athanas. Joannides de mammarum struct.*, 1801, p. 6. *Haller, Elem. Physiol.*, Tom. VII, P. II, p. 18.

[2] *Blumenbach, Vergleich. Anat.*, 1805, p. 504. *Hanövrisches Magaz.*, 1787, p. 753. *Reil, Arch.*

les signes de la prétendue foiblesse des Américains, les voyageurs ont fait mention du lait contenu dans le sein des hommes [1]. Il est cependant peu probable que ce phénomène ait jamais été observé chez une peuplade entière, dans quelque partie de l'Amérique inconnue aux voyageurs modernes; et je puis affirmer qu'aujourd'hui il n'est pas plus commun dans le Nouveau-Continent que dans l'ancien. Le laboureur d'Arenas, dont nous venons de rapporter l'histoire, n'est pas de la race cuivrée des Indiens Chaymas: c'est un homme blanc, descendant d'Européens. De plus, les anatomistes de Pétersbourg [2] ont observé que, chez le bas-peuple russe, le lait, dans les mamelles des hommes, est beaucoup plus fréquent que chez les nations plus méridionales, et les Russes n'ont jamais été considérés comme foibles et efféminés.

*der Physiol.*, Tom. III, p. 439. *Montegre*, *Gaz. de Santé*, 1812, p. 110.

[1] On a même affirmé gravement que, dans une partie du Brésil, c'étoient les hommes, et non les femmes, qui nourrissoient les enfans. *Clavigero*, *Storea di Messico*, Tom. IV, p. 169.

[2] *Comment. Petrop.*, Tom. III, p. 278.

Il existe parmi les variétés de notre espèce une race d'hommes, dont le sein, à l'âge de la puberté, offre un volume très-considérable. Lozano n'appartenoit pas à cette classe, et il nous a répété souvent que ce n'est que l'irritation de la mamelle, effet de la succion, qui lui a fait venir le lait. Cela confirme l'observation des anciens [1] qui remarquent « que les hommes « qui ont un peu de lait, en donnent abon- « damment dès qu'on suce leurs mamelles. » Ces effets singuliers d'un stimulus nerveux étoient connus aux bergers de la Grèce; ceux du Mont-Oetas frottoient les mamelles des chèvres, qui n'avoient pas encore conçu, avec de l'ortie, pour leur faire venir du lait.

Lorsqu'on réfléchit sur l'ensemble des phénomènes vitaux, on trouve qu'aucun d'eux n'est entièrement isolé. Dans tous les siècles, on a cité des exemples de jeunes filles non nubiles, ou de femmes dont les mamelles étoient flétries par l'âge, qui ont nourri des enfans. Chez les hommes, ces exemples sont

---

[1] *Arist., Hist. anim.*, lib. 3, cap. 20, *ed. Duval*, 1639, Tom. II, p. 259.

infiniment plus rares; et, après bien des recherches, j'en ai trouvé à peine deux ou trois. L'un est cité par l'anatomiste de Verone, Alexandre Benedictus, qui vivoit à la fin du quinzième siècle. Il raconte [1] l'histoire d'un habitant de la Syrie qui, pour calmer l'inquiétude de son enfant, après la mort de la mère, le pressa contre son sein. Le lait dès-lors vint avec une telle abondance, que le père seul put se charger d'allaiter l'enfant. D'autres exemples se trouvent rapportés [2] par Santorellus, Faria et par l'évêque de Corke, Robert. Comme la plupart de ces phénomènes ont été observés dans des temps assez éloignés, il n'est pas sans intérêt pour la physiologie, qu'on ait pu

[1] Maripetrus sacri ordinis equestris tradidit, Syrum quendam, cui filius infans, mortua conjuge, supererat, ubera sæpius admovisse, ut famem filii vagientis frustraret, continuatoque suctu lacte manasse papillam; quo exinde nutritus est, magno totius urbis miraculo. *Alex. Benedicti hum. corp. Anatome; Bas.*, 1549, lib. 3, cap. 4, p. 595. *Barthol. Vindic. anatom.*, 1648, p. 32.

[2] *Gabr. Rzaczynski, Hist. Natur. Cur. Sandomir.*, 1721, p. 332. *Misc. Acad. Nat. Cur.*, 1688, p. 219. *Phil. Trans.*, 1741, p. 810.

les constater de nos jours. Ils touchent d'ailleurs de très-près à la discussion tant rebattue sur les causes finales. La présence de la mamelle chez l'homme a long-temps embarrassé les philosophes, et récemment encore on n'a pas hésité d'affirmer [1] « que la nature a refusé à « l'un des sexes la faculté de nourrir, parce « que cette faculté ne seroit pas d'accord avec « la dignité de l'homme. »

En s'approchant de la ville de Cumanacoa, on trouve un terrain plus uni et une vallée qui s'élargit progressivement. La petite ville est située dans une plaine nue, presque circulaire, environnée de hautes montagnes: elle offre un aspect morne et triste. Sa population s'élève à peine à 2300 habitans : du temps du père Caulin [2], en 1753, elle n'étoit que de 600; les maisons sont très-basses, peu solides, et, à l'exception de trois ou

[1] *Comment. Petrop.*, Tom. III, p. 277.
[2] *Hist. Cor.*, p. 309 et 317. Des voyageurs récens donnent à Cumanacoa une population de 5000 ames; mais j'ai déjà fait observer plus haut (Vol. II, p. 252) que je ne me suis arrêté à des nombres moins grands qu'après des recherches faites conjointement avec les officiers du roi et des colons très-intelligens.

quatre, toutes construites en bois. Nous parvînmes cependant à placer nos instrumens, d'une manière assez avantageuse, chez l'administrateur de la régie du tabac, Don Juan Sanchez. C'étoit un homme aimable, doué de beaucoup de vivacité d'esprit. Il nous avoit préparé une demeure spacieuse et commode. Nous y passâmes quatre jours, et il voulut bien nous accompagner dans toutes nos excursions.

Cumanacoa fut fondée, en 1717, par Domingo Arias[1], au retour d'une expédition faite à l'embouchure du Guarapiche, pour détruire un établissement tenté par des flibustiers françois. La nouvelle ville prit d'abord le nom de *San Baltazar de Las Arias;* mais la dénomination indienne a prévalu, comme le nom de Caracas a fait oublier celui de Santiago de Leon, que l'on trouve encore souvent sur nos cartes.

[1] Le père Caulin assure que la vallée dans laquelle Arias fit les premières constructions, portoit très-anciennement le nom de Cumanacoa: mais les Biscayens revendiquent la terminaison *coa*, qui signifie en basque *de Cumana* ou *dépendant de Cumana*, comme dans Jaungoicoa, Basocoa, etc.

En ouvrant le baromètre, nous fûmes frappés de voir la colonne de mercure à peine de 7,3 lignes plus courte que sur les côtes. L'instrument ne paroissoit cependant aucunement dérangé. La plaine, ou plutôt le plateau, dans lequel la ville de Cumanacoa est située, n'a pas au delà de 104 toises d'élévation au-dessus du niveau de l'Océan : c'est trois ou quatre fois moins que le supposent les habitans de Cumana, à cause des idées exagérées qu'ils ont du froid de Cumanacoa. Mais la différence de climat que l'on observe entre des lieux si voisins, est peut-être moins due à la hauteur du site, qu'à des circonstances locales, parmi lesquelles nous citerons la proximité des forêts, la fréquence des courans descendans, si communs dans des vallées fermées, l'abondance des pluies et ces brumes épaisses, qui diminuent, pendant une grande partie de l'année, l'action directe des rayons solaires. Le décroissement de la chaleur étant à peu près le même [1] entre les tropiques et, pendant l'été, sous la zone tempérée, la foible

---

[1] *Voyez* un Mémoire sur les réfractions horizontales, dans mes *Obs astr.*, Vol. I, p. 129 et 141, et plus haut, dans cette Relation, Tom. I, p. 255, 306 et 406.

différence de niveau de cent toises ne devroit produire qu'un changement de température moyenne de 1°–1°,2. Nous verrons bientôt qu'à Cumanacoa la différence s'élève à plus de quatre degrés. Cette fraîcheur du climat est d'autant plus surprenante, que l'on éprouve encore des chaleurs très-fortes à la ville de Carthago[1], à Tomependa, situé sur les bords de la rivière des Amazones et dans les vallées d'Aragua, à l'ouest de Caracas, quoique la hauteur absolue de ces différens lieux soit entre 200 et 480 toises. Dans la plaine, comme sur les montagnes, les *lignes isothermes* ne sont pas constamment parallèles à l'équateur ou à la surface du globe[2]. C'est le grand problème de la météorologie de déterminer les inflexions de ces lignes, et de reconnoître, au milieu des modifications produites par des causes locales, les lois constantes de la distribution de la chaleur.

---

[1] Dans la province de Popayan.

[2] Voyez mes *Prolegomena de distributione geographica plantarum secundum cœli temperiem et altitudinem montium*, dans les *Nov. Gen. et Spec.*, Tom. I, p. XXVIII.

CHAPITRE VI. 67

Le port de Cumana n'est éloigné[1] de Cumanacoa que d'environ sept lieues marines. Il ne pleut presque jamais dans le premier de ces deux endroits; tandis que, dans le second, il y a six à sept mois d'hivernage. A Cumanacoa, les sécheresses règnent depuis le solstice d'hiver jusqu'à l'équinoxe du printemps. De petites pluies sont assez fréquentes dans les mois d'avril, de mai et de juin : à cette époque, les sécheresses reprennent de nouveau, et durent depuis le solstice d'été jusqu'à la fin d'août; enfin suivent les véritables pluies d'hivernage, qui ne cessent qu'au mois de novembre, et pendant lesquelles des torrens d'eau descendent du ciel. D'après la latitude de Cumanacoa, le soleil passe par le zénith du lieu, la première fois, le 16 avril, et, la seconde fois, le 27 août. On voit, par ce que nous venons d'exposer, que ces deux passages coïncident avec le commence-

---

[1] La distance itinéraire est comptée, dans le pays, de 12 lieues, mais ces lieues ont à peine 2000 toises. Je conclus la distance vraie des observations astronomiques que j'ai faites à Cumana et à Cumanacoa, et publiées en 1806.

5*

ment des pluies et des grandes explosions électriques.

C'est pendant l'hivernage que nous fîmes notre premier séjour dans les missions. Toutes les nuits une brume épaisse couvroit le ciel, comme un voile uniformément répandu, et ce ne fut que par des éclaircis, que je réussis à faire quelques observations d'étoiles. Le thermomètre se soutenoit [1] de 18°,5 à 20°, ce qui, sous cette zone et au sentiment d'un voyageur qui vient des côtes, indique une assez grande fraîcheur. A Cumana, je n'ai jamais vu baisser la température de la nuit au-dessous de 21°. L'hygromètre de Deluc indiquoit, à Cumanacoa, 85°, et, ce qui est assez remarquable, dès que les vapeurs se dissipoient et que les étoiles brilloient de tout leur éclat, l'instrument rétrogradoit jusqu'à 55°. Cette différence de sécheresse de 30° n'auroit fait varier l'hygromètre de Saussure que de 11°. Vers le matin, la température augmentoit lentement, à cause de la force de l'évaporation, et à dix heures, elle ne s'élevoit point encore au-dessus de 21°. Les plus

[1] De 14°,8-16°R.

fortes chaleurs se font sentir de midi à trois heures, le thermomètre se soutenant entre 26 et 27 degrés. L'époque du maximum de la chaleur, qui a lieu environ deux heures après le passage du soleil au méridien, étoit marquée très-régulièrement par un orage qui grondoit de près. De gros nuages noirs et très-bas se dissolvoient en pluies; ces averses duroient deux à trois heures, et faisoient baisser le thermomètre de cinq à six degrés. Vers les cinq heures, la pluie cessoit entièrement; le soleil reparoissoit peu avant son coucher, et l'hygromètre marchoit vers la sécheresse; mais à huit ou neuf heures du soir, nous étions de nouveau enveloppés dans une couche épaisse de vapeurs. Ces changemens divers se suivent, à ce qu'on nous assuroit, pendant des mois entiers, d'après une loi uniforme, et cependant on ne sent pas le moindre souffle de vent. Des expériences comparatives m'ont fait croire, en général, que les nuits de Cumanacoa sont de 2 à 3 et les jours de 4 à 5 degrés centésimaux plus frais qu'au port de Cumana. Ces différences sont assez grandes, et si, au lieu d'instrumens météorologiques, on ne consultoit que le sentiment qu'on éprouve, on les supposeroit encore plus considérables [1].

La végétation de la plaine qui environne la ville, est assez monotone, mais remarquable par une grande fraîcheur, due à l'extrême humidité de l'atmosphère. Ce qui la caractérise particulièrement, est une Solanée arborescente qui a quarante pieds de hauteur, l'Urtica baccifera, et une nouvelle espèce du genre Guettarda [2]. La terre est

---

[1] Cumanacoa, le 6 septembre 1799, à minuit, Thermomètre : 15°,7 R. Hygromètre : 85° Deluc (brume). Le 7 septembre, à la même heure, Thermomètre : 14°,8 R. Hygr. : 85°,8 ; à 12ʰ 25ʹ de la nuit, Therm. : 16°,4 R. Hygr. : 55°,3 (ciel étoilé) ; à 1ʰ 4ʹ de la nuit, Therm. : 15° R. Hygr. : 82° (ciel couvert, brumeux ; arc-en-ciel lunaire ; éclairs de chaleur dans le lointain.) Le 9 septembre, à 8ʰ du matin, Therm. : 17°,2 R. Hygr. : 72° (ciel couvert) ; à 1ʰ 45ʹ, Therm. : 22° R. Hygr. : 48° ; à 7ʰ, après la pluie et l'orage, Therm. : 17°,3 R. Hygr. : 52° ; à 10ʰ du soir, Therm. : 16°,4 R. Hygr. : 82° (brume). La vallée de Cumanacoa est très-exposée aux orages. On assure qu'au mois d'octobre, on entend gronder le tonnerre la majeure partie du jour.

[2] Ces arbres sont entourés de Galega pilosa, Stellaria rotundifolia, Aegiphila elata Swartz, Sau-

très-fertile, et elle pourroit même être arrosée facilement, si l'on faisoit des saignées à un grand nombre de ruisseaux dont les sources ne tarissent pas de toute l'année. La production la plus précieuse du canton est le tabac : c'est aussi la seule qui ait donné quelque célébrité à une ville, si petite et si mal construite. Depuis l'introduction de la *ferme*[1], en 1779, la culture du tabac, est à peu près restreinte, dans la province de Cumana, à la seule vallée de Cumanacoa, de même qu'au Mexique elle n'est permise que dans les deux districts d'Orizaba et de Cordova. Le système de la ferme est un monopole odieux au peuple. Tout le tabac qui a été récolté, doit être vendu au gouvernement, et pour éviter, ou plutôt pour diminuer la fraude, on a trouvé plus simple de concentrer la culture sur un même point. Des gardes parcourent le pays pour détruire les plantations qui se forment hors des

---

vagesia erecta, Martinia perennis, et d'un grand nombre de Rivina. La Savane de Cumanacoa offre, parmi les graminées, le Paspulus lenticularis, les Panicum adscendens, Pennisetum uniflorum, Gynerium saccharoides, Eleusine indica, etc.

[1] *Estanco real de Tabaco.*

cantons privilégiés; ils dénoncent les malheureux habitans qui osent fumer des cigarres qu'ils ont préparées de leurs mains. Ces gardes sont pour la plupart Espagnols, et presque aussi insolens que ceux que nous voyons faire le même métier en Europe. Cette insolence n'a pas peu contribué à entretenir la haine entre les colonies et la métropole.

Après les tabacs de l'île de Cuba et du Rio Negro, celui de Cumana est des plus aromatiques. Il l'emporte sur tous les tabacs de la Nouvelle-Espagne et de la province de Varinas. Nous donnerons quelques détails sur sa culture, parce qu'elle diffère essentiellement de celle qui est usitée en Virginie. Le développement prodigieux que l'on remarque dans les Solanées de la vallée de Cumanacoa, surtout dans les espèces multipliées de Solanums arborescens, d'Aquartias et de Cestrums, semble indiquer combien ce site est favorable aux plantations de tabac. On en sème la graine en pleine terre, au commencement de septembre : quelquefois on attend jusqu'au mois de décembre, ce qui est moins avantageux pour la récolte. Les cotyledons paroissent le huitième jour; on couvre les jeunes plants de larges feuilles d'Heliconia et de Bananiers, pour les garantir de l'action directe du soleil, et l'on a soin d'arracher la mauvaise herbe qui pousse, entre les tropiques, avec une effrayante rapidité. Le tabac est transplanté, dans une terre grasse et bien ameublie, un mois et demi après que la graine a levé. Les plants se disposent par rangées bien alignées, à trois ou quatre pieds de distance les uns des autres. On a soin de sarcler souvent, et l'on *étête*, à plusieurs reprises, la tige principale, jusqu'à ce que des taches bleu-verdâtre indiquent au cultivateur la *maturité* des feuilles. On commence à les cueillir dans le quatrième mois, et généralement cette première récolte se termine dans l'espace de peu de jours. Il seroit préférable de ne récolter les feuilles qu'à mesure qu'elles sèchent. Dans de bonnes années, les cultivateurs coupent le plant lorsqu'il a quatre pieds de haut, et le jet qui naît de la racine, pousse de nouvelles feuilles avec une telle rapidité, qu'elles peuvent déjà être cueillies le treizième ou le quatorzième jour. Ces dernières ont le tissu cellulaire très-étendu; elles renferment plus d'eau, plus d'albumine et moins de ce principe acre, volatil et peu soluble dans l'eau dans lequel paroît résider la propriété excitante du tabac.

La préparation qu'on fait subir à Cumanacoa au tabac récolté, est celle que les Espagnols appellent *de cura seca*. M. de Pons l'a très-bien décrite, telle qu'elle se pratique à Uritucu et dans les vallées d'Aragua [1]. On suspend les feuilles à des fils de Cocuiza [2]; on leur enlève la côte et on les tord en corde. Le tabac préparé devroit être porté dans les magasins du roi, au mois de juin; mais la paresse des habitans et la préférence qu'ils donnent à la culture du maïs et du manioc, les empêchent le plus souvent de finir la préparation avant le mois d'août. Il est aisé de concevoir que les feuilles, trop long-temps exposées à un air éminemment humide, perdent de leur arome. L'administrateur de la ferme conserve, pendant soixante jours, et sans y toucher, le tabac déposé dans les magasins du roi. Lorsque ce temps est écoulé, on ouvre les *manoques*, pour en exa-

---

[1] *Voyage à la Terre-Ferme*, Vol. II, p. 300 à 306.
[2] Agave americana.

miner la qualité. Si l'administrateur trouve le tabac bien préparé, il le paie au cultivateur à raison de trois piastres l'arobe de 25 livres pesant. Cette même quantité est revendue, au profit du roi, au prix de douze piastres et demie. Le tabac pourri (*podrido*), c'est-à-dire celui qui est entré de nouveau en fermentation, est brûlé en public, et le cultivateur qui a reçu les avances de la ferme royale, perd irrévocablement le fruit d'un long travail. Nous vîmes détruire, sur la grande place, des tas de cinq cents arobes, qui auroient sans doute servi en Europe, pour en faire du tabac en poudre.

Le sol de Cumanacoa est si propre à cette branche de culture, que le tabac devient sauvage partout où la graine trouve quelque humidité. C'est ainsi qu'il croît spontanément au Cerro del Cuchivano et autour de la caverne de Caripe. D'ailleurs, la seule espèce de tabac cultivée à Cumanacoa, comme dans les districts voisins d'Aricagua et de San Lorenzo, est le tabac à larges feuilles sessiles[1], appelé tabac de Virginie. On n'y connoît pas

---

[1] Nicotiana Tabacum.

le tabac à feuilles pétiolées [1], qui est le véritable *yetl* des anciens Mexicains [2], quoiqu'on le désigne en Allemagne sous le nom bizarre de *tabac turc.*

Si la culture du tabac étoit libre, la province de Cumana pourroit en exporter pour une grande partie de l'Europe : il paroît même que d'autres cantons ne seroient pas moins favorables à cette branche de l'industrie coloniale, que la vallée de Cumanacoa, dans laquelle des pluies trop abondantes altèrent souvent les propriétés aromatiques des feuilles. Aujourd'hui que l'agriculture est restreinte dans un espace de quelques lieues carrées, le produit total de la récolte n'est que de 6000 arobes [3]. Cependant, les deux provinces de Cumana et de Barcelona en consomment 12,000 : ce qui manque est fourni par la Guyane espagnole. Il n'y a, en

---

[1] Nicotiana rustica.

[2] *Essai polit. sur la Nouvelle-Espagne*, Tom II, p. 403. En Crimée, on cultive de préférence le Nicotiana paniculata. *Pallas, Reise in die südl. Statthalterschaften*, Tom. II, p. 397.

[3] La récolte de 1798 étoit de 3800 arobes; celle de 1799, de 6100.

général, que 1500 individus qui s'adonnent, dans les environs de Cumanacoa, à la récolte du tabac. Ce sont tous des blancs; l'espoir du gain y engage difficilement les indigènes de race Chaymas, et la ferme ne regarde pas comme prudent de leur faire des avances.

En étudiant l'histoire de nos plantes cultivées, ont est surpris de voir, qu'avant la conquête, l'usage du tabac étoit répandu dans la majeure partie de l'Amérique, tandis que la pomme de terre étoit inconnue, tant au Mexique qu'aux îles Antilles, où elle vient cependant très-bien dans les régions montueuses. De même, le tabac a été cultivé en Portugal dès l'année 1559, tandis que la pomme de terre n'est devenue un objet de l'agriculture européenne que depuis la fin du dix-septième et le commencement du dix-huitième siècle. Cette dernière plante, qui a influé si puissamment sur le bonheur de la société, s'est répandue dans les deux continens avec plus de lenteur, qu'une production qui ne peut être considérée que comme un simple objet de luxe.

Après le tabac, la culture la plus importante de la vallée de Cumanacoa est celle de l'indigo. Les indigoteries de Cumanacoa, de San Fernando et d'Arenas en produisent qui, dans le commerce, est encore plus estimé que celui de Caracas : il approche souvent, pour l'éclat et la richesse de la couleur, de l'indigo de Guatimala. C'est de cette province que l'on a reçu, sur les côtes de Cumana, la première graine de l'Indigofera Anil qui est cultivé conjointement avec l'Indigofera tinctoria [1]. Comme dans la vallée de Cumanacoa les pluies sont très-fréquentes, une plante de quatre pieds de haut ne donne pas plus de matière colorante, qu'en offriroit une autre trois fois plus petite dans les vallées arides d'Aragua, à l'ouest de la ville de Caracas.

Toutes les indigoteries que nous avons examinées sont construites d'après les mêmes principes. Deux *trempoirs* ou cuves, qui reçoivent l'herbe destinée à la *pourriture*, sont accouplées. Chacune d'elles a 15 pieds

---

[1] Les indigos répandus dans le commerce sont dus à quatre espèces de plantes : à I. tinctoria ; à I. anil, à I. argentea et I. disperma. Au Rio Negro, près des frontières du Brésil, nous avons trouvé sauvage le I. argentea, mais seulement dans des lieux anciennement habités par les Indiens.

en carré sur 2½ de profondeur. Ces cuves supérieures versent le liquide dans les *batteries*, entre lesquelles est placé le moulin à eau. L'arbre de la grande roue traverse les deux batteries ; il est garni de *cuillères* à longs manches, propres au *battage*. D'un *reposoir* spacieux la fécule colorante est portée dans les *séchoirs*[1] où elle est étalée sur des planches de Bresilet, qu'on peut, au moyen de petites roulettes, placer sous un toit, si la pluie survient inopinément. Ces toits inclinés et très-bas donnent de loin aux séchoirs l'aspect d'une serre. Je n'entrerai point ici dans plus de détails sur la fabrication des productions coloniales : je suppose le lecteur instruit dans la théorie des arts chimiques, et je me borne aux observations qui peuvent éclaircir des questions moins rebattues. Dans la vallée de Cumanacoa, la fermentation de l'herbe soumise à la *pourriture* se fait avec une promptitude étonnante. Elle ne dure généralement que quatre à cinq heures. Cette courte durée ne doit être attribuée qu'à l'humidité du climat, et à l'absence du soleil

---

[1] *Officinas para secar el anil.*

pendant le développement de la plante. J'ai cru observer, dans le cours de mes voyages, que plus le climat est sec, plus la cuve travaille lentement, et plus aussi les tiges abondent en indigo au minimum de l'oxidation. Dans la province de Caracas, où 562 pieds cubes d'herbe légèrement entassée donnent 35 à 40 livres d'indigo sec, le liquide ne passe dans la batterie qu'après vingt, trente ou trente-cinq heures. Il est probable que les habitans de Cumanacoa retireroient plus de matière colorante de l'herbe employée, s'ils la laissoient *tremper* plus long-temps dans la première cuve [1]. J'ai dissout comparativement, dans de l'acide sulfurique, pendant mon séjour à Cumana, l'indigo un peu lourd et cuivreux de Cumanacoa et celui de Caracas. La dissolution du premier m'a paru d'un bleu beaucoup plus intense.

Malgré l'excellence des productions et la fertilité du sol, l'industrie agricole de Cuma-

[1] Les colons pensent assez généralement, que la fermentation de l'herbe ne devroit jamais durer moins de dix heures. *Beauvais Raseau, Art de l'indigotier,* p. 81.

nacoa est encore, dans sa première enfance. Arenas, San Fernando et Cumanacoa ne versent, dans le commerce, que 3000 livres d'indigo, dont la valeur est, dans le pays, de 4500 piastres. On manque de bras, et la foible population diminue journellement par des émigrations dans les *Llanos*. Ces savanes immenses offrent à l'homme une nourriture abondante, à cause de la facile multiplication des bestiaux, tandis que la culture de l'indigo et du tabac exige des soins particuliers. Le produit de cette dernière branche est d'autant plus incertain que l'hivernage est plus ou moins prolongé. Les laboureurs se trouvent dans la dépendance de la *ferme royale* qui fournit des avances pécuniaires, et ici, comme en Géorgie [1] et en Virginie, on préfère la culture des plantes alimentaires à celle du tabac. On avoit proposé récemment au gouvernement de faire acheter, aux frais du roi, quatre cents nègres, et de les distribuer aux cultivateurs qui seroient en état de rendre les avances d'achat en deux ou trois ans. Par ce moyen, on comptoit porter la récolte annuelle

---

[1] *Jefferson*, Notes on *Virginia*, p. 306.

du tabac jusqu'à 15,000 arobes. J'ai vu, avec satisfaction, que ce projet a été blâmé par beaucoup de propriétaires. On ne pouvoit espérer qu'à l'exemple de quelques parties des États-Unis, on accorderoit la liberté aux nègres ou à leurs descendans, après un certain nombre d'années, et l'on devoit d'autant plus craindre, surtout depuis les funestes événemens de Saint-Domingue, d'augmenter le nombre des esclaves sur la Terre-Ferme. Une politique prudente a souvent les mêmes effets que les sentimens plus nobles et plus rares de la justice et de l'humanité.

La plaine de Cumanacoa, parsemée de fermes et de petites plantations d'indigo et de tabac, est entourée de montagnes qui s'élèvent surtout vers le sud, et offrent un double intérêt au physicien et au géologue. Tout annonce que la vallée est le fond d'un ancien lac; aussi les montagnes qui en ont formé jadis le rivage, sont toutes taillées à pic du côté de la plaine. Le lac ne donnoit d'issue aux eaux que du côté d'Arenas. En creusant des fondations, on a trouvé, près de Cumanacoa, des bancs de galets mêlés à de petites coquilles bivalves. Au rapport de plusieurs personnes très-dignes de foi, on a même découvert¹, il y a plus de trente ans, dans le fond du ravin de San Juanillo, deux énormes fémurs, de quatre pieds de long, et qui pesoient plus de trente livres. Les Indiens les prenoient, comme fait encore aujourd'hui le peuple en Europe, pour des ossemens de géants, tandis que les demi-savans du pays, qui ont le droit de tout expliquer, affirmoient gravement que c'étoient des jeux de la nature peu dignes d'attention. Ceux-ci fondoient leur raisonnement sur la circonstance que les ossemens humains se détruisent très-rapidement dans le sol de Cumanacoa. Pour orner les églises à la fête des morts, on fait prendre des crânes dans les cimetières sur la côte, où la terre est chargée de substances salines. Les prétendus fémurs de géants furent transportés au port de Cumana. Je les y ai cherchés en vain; mais, d'après l'analogie des ossemens fossiles que j'ai rapportés de quelques autres parties de l'Amérique méridionale, et qui ont été soigneusement examinés par

¹ Cette découverte fut faite par Don Alexandro Mexias, corrégidor de Catuaro.

M. Cuvier [1], il est probable que les fémurs gigantesques de Cumanacoa appartenoient à des éléphans d'une espèce perdue. On peut être surpris de les avoir trouvés dans un endroit si peu élevé au-dessus du niveau actuel des eaux; car c'est un fait très-remarquable, que les fragmens de Mastodontes et d'éléphans fossiles que j'ai rapportés des régions équinoxiales du Mexique, de la Nouvelle-Grenade, de Quito et du Pérou, ne se sont pas rencontrés dans les régions basses (comme on a trouvé dans la zone tempérée les Megatherium du Rio Luxan [2] et de la Virginie [3],

---

[1] *Recherches sur les ossemens fossiles*, Tom. II (*Éléphans fossiles*), p. 57.

[2] A une lieue au sud-est de la ville de Buenos-Ayres.

[3] Le Megatherium de la Virginie est le Megalonix de M. Jefferson. Toutes ces dépouilles énormes, trouvées *dans les plaines* du Nouveau-Continent, soit au nord, soit au sud de l'équateur, n'appartiennent pas à la zone torride, mais à la zone tempérée. D'un autre côté, Pallas observe qu'en Sibérie, par conséquent toujours au nord du tropique, les ossemens fossiles manquent entièrement dans les parties montueuses (*Nov. Com-*

les grands Mastodontes de l'Ohio et les éléphans fossiles du Susquehana), mais sur des plateaux de six cents à quatorze cents toises de hauteur.

En nous approchant du rivage méridional du bassin de Cumanacoa, nous jouîmes de la vue du Turimiquiri[1]. Un mur énorme de rochers, reste d'une ancienne falaise, s'élève au milieu des forêts. Plus à l'ouest, au Cerro del Cuchivano, la chaîne de montagnes paroît brisée comme par l'effet d'un tremblement de terre. La crevasse a plus de cent cinquante

---

ment. *Petrop.*, 1772, p. 577). Ces faits, intimement liés entre eux, semblent conduire à la connoissance d'une grande loi géologique.

[1] Quelques habitans prononcent Tumuriquiri, Turumiquiri ou Tumiriquiri. Pendant tout le temps de notre séjour à Cumanacoa, le sommet de cette montagne fut couvert de nuages. Elle devint visible le 11 septembre au soir, mais pour peu de minutes. Je trouvai l'angle de hauteur, à la grande place de Cumanacoa, de 8° 2′. Cette détermination et la mesure barométrique de la montagne, que je fis le 13, peuvent servir à trouver approximativement la distance qui est de $6\frac{1}{3}$ milles ou 6050 toises, en supposant que la partie découverte de nuages avoit 850 toises de hauteur au-dessus de la plaine de Cumanacoa.

toises de largeur; elle est environnée de rochers taillés à pic. Ombragée par des arbres dont les branches entrelacées ne trouvent pas d'espace pour s'étendre, la crevasse s'offroit à nos yeux comme une mine ouverte par l'éboulement des terres. Un torrent, le Rio Juagua, traverse cette crevasse, dont l'aspect est extrêmement pittoresque, et qui porte le nom de *Risco del Cuchivano*. La rivière naît à sept lieues de distance vers le sud-ouest, au pied de la montagne du Brigantin, et forme de belles cascades, avant de se répandre dans la plaine de Cumanacoa.

Nous visitâmes plusieurs fois une petite ferme, le Conuco de Bermudez, placé vis-à-vis de la crevasse du Cuchivano. On y cultive, dans les terrains humides, des bananes, du tabac et plusieurs espèces de cotonniers[1], surtout celle dont le coton a la couleur fauve du nankin, et qui est si commune à

---

[1] Gossipium uniglandulosum, improprement appelé herbaceum, et G. barbadense. M. de Rohr a prouvé combien il règne encore de confusion dans la détermination des variétés et des espèces de cotonniers.

l'île de la Marguerite [1]. Le propriétaire de la ferme nous dit que la crevasse étoit habitée par des tigres Jaguars. Ces animaux passent le jour dans les cavernes, et rôdent la nuit autour des habitations. Comme ils sont bien nourris, ils atteignent jusqu'à six pieds de longueur. Un de ces tigres avoit dévoré, l'année précédente, un cheval appartenant à la ferme. Il avoit traîné sa proie, par un beau clair de lune, à travers la savane, sous un Ceiba d'une grosseur énorme. Les gémissemens du cheval expirant avoient éveillé les esclaves de la ferme. Ils sortirent au milieu de la nuit, armés de lances et de *machètes* [2]. Le tigre, couché sur sa proie, les attendit tranquillement; il ne succomba qu'après une résistance longue et opiniâtre. Ce fait, et nombre d'autres vérifiés

---

[1] G. religiosum.

[2] Grands couteaux à lames très-alongées, semblables aux couteaux de chasse. Dans la zone torride on ne va pas dans les bois sans être armé d'un *machète*, tant pour se frayer un chemin, en coupant les lianes et les branches des arbres, que pour se défendre contre les animaux sauvages.

sur les lieux, prouvent que le grand Jaguar[1] de la Terre-Ferme, comme le Jaguareté du Paraguay et le véritable tigre d'Asie, ne fuient pas devant l'homme, lorsque celui-ci veut les combattre corps à corps, et lorsqu'ils ne sont pas effrayés par le nombre des assaillans. Les naturalistes savent aujourd'hui que Buffon a entièrement méconnu le plus grand des chats de l'Amérique. Ce que cet écrivain célèbre dit de la lâcheté des tigres du Nouveau-Continent, se rapporte aux petits Ocelots[2], et nous verrons bientôt qu'à l'Orénoque, le véritable tigre Jaguar de l'Amérique se jette quelquefois à l'eau pour attaquer les Indiens dans leurs pirogues.

[1] *Felis onça*, Lin., que Buffon a nommé *Panthère oillée*, et qu'il a cru originaire d'Afrique. La panthère femelle, figurée dans l'*Histoire des Quadrupèdes de Buffon*, Tom. IX, pl. XII, est un véritable Jaguar (*Cuvier, Ossem. fossiles*, Tom. IV, *Chats*, p. 13). Nous aurons occasion de revenir dans la suite sur ce sujet important pour la zoologie et la géographie des animaux.

[2] *Felis pardalis*, Lin., ou Chibiguazu d'Azzara, différent du Tlateo-Ocelotl ou chat tigré des Aztèques.

Vis-à-vis la ferme de Bermudez, deux cavernes spacieuses s'ouvrent dans la crevasse du Cuchivano; il en sort de temps en temps des flammes que l'on distingue de très-loin pendant la nuit. Les montagnes voisines en sont éclairées; et, à juger par l'élévation des rochers au-dessus desquels ces émanations enflammées s'élèvent, on seroit tenté de croire qu'elles atteignent une hauteur de plusieurs centaines de pieds. Ce phénomène a été accompagné d'un bruit souterrain sourd et prolongé, à l'époque du dernier grand tremblement de terre de Cumana [1]. On l'observe surtout pendant la saison des pluies, et les propriétaires des fermes situées vis-à-vis de la montagne de Cuchivano, assurent que les flammes sont devenues plus fréquentes depuis le mois de décembre de l'année 1797.

Dans une herborisation que nous fîmes à la Rinconada, nous essayâmes en vain de pénétrer dans la crevasse. Nous voulûmes examiner de près les roches qui semblent renfermer dans leur sein les causes de ces embrasemens extraordinaires. La force de

---

[1] *Voyez* plus haut, Tom. II, p. 277.

la végétation, l'entrelacement des lianes et des plantes épineuses nous avoient empêchés de passer en avant : heureusement, les habitans de la vallée prenoient eux-mêmes un vif intérêt à nos recherches, moins par la crainte d'une explosion volcanique, que parce que leur imagination étoit frappée de l'idée que le Risco del Cuchivano renfermoit une mine d'or. Nous avions beau énoncer nos doutes sur l'existence de l'or dans un calcaire coquillier, ils voulurent savoir ce que « le mineur allemand pensoit de la richesse du filon. » Depuis le temps de Charles-Quint et le gouvernement des Welsers, des Alfingers et des Sailers, à Coro et à Caracas, le peuple conserve, à la Terre-Ferme, une grande confiance dans les Allemands pour tout ce qui a rapport à l'exploitation des mines. Partout où je passai dans l'Amérique méridionale, on venoit me montrer des échantillons de minerais, dès que l'on savoit le lieu de ma naissance. Dans ces colonies, tout François est un médecin, et tout Allemand est un mineur.

Les fermiers, aidés de leurs esclaves, ouvrirent un chemin à travers les bois jusqu'à la première chute du Rio Juagua; et, le 10 septembre, nous fîmes notre excursion au Cuchivano. En entrant dans la crevasse, nous reconnûmes la proximité des tigres tant par un porc-épic fraîchement éventré, que par l'odeur infecte de leurs excrémens qui ressemblent à ceux du chat d'Europe. Pour plus de sûreté, les Indiens retournèrent à la ferme et cherchèrent des chiens d'une race très-petite. On assure que, dans le cas d'une rencontre par un chemin étroit, le Jaguar se jette plutôt sur le chien que sur l'homme. Nous suivîmes, non le bord du torrent, mais la pente des rochers qui sont suspendus au-dessus des eaux. On marche à côté d'un précipice de deux à trois cents pieds de profondeur, sur une espèce de corniche très-étroite, semblable à la route qui du Grindelwald conduit, le long du Mettenberg, au Grand Glacier. Lorsque la corniche se rétrécit au point que l'on ne sait plus où poser le pied, on descend dans le torrent, on le traverse, soit à gué, soit monté sur l'épaule d'un esclave, et l'on gravit le mur opposé. Ces descentes sont assez pénibles, et il ne faut point se fier aux lianes qui, semblables à de gros cordages, pendent de la cime des arbres. Les plantes sarmenteuses et parasites ne tiennent que foiblement aux branches qu'elles embrassent; le poids de leurs tiges réunies est assez considérable, et l'on risque d'ébranler tout un berceau de verdure, si, en marchant sur un terrain incliné, l'on se tient suspendu aux lianes. Plus nous avancions, et plus la végétation devenoit épaisse. En plusieurs endroits, les racines des arbres avoient brisé la roche calcaire, en s'introduisant dans les fentes qui séparent les bancs. Nous avions de la peine à porter les plantes que nous cueillions à chaque pas. Les Canna, les Heliconia à belles fleurs pourprées, les Costus et d'autres végétaux de la famille des Amomées atteignent ici huit à dix pieds de hauteur. Leur verdure tendre et fraîche, l'éclat soyeux et le développement extraordinaire du parenchyme contrastent avec le ton brun des fougères en arbre, dont le feuillage est si délicatement découpé. Les Indiens, munis de leurs grands couteaux, faisoient des incisions dans le tronc des arbres : ils fixèrent notre attention sur la beauté de ces bois rouges et jaune doré qui seront recherchés un jour de nos tabletiers et de nos tourneurs. Ils nous montroient une Composée de vingt pieds de haut (l'Eupatorium lævigatum de la Marck), la *Rose de Belveria*[1], célèbre par l'éclat de ses fleurs pourprées et le *sang de Dragon* de ce pays qui est une espèce de Croton[2] non encore décrite, et dont le suc rouge et astringent est employé pour fortifier les gencives. Ils reconnoissoient les espèces par l'odeur, et surtout en mâchant les fibres ligneuses. Deux indigènes, à qui l'on donne le même bois à mâcher, prononcent, et le plus souvent sans hésiter, le même nom. Nous ne pûmes profiter que très-peu de la sagacité de nos guides; car, comment se procurer des feuilles, des fleurs ou des

[1] Brownea racemosa, *Bredem. ined.*
[2] Des végétaux de famille tout-à-fait différente portent, dans les colonies espagnoles des deux continens, le nom de *Sangre de Drago* : ce sont des Dracæna, des Pterocarpus et des Crotons. Le père Caulin (*Descr. Corografica*, p. 25), en parlant des résines que l'on trouve dans les forêts de Cumana, distingue très-bien le *Drago de la Sierra de Unare* qui a des feuilles pennées (Pterocarpus Draco), du *Drago de la Sierra de Paria* qui a des feuilles entières et velues. Le dernier est notre Croton *sanguifluum* de Cumanacoa, de Caripe et de Cariaco.

fruits, placés sur des troncs, dont les branches naissent à cinquante ou soixante pieds de hauteur. On est frappé de trouver, dans cette gorge, l'écorce des arbres et même le sol couverts de mousse[1] et de lichens. Ces cryptogames y sont aussi communes que dans les pays du Nord. Leur développement est favorisé par l'humidité de l'air et par l'absence de la lumière directe du soleil: cependant la température est généralement le jour de 25, la nuit de 19 degrés.

Les rochers qui bordent la crevasse, sont escarpés comme des murailles, et composés de la même formation calcaire qui nous suivoit depuis *Punta delgada*. Elle est ici gris-noirâtre, de cassure compacte, faisant quelquefois passage au grenu, et traversée par de petits filons de spath calcaire blanc. A ces caractères on croit reconnoître le *Calcaire alpin* de la Suisse et du Tyrol, dont souvent la couleur est très-foncée, quoique toujours

---

[1] De véritables *musci frondosi*. Nous y recueillîmes aussi, outre un petit Boletus stipitatus blanc de neige, le Boletus igniarius et le Lycoperdon stellatum d'Europe. Je n'avois trouvé ce dernier que dans des endroits très-secs, en Allemagne ou en Pologne.

à un moindre degré que dans le *Calcaire de transition* [1]. La première de ces formations constitue le Cuchivano, le noyau de l'Imposible, et en général presque tout le groupe des hautes montagnes de la Nouvelle-Andalousie. Je n'y ai pas vu de pétrification; mais les habitans assurent que l'on trouve des masses considérables de coquilles à de très-grandes hauteurs. Le même phénomène se présente dans le pays de Salzbourg [2]. Au Cuchivano, le Calcaire alpin renferme des couches d'argile marneuse [3] qui ont jusqu'à trois ou quatre toises d'épaisseur, et ce fait géologique rappelle, d'un côté, l'identité de l'*Alpenkalkstein* avec le *Zechstein* de Thuringe; de l'autre, l'affinité de formation qui règne entre le Calcaire alpin et celui du Jura [4]. Les

---

[1] Escher, dans l'*Alpina*, Tom. IV, p. 340.

[2] En Suisse, les bancs de coquilles, isolés à treize cents ou deux mille toises d'élévation (dans le Jungfrauhorn, la Dent de Morcle et la Dent de Midi), appartiennent au *Calcaire de transition*.

[3] *Mergelschiefer.*

[4] Le *Calcaire du Jura* et le *Calcaire alpin* sont des formations *voisines* que l'on a quelquefois de la peine à distinguer, lorsqu'elles reposent immédiatement

couches marneuses font effervescence avec les acides, quoique la silice et l'alumine y prédo-

l'une sur l'autre, comme dans les Apennins : le *Calcaire alpin* et le *Zechstein*, célèbre parmi les géologues de Freiberg, sont des formations *identiques*. Cette identité, que j'ai indiquée dès l'année 1793 (*Ueber die Gruben-Wetter*, p. 93), est un fait géologique d'autant plus intéressant, qu'il semble lier les formations du nord de l'Europe à celle de la chaîne centrale. On sait que le Zechstein est placé entre le Gypse muriatifère et le Conglomérat (grès ancien), ou, lorsque le Gypse muriatifère manque, entre le grès argileux à Oolites (*bunte Sandstein*, Werner) et le conglomérat ou grès ancien (*Todtes Liegende*). Il renferme des couches de marne schisteuses et cuivreuses (*bituminöse Mergel-und Kupferschiefer*) qui sont un objet important d'exploitation dans le Mansfeld en Saxe, près de Riegelsdorf en Hesse, et à Hasel et Prausnitz en Silésie. Dans la partie méridionale de la Bavière (Oberbaiern), j'ai vu la pierre calcaire alpine contenir ces mêmes bancs d'argile schisteuse et de marne qui, plus minces, plus blancs, et surtout plus fréquens, caractérisent le Calcaire du Jura. Quant aux schistes du Blattenberg, dans le canton de Glaris, qu'à cause de nombreuses empreintes de poissons, les minéralogistes ont confondus long-temps avec le schiste cuivreux du Mansfeld, ils appartiennent, d'après M. de minent : elles sont fortement chargées de carbone et noircissent quelquefois les mains comme feroit un vrai schiste vitriolique.

La prétendue mine d'or du Cuchivano, qui étoit l'objet de nos recherches, n'est autre chose qu'une excavation tentée sur une de ces couches noires de marne qui abondent en pyrites. L'excavation est sur la rive droite du Rio Juagua, dans un endroit dont il faut s'approcher avec précaution, parce que le torrent y a plus de huit pieds de profondeur. Les pyrites sulfureuses se trouvent les unes en masse, les autres cristallisées et disséminées dans la roche : leur couleur, d'un jaune d'or très-clair, n'indique pas qu'elles renferment du cuivre : elles sont mêlées de fer sulfuré fibreux [1] et de rognons de pierre puante ou chaux carbonatée fétide. La *couche marneuse*

Buch, à une véritable formation de transition. L'ensemble de ces données géologiques tend à prouver que des couches de marne, plus ou moins chargées de carbone, se trouvent dans le Calcaire du Jura, le Calcaire alpin et les schistes de transition. Le mélange de carbone, de sulfure de fer et de cuivre me paroît augmenter avec l'*ancienneté relative* des formations.

[1] *Haarkies.*

traverse le torrent, et, comme les eaux enlèvent les grains métalliques, le peuple s'imagine, à cause du reflet des pyrites, que le torrent est aurifère. On raconte, qu'après les grands tremblemens de terre qui eurent lieu en 1766, les eaux du Juagua se trouvoient tellement chargées d'or, que « des hommes, qui vinrent de très-loin et dont on ignoroit la patrie, » y établirent des lavages. Ils disparurent pendant la nuit, après avoir recueilli beaucoup d'or. Il seroit superflu de prouver combien ce récit est fabuleux : des pyrites dispersées dans des filons quarzeux, qui traversent le Micaschiste [1], sont sans doute très-souvent aurifères, mais aucun fait analogue ne conduit jusqu'ici à supposer que le fer sulfuré, que l'on trouve dans les marnes schisteuses du Calcaire alpin, contienne également de l'or. Quelques essais directs, que j'ai fait par la voie humide, pendant mon séjour à Caracas, ont prouvé que les pyrites du Cuchivano ne sont aucunement aurifères. Nos guides blamoient mon incrédulité ; j'avois beau dire qu'on retireroit tout au plus de l'alun et du sulfate de fer de cette

[1] *Glimmerschiefer.*

prétendue mine d'or; ils continuèrent à ramasser en secret chaque parcelle de pyrite qu'ils voyoient briller dans l'eau. Plus un pays est dépourvu de mines, et plus les habitans ont des idées exagérées sur la facilité avec laquelle on retire des richesses du sein de la terre. Combien de temps n'avons-nous pas perdu, pendant cinq années de voyage, pour visiter, à l'invitation pressante de nos hôtes, des ravins dont les couches pyriteuses portent, depuis des siècles, le nom fastueux de *minas de oro!* Que de fois n'avons-nous pas souri en voyant des hommes de toutes les classes, des magistrats, des curés de village, de graves missionnaires broyer, avec une patience inaltérable, de l'amphibole ou du mica jaune pour en retirer de l'or au moyen du mercure! Cette fureur avec laquelle on se porte à la recherche des mines, frappe surtout dans un climat où le sol ne demande qu'à être légèrement remué pour offrir de riches moissons.

Après avoir reconnu les marnes pyriteuses du Rio Juagua, nous continuâmes à suivre la crevasse, qui se prolonge comme un canal étroit et ombragé par des arbres très-élevés.

7*

Nous observâmes sur la rive gauche, vis-à-vis du *Cerro del Cuchivano*, des couches singulièrement arquées et contournées. C'est le phénomène que j'avois souvent admiré à l'Achsenberg[1], en passant le lac de Lucerne. D'ailleurs, les bancs calcaires du Cuchivano et des montagnes voisines conservent assez régulièrement la direction du N.N.E. au S.S.O. Leur inclinaison est tantôt au nord, tantôt au sud ; le plus souvent elles paroissent se précipiter vers la vallée de Cumanacoa, et l'on ne sauroit douter que la formation de la vallée n'ait exercé de l'influence[2] sur l'inclinaison des couches.

[1] Cette montagne de la Suisse est composée de *Calcaire alpin*, comme le Cuchivano. Les mêmes inflexions de couche se retrouvent près de la Bonneville, au Nant d'Arpenaz en Savoie, et dans la vallée d'Estaubée dans les Pyrénées. (*Saussure, Voy. Tom. I, §.* 472 et 1672. *Razoumowsky, Voy. Minéral.*, p. 154. *Ramond, Voy. aux Pyrénées*, p. 55, 100 et 280.) Une roche de transition, le *Grauwakke* des Allemands ou *Killas* des Anglois, offre le même phénomène en Écosse. *Edimb. Phil. Trans.*, 1814, p. 80.

[2] On peut faire la même observation au lac de Gemünden en Styrie, que j'ai visité avec M. de Buch, et qui est un des sites les plus pittoresques de l'Europe.

## CHAPITRE VI.

Après bien des fatigues, et tout mouillés par les passages fréquens du torrent, nous arrivâmes au pied des cavernes du Cuchivano, dont on a vu sortir des flammes il y a quelques années. Un mur de rocher s'élève perpendiculairement à huit cents toises de hauteur. Il est rare que sous une zone où la force de la végétation cache partout le sol et les rochers, on voie une grande montagne présenter des couches à nud dans une coupe perpendiculaire. C'est au milieu de cette coupe, dans une position malheureusement inaccessible à l'homme, que s'ouvrent deux cavernes en forme de crevasses. On assure qu'elles sont habitées par les mêmes oiseaux nocturnes que nous apprendrons bientôt à connoître dans la *Cueva del Guacharo* de Caripe. Près de ces cavernes, nous vîmes des couches de marne schisteuse traverser le mur de rochers, et plus bas, au bord du torrent, nous trouvâmes, à notre plus grand étonnement, du cristal de roche enchassé dans les bancs du Calcaire alpin. C'étoit des prismes hexaèdres terminés en pyramides, ayant 14 lignes de long sur 8 de large. Les cristaux, parfaitement transparens, se trouvoient isolés, souvent éloignés l'un de l'autre de trois à quatre toises. Ils étoient renfermés dans la masse calcaire, comme les cristaux de quarz de Burgtonna [1] et les Boracites de Lunebourg qui sont renfermés dans le gypse. Il n'y avoit de près aucune fente, aucun vestige d'un filon de spath calcaire [2].

Nous nous reposâmes au pied de la caverne. C'est de là qu'on a vu sortir ces jets de flammes qui sont devenus plus fréquens dans les dernières années. Nos guides et le fermier, homme intelligent et instruit des localités de la province, discutoient, à la manière des Créoles, sur les dangers auxquels la ville de Cumanacoa seroit exposée, si le Cuchivano devenoit un volcan actif, *se veniesse a reventar*. Il leur

---

[1] Dans le duché de Gotha.

[2] Ce phénomène rappelle un autre également rare, les cristaux de quarz que M. Freiesleben (*Kupferschiefer*, Tom. II, p. 89) a trouvés en Saxe, près de Burgörner, dans le comté de Mansfeld, au milieu d'une roche calcaire poreuse (*Rauchwakke*) qui repose immédiatement sur la pierre calcaire alpine. Les cristaux de roche qui sont assez communs dans le Calcaire primitif de Carrare, tapissent des cavités sans être enveloppés de la roche même.

sembloit indubitable que la Nouvelle-Andalousie, depuis les grands tremblemens de terre de Quito et de Cumana, en 1797, devenoit de jour en jour plus minée par les feux souterrains. Ils citoient les flammes que l'on avoit vu sortir de terre à Cumana et les secousses que l'on éprouve dans des lieux, où le sol n'a jamais été ébranlé avant. Ils rappeloient qu'à Macarapan, on sentoit fréquemment, depuis quelque mois, des émanations sulfureuses. Nous fûmes frappés de ces faits sur lesquels ils fondoient des prédictions qui se sont presque toutes réalisées. D'énormes bouleversemens ont eu lieu en 1812, et ont prouvé combien la nature est tumultueusement agitée dans la partie nord-est de la Terre-Ferme.

Mais quelle est la cause des phénomènes ignés que l'on observe au Cuchivano? Je n'ignore pas qu'on voit briller quelquefois, d'une vive lumière, la colonne d'air qui s'élève au-dessus de la bouche des volcans enflammés[1]. Cette lueur, que l'on croit due

---

[1] Il ne faut pas confondre ce phénomène très-rare avec la lueur que l'on observe communément, à peu

au gaz hydrogène, a été observée, de Chillo, sur la cime du Cotopaxi, à une époque où la montagne paroissoit dans le plus grand repos. Je sais, qu'au rapport des anciens, le Mons Albanus, près de Rome, connu aujourd'hui sous le nom de Monte Cavo, sembloit enflammé de temps en temps pendant la nuit; mais le Mons Albanus est un volcan récemment éteint qui, du vivant de Caton, jetoit encore des rapilli [1], tandis que le Cuchivano est une montagne calcaire, éloignée de toute roche de formation trapéenne. Peut-on attribuer ces flammes à une décomposition de l'eau qui entre en contact avec les pyrites dispersées dans des marnes schisteuses? Est-ce de l'hydrogène enflammé qui sort des cavernes du Cuchivano? Les marnes, comme leur odeur l'indique, sont bitumineuses et pyriteuses à la fois, et les sources de goudron minéral

de toises au-dessus du bord des cratères, et qui (comme je l'ai vu au Vésuve, en 1805) n'est que le reflet de grandes masses de scories enflammées et projetées sans dépasser l'orifice du volcan.

[1] Albano Monte biduum continenter lapidibus pluit. *Livius* XXV. 7. (*Heyne*, *Opuscula acad.*, Tom. III, p. 261).

au Buen Pastor et à l'île de la Trinité, naissent peut-être de ces mêmes bancs de Calcaire alpin. Il seroit aisé d'imaginer des rapports entre les eaux infiltrées dans ce Calcaire et décomposées sur des couches de pyrites, et les tremblemens de terre de Cumana, les sources d'hydrogène sulfuré de Nueva Barcelona, les dépôts de soufre natif de Carupano, et les émanations d'acide sulfureux que l'on sent de temps en temps dans les savanes : on ne sauroit douter aussi, que la décomposition de l'eau par les pyrites, à une haute température, favorisée par l'affinité de l'oxide de fer pour les substances terreuses, ne puisse donner lieu à ce dégagement de gaz hydrogène, auquel plusieurs géologues modernes font jouer un rôle si important. Mais en général, l'acide sulfureux se manifeste plus constamment dans l'éruption des volcans, que l'hydrogène, et c'est surtout l'odeur de cet acide qui se fait sentir quelquefois pendant que la terre est agitée par de fortes secousses. Lorsqu'on envisage dans leur ensemble les phénomènes des volcans et des tremblemens de terre, lorsqu'on se rappelle l'immense distance à laquelle le mouvement se propagé au-dessous du bassin des mers, on abandonne facilement des explications fondées sur de petites couches de pyrites et de marnes bitumineuses. Je pense que les secousses que l'on ressent si fréquemment dans la province de Cumana, doivent aussi peu être attribuées aux roches qui viennent au jour, que les secousses qui ébranlent les Apennins, à des filons d'asphalte ou à des sources de pétrole embrasé. Tous ces phénomènes tiennent à des causes plus générales, j'aurois presque dit, plus profondes, et ce n'est pas dans les couches secondaires qui forment la croûte extérieure de notre globe, mais dans les roches primitives, à une énorme distance de la surface du sol, qu'il faut placer le centre de l'action volcanique. Plus la géologie fait des progrès, et plus on conçoit l'insuffisance de ces théories fondées sur quelques observations purement locales.

Des hauteurs méridiennes du poisson austral observées dans la nuit du 7 septembre, donnèrent, pour la latitude de Cumanacoa, $10° 16' 11''$; l'erreur des cartes les plus estimées est par conséquent de $\frac{1}{4}$ de degré. Je trouvai l'inclinaison de l'aiguille aimantée de 42°,60 et l'intensité des forces magnétiques correspondante à 228 oscillations en dix minutes de temps: l'intensité étoit par conséquent de neuf oscillations ou de $\frac{1}{25}$ moindre qu'au Ferrol.

Le 12, nous poursuivîmes notre voyage au couvent de Caripe, chef-lieu des missions Chaymas. Nous préférâmes à la route directe, le détour par les montagnes du Cocollar[1] et du Turimiquiri, dont la hauteur excède peu celle du Jura. Le chemin se dirige d'abord vers l'est, en traversant, pendant trois lieues, le plateau de Cumanacoa, sur un sol anciennement nivelé par les eaux; puis il détourne vers le sud. Nous passâmes le petit village indien d'Aricagua, entouré de coteaux boisés et d'un aspect riant. De là nous commençâmes à monter, et la montée dura plus de quatre heures. Cette partie du chemin est très-fati-

---

[1] Ce nom est-il d'origine indienne? A Cumana on le dérive, d'une manière assez recherchée, du mot espagnol *Cogollo*, cœur des plantes oléracées, le Cocollar formant le centre du groupe entier des montagnes de la Nouvelle-Andalousie.

gante : on traverse vingt-deux fois la rivière de Pututucuar, torrent rapide et rempli de blocs de rochers calcaires. Lorsque sur la *Cuesta del Cocollar*, on atteint une élévation de deux mille pieds au-dessus du niveau de la mer, on est surpris de ne presque plus trouver de forêts ou de grands arbres. On parcourt un immense plateau couvert de graminées. Des Mimosa à cime hémisphérique, et dont les troncs n'ont que trois à quatre pieds de hauteur, interrompent seuls la triste uniformité des savanes. Leurs branches sont inclinées vers la terre ou s'étendent en parasol. Partout où il y a des escarpemens et des masses de rochers à demi-couverts de terreau, le Clusia ou Cupey à grandes fleurs de Nymphée étale sa belle verdure. Les racines de cet arbre ont jusqu'à huit pouces de diamètre, et sortent quelquefois du tronc à quinze pieds de hauteur au-dessus du sol.

Après avoir continué long-temps de gravir la montagne, nous arrivâmes à une petite plaine, à l'*Hato del Cocollar*. C'est une ferme, isolée dans un plateau qui a 408 toises de hauteur. Nous restâmes trois jours dans cette solitude, comblés des soins du propriétaire [1] qui nous avoit accompagné depuis le port de Cumana. Nous y trouvâmes du lait, des viandes excellentes à cause de la richesse des pâturages, et surtout un climat délicieux. Le jour, le thermomètre [2] centigrade ne s'élevoit pas au-dessus de 22° à 23°; peu avant le coucher du soleil il baissoit à 19°, et, de nuit, il se soutenoit [3] à peine à 14°. La température nocturne étoit par conséquent de 7 degrés plus fraîche que celle des côtes, ce qui prouve de nouveau, le plateau du Cocollar étant moins élevé que le sol de la ville de Caracas, un décroissement de calorique extrêmement rapide.

Aussi loin que porte la vue, on n'aperçoit

---

[1] Don Mathias Yturburi, natif de la Biscaye.

[2] A cinq heures du soir, le ciel étant serein, Therm. de Réaumur, 15°. Hygrom. de Deluc, 62°; à 9$^h$ du soir, Th., 13°. Hyg., 75°; à 11$^h$, Th., 11°,2. Hyg. 80°; à 22$^h$, Th., 18°. Hyg., 51°; à midi, Th., 19°. Hyg. 50°. Nous ne vîmes pas l'hygromètre au-dessous de 46° (83° Sauss.), malgré la hauteur du lieu; mais aussi la saison des pluies avoit commencé, et à cette époque l'air, quoique très-bleu et transparent, étoit déjà extraordinairement chargé de vapeurs aqueuses.

[3] A 11°,2 R.

de ce point élevé que des savanes nues;
cependant de petits bouquets d'arbres épars
s'élèvent dans les ravins, et, malgré l'apparente uniformité de la végétation, on ne laisse
pas de trouver ici un grand nombre de plantes
très-remarquables[1]. Nous nous bornerons à
citer un superbe Lobelia[2] à fleurs pourprées,
le Brownea coccinea qui a plus de cent pieds
de haut, et surtout le *Pejoa*, célèbre dans
le pays, à cause de l'odeur délicieuse et aromatique que répandent ses feuilles lorsqu'on les
froisse entre les doigts[3]. Mais ce qui nous char-

[1] Cassia *acuta*, Andromeda *rigida*, Casearia *hypericifolia*, Myrthus *longifolia*, Büttneria *salicifolia*, Glycine *picta*, G. *pratensis*, G. *gibba*, Oxalis *umbrosa*, Malpighia *caripensis*, Cephælis *salicifolia*, Stylosanthes *angustifolia*, Salvia *pseudococcinea*, Eryngium *fœtidum*. Nous avons trouvé une seconde fois cette dernière plante, mais à une très-grande hauteur, dans les vastes forêts de Quinquina qui environnent la ville de Loxa, au centre des Cordillères.

[2] Lobelia *spectabilis*.

[3] C'est le Gaultheria *odorata*, décrit par M. Willdenow. (*Neue Schriften der Nat. Freunde*, Tom. *IV*, p. 218.), d'après des échantillons que nous lui avions communiqués. Le Pejoa se trouve autour du lac du Cocollar, duquel prend naissance le grand fleuve

moit le plus dans cet endroit solitaire, c'étoient la beauté et le calme des nuits. Le propriétaire de la ferme prolongeoit ses veilles avec nous; il sembloit jouir de l'étonnement que produit sur des Européens, nouvellement transplantés sous les tropiques, cette fraîcheur printanière de l'air que l'on ressent sur les montagnes, après le coucher du soleil. Dans ces climats éloignés, où les hommes connoissent encore tout le prix des dons de la nature, un propriétaire vante l'eau de sa source, l'absence des insectes malfaisans, le vent salutaire qui souffle autour de la colline, comme nous vantons en Europe les avantages de notre demeure ou l'effet pittoresque de nos plantations.

Notre hôte étoit venu dans le Nouveau-

---

Guarapiche. Nous avons rencontré des pieds du même arbrisseau à la *Cuchilla de Guanaguana.* C'est une plante subalpine qui, comme nous le verrons bientôt, forme à la Silla de Caracas une zone beaucoup plus élevée que dans la province de Cumana. Les feuilles du Pejoa ont l'odeur plus agréable encore que celles du Myrthus pimenta; mais elles ne répandent plus de parfums, si on les froisse quelques heures après que la branche a été séparée du tronc.

Mondé avec une expédition qui devoit établir, sur les bords du golfe de Paria, des coupes de bois pour la marine espagnole. Dans ces vastes forêts d'Acajou, de Cedrela et de Brésillets qui bordent la mer des Antilles, on comptoit choisir les troncs d'arbres les plus gros, leur donner, comme par ébauche, la forme nécessaire pour la construction des vaisseaux, et les envoyer tous les ans au chantier des Caraques, près de Cadix. Des hommes blancs, non acclimatés, ne purent résister aux fatigues du travail; à l'ardeur du climat et à l'impression de l'air malfaisant qu'exhalent les forêts. Ces mêmes vents, qui sont chargés du parfum des fleurs, des feuilles et des bois, portent, pour ainsi dire, le germe de la dissolution dans les organes. Des fièvres pernicieuses enlevèrent, avec les charpentiers de la marine royale, les personnes qui administroient le nouvel établissement; et cette anse, que les premiers Espagnols ont nommée le *Golfe triste*, à cause de l'aspect lugubre et sauvage de ses côtes, devint le tombeau des marins européens. Notre hôte eut le rare bonheur d'échapper à ces dangers: après avoir vu mourir un grand nombre des siens, il se retira, loin des côtes, dans les montagnes du Cocollar. Sans voisins, tranquille possesseur de cinq lieues de savanes, il y jouit à la fois de l'indépendance que donne la solitude, et de cette sérénité d'esprit que produit, dans les hommes simples, un air pur et fortifiant.

Rien n'est comparable à l'impression du calme majestueux que laisse l'aspect du firmament dans ce lieu solitaire. En suivant de l'œil, à l'entrée de la nuit, ces prairies qui bordent l'horizon, ce plateau couvert d'herbes et doucement ondulé, nous crûmes voir de loin, comme dans les stepes de l'Orénoque, la surface de l'Océan supportant la voûte étoilée du ciel. L'arbre sous lequel nous étions assis, les insectes lumineux qui voltigeoient dans l'air, les constellations qui brilloient vers le sud, tout sembloit nous dire que nous étions loin du sol natal. Si, alors, au milieu de cette nature exotique, du fond d'un vallon, la cloche d'une vache ou le mugissement du taureau se faisoit entendre, le souvenir de la patrie se réveilloit soudain. C'étoit comme des voix lointaines qui retentissoient d'au-delà des mers, et dont le pouvoir magique nous transportoit d'un hémisphère à l'autre. Étrange mobilité de l'imagination de l'homme, source éternelle de ses jouissances et de ses douleurs!

A la fraîcheur du matin, nous commençâmes à gravir le Turimiquiri. C'est ainsi que l'on appelle le sommet du Cocollar qui, avec le Bergantin, ne forme qu'une seule masse de montagnes, jadis appelée par les indigènes la *Sierra de los Tageres*. On fait une partie du chemin sur des chevaux qui errent dans ces savanes, mais dont quelques-uns sont accoutumés à porter la selle. Quoique très-lourds de forme, ils grimpent lestement sur le gazon le plus glissant. Nous nous arrêtâmes d'abord à une source qui sort encore, non de la roche calcaire, mais d'une couche[1] de grès quarzeux. Sa température étoit de 21°, par conséquent de 1°,5 moindre que celle de la source de Quetepe : aussi la différence du niveau est de près de deux cent vingt toises. Partout où le grès vient au jour, le sol est uni, et forme comme de petits plateaux qui se suivent

[1] Direction : Hor. 4,3. Inclinaison : 45° au sud-est.

par gradins. Jusqu'à sept cents toises de hauteur, et même au delà, cette montagne, comme toutes celles qui l'avoisinent, n'est couverte que de graminées [1]. A Cumana, on attribue ce manque d'arbres à la grande élévation du sol; mais, pour peu qu'on réfléchisse sur la distribution des végétaux dans les Cordillères de la zone torride, on conçoit que les cimes de la Nouvelle-Andalousie sont bien loin d'atteindre la limite supérieure des arbres qui, par cette latitude, se soutient au moins à mille huit cents toises de hauteur absolue. Le gazon ras du Cocollar commence même déjà à se montrer à trois cent cinquante toises au-dessus du niveau de la mer : et l'on peut continuer de marcher sur ce gazon jusqu'à mille toises d'élévation : plus loin, au-delà de cette bande couverte de graminées, se trouve, dans des pics presque inaccessibles à l'homme, une petite forêt de Cedrela, de Javillo [2] et d'Aca-

---

[1] Les espèces dominantes sont des Paspalus, l'Andropogon *fastigiatum* qui forme le genre Diectomis de M. Palissot de Beauvais, et le Panicum *olyroides*.

[2] Hura crepitans, de la famille des Euphorbes. L'accroissement de son tronc est si énorme, que dans la vallée de Curiepe, entre le cap Codera et Caracas,

jou. Ces circonstances locales font croire que les savanes montueuses du Cocollar et du Turimiquiri ne doivent leur existence qu'à la funeste habitude qu'ont les indigènes de mettre le feu aux bois qu'ils veulent convertir en pâturages. Lorsque ainsi, depuis trois siècles, les graminées et les herbes alpines ont couvert le sol d'une bourre épaisse, les graines des arbres ne parviennent plus à germer et à se fixer dans la terre, quoique le vent et les oiseaux les transportent continuellement des forêts éloignées vers le milieu des savanes.

Le climat de ces montagnes est si doux, qu'à la ferme du Cocollar on cultive avec succès le cotonnier, le cafier, et même la canne à sucre. Quoiqu'en disent les habitans des côtes, on n'a jamais vu, par les 10° de

M. Bonpland a mesuré des cuves en bois de Javillo qui avoient quatorze pieds de long sur huit de large. Ces cuves, d'une seule pièce, servent à conserver le guarapo ou jus de canne et la mélasse. Les graines de Javillo sont un poison très-actif, et le lait qui jaillit du pétiole, lorsqu'on le brise, nous a souvent causé des maux d'yeux, si par hasard les plus petites quantités s'introduisoient entre les paupières.

latitude, de la gelée blanche sur des cimes dont la hauteur excède à peine celle du Mont-d'Or et du Puy-de-Dôme. Les pâturages de Turimiquiri diminuent de bonté avec l'élévation du site. Partout où des roches éparses offrent de l'ombre, on trouve et des plantes licheneuses, et quelques mousses de l'Europe. Le Melastome Guacito [1] et un arbrisseau [2] dont les feuilles grandes et coriaces résonnent comme du parchemin, lorsque le vent les agite, s'élèvent çà et là dans la savane. Mais l'ornement principal du gazon de ces montagnes est une liliacée à fleurs dorées, le Marica martinicensis. On ne l'observe généralement, dans les provinces de Cumana et de Caracas [3], que lorsqu'on s'élève à quatre ou cinq cents toises de hauteur. Quant à la masse rocheuse du Turimiquiri, elle est com-

---

[1] Melastoma xanthostachis, appelé *Guacito*, à Caracas.

[2] Palicourea rigida, *Chaparro bovo*. Dans les savanes ou *Llanos*, le même nom castillan est donné à un arbre de la famille des Proteacées.

[3] P. e. dans la montana de Avila, dans le chemin de Caracas à la Guayra et dans la Silla de Caracas. Les graines du Marica mûrissent à la fin de décembre.

posée d'un Calcaire alpin semblable à celui de Cumanacoa, et de couches assez minces de marne et de grès quarzeux. Le Calcaire enchasse des masses de fer oxidé brun, et du fer spathique. J'ai reconnu en plusieurs endroits, et très-distinctement, que le grès ne repose pas seulement sur le Calcaire, mais que souvent aussi cette dernière roche renferme le grès en alternant avec lui.

On distingue, dans le pays, le sommet arrondi du Turimiquiri et les pics élancés ou *Cucuruchos*, revêtus d'une végétation épaisse, et habités par des tigres que l'on chasse à cause de la grandeur et de la beauté de leur peau. Nous avons trouvé le sommet arrondi, qui est couvert de gazon, élevé de 707 toises au-dessus du niveau de l'Océan. C'est de ce sommet que se prolonge vers l'ouest une arrête de rochers escarpés qui est interrompue, à un mille de distance, par une crevasse énorme qui descend vers le golfe de Cariaco. Au point où l'on pourroit supposer la continuation de l'arrête, s'élèvent deux mamelons ou pitons calcaires, dont le septentrional est le plus élevé. C'est ce dernier que l'on appelle plus particulièrement le *Cucurucho de Turimi-quiri*, et que l'on regarde comme plus haut que la montagne du Bergantin [1], si connue des

---

[1] Cette opinion populaire sur la hauteur du Brigantin, favorise la supposition que la distance du port de Cumana à la montagne est beaucoup au-dessus de vingt-quatre milles marines : car nous avons vu plus haut ( *T. II, p.* 260) que les angles de hauteur pris à Cumana donnent au Brigantin 1255 toises d'élévation, si l'on croit exacte la distance indiquée dans la carte du *Deposito hydrografico* de Madrid. Je trouve que pour mettre en harmonie l'angle observé et une hauteur supposée de mille toises, le sommet du Brigantin ne devroit pas être éloigné de Cumana de plus de dix-neuf milles. La chaîne des montagnes de la Nouvelle-Andalousie se dirige, comme la côte voisine, assez régulièrement de l'est à l'ouest : et, dans l'hypothèse d'une distance de plus de dix-neuf milles, le Brigantin seroit plus méridional que le parallèle du Cocollar. Cependant les habitans de Cumana ont voulu tracer, par le Brigantin, un chemin à Nueva Barcellona, et je n'ai pas trouvé la latitude de cette ville au-dessous de 10° 6′ 52″. Cette circonstance confirme le résultat de la triangulation faite au Salado de Cumana, tandis que de l'autre côté un relèvement magnétique du Brigantin, pris au sommet de l'Imposible, conduit à un éloignement plus grand. Ce relèvement seroit infiniment précieux, si

marins qui atterrissent sur les côtes de Cumana. D'après des angles de hauteur et une base assez courte tracée sur le sommet arrondi et dénué d'arbres, nous mesurâmes le pic ou Cucurucho, qui étoit à peu près de 35o toises plus élevé que notre station, de sorte que sa hauteur absolue excède 1o5o toises.

La vue dont on jouit sur le Turimiquiri est des plus étendues et des plus pittoresques. Depuis la cime jusqu'à l'Océan, on découvre des chaînes de montagnes qui se dirigent parallèlement de l'est à l'ouest, et qui bordent des vallées longitudinales. Comme ces dernières sont coupées en angle droit par une infinité de petits ravins que les torrens ont creusés, il en résulte que les chaînons latéraux

l'on étoit bien sûr de la longitude de l'Imposible et de la variation de l'aiguille aimantée, dans un endroit où le grès est extrêmement ferrugineux. Il est du devoir du voyageur, d'énoncer avec franchise les doutes qui lui restent sur les points qui ne sont pas encore suffisamment éclaircis. A notre attérage sur les côtes de Cumana, les pilotes évaluèrent la distance du Tataraqual à la côte de Cumana à quinze ou seize milles.

sont transformés en autant de rangées de mamelons, tantôt arrondis, tantôt pyramidaux. La pénte générale du terrain est assez douce jusqu'à l'Imposible ; plus loin, les escarpemens deviennent très-rapides, et se suivent jusqu'au rivage du golfe de Cariaco. Cet amas de montagnes rappelle, par sa forme, les chaînons du Jura, et la seule plaine qu'il offre, est la vallée de Cumanacoa. On croit voir le fond d'un entonnoir, dans lequel on distingue, entre des bouquets d'arbres épars, le village indien d'Aricagua. Vers le nord, une langue de terre étroite, la péninsule d'Araya, se détachoit en brun sur la mer qui, éclairée par les premiers rayons du soleil, reflétoit une vive lumière. Au delà de la péninsule, l'horizon étoit borné par le cap Macanao, dont les rochers noirs s'élèvent au milieu des eaux, comme un immense bastion.

La ferme du Cocollar, située au pied du Turimiquiri, est [1] par les 10° 9′ 32″ de latitude. J'y ai trouvé l'inclinaison magnétique

---

[1] D'après les hauteurs méridiennes de Deneb du Cigne, que j'ai prises dans les nuits du 12 et du 13 septembre. *Observat. astron.*, *Vol. I*, p. 98.

de 42°,10. L'aiguille oscilloit deux cent vingt-deux fois en dix minutes de temps. Peut-être des masses de mines de fer brunes, renfermées dans la roche calcaire, causent-elles une légère augmentation dans l'intensité des forces magnétiques. Je ne consigne pas ici les expériences faites avec un pendule invariable; malgré les soins que j'ai mis à ce genre d'expériences, je les crois défectueuses, à cause de la suspension imparfaite de la verge du pendule.

Le 14 septembre, nous descendîmes le Cocollar vers la mission de San Antonio. Le chemin conduit d'abord à travers des savanes parsemées de grands blocs de rochers calcaires; puis on entre dans une forêt épaisse. Après avoir passé deux arrêtes de montagnes extrêmement escarpées [1], on découvre une belle vallée qui a cinq à six lieues de long, en suivant presque constamment la direction de l'est à l'ouest. C'est dans cette vallée que sont

---

[1] Ces arrêtes, assez difficiles à gravir vers la fin de la saison des pluies, sont connues sous les noms bizarres de *Los Yepes* et du *Fantasma*. Le Calcaire, partout où il paroît au jour dans ces endroits, se dirige, hor. 4-5. (Incl. des couches 40° au S.E.).

situées les missions de San Antonio et de Guanaguana. La première est renommée, à cause d'une petite église à deux tours construite en brique, dans un assez bon style, et ornée de colonnes d'ordre dorique. C'est la merveille du pays. Le préfet des capucins avoit terminé la construction de cette église en moins de deux étés, quoiqu'il n'eût employé que les Indiens de son village. Les moulures des chapitaux, les corniches et une frise décorée de soleils et d'arabesques, ont été exécutées en argile mêlée de brique pilée. Si l'on est surpris de trouver sur les confins de la Laponie [1], des églises dans le style grec le plus pur, on est encore plus frappé de ces premiers essais dans les arts, sous une zone où tout annonce l'état sauvage de l'homme, et où les bases de la civilisation n'ont été jetées par les Européens que depuis une quarantaine d'années. Le gouverneur de la province désapprouva le luxe de ces constructions dans les missions, et, au plus grand regret

---

[1] A Skelefter, près de Torneo. *Buch, Voyage en Norwège*, Tom. II, p. 275.

des religieux, l'achèvement du temple est resté suspendu. Les Indiens de San Antonio sont loin de partager ces regrets : ils approuvent en secret la décision du gouverneur qui flatte leur paresse naturelle. Ils ne se soucient pas plus d'ornemens d'architecture, que jadis les indigènes dans les missions des Jésuites du Paraguay.

Je ne m'arrêtai à la mission de San Antonio que pour ouvrir le baromètre et pour prendre quelques hauteurs du soleil. L'élévation de la grande place au-dessus de Cumana est de 216 toises. Après avoir traversé le village, nous passâmes à gué les rivières Colorado et Guarapiche qui, naissant toutes deux dans les montagnes du Cocollar, se réunissent plus bas, à l'est. Le Colorado a un courant très-rapide, et devient, à son embouchure, plus large que le Rhin : le Guarapiche, réuni au Rio Areo, a plus de vingt-cinq brasses de profondeur. Ses bords sont ornés d'une superbe graminée que j'ai dessinée deux ans plus tard, en remontant le fleuve de la Magdeleine, et dont le chaume à feuilles distiques atteint 15 ou 20 pieds de hauteur [1]. Nos mulets avoient de la peine à se tirer des boues épaisses dont étoit couvert le chemin qui est étroit et uni. Il pleuvoit à verse : la forêt entière sembloit convertie en un marais par la force et la fréquence des ondées.

Nous arrivâmes vers le soir à la mission de Guanaguana, dont le sol est presque au niveau du village de San Antonio. Nous avions grand besoin de nous sécher. Le missionnaire nous reçut avec une extrême bonhomie. C'étoit un vieillard qui paroissoit gouverner ses Indiens avec beaucoup d'intelligence. Le village n'existe que depuis trente ans dans le site qu'il occupe aujourd'hui. Avant cette époque, il étoit placé plus au sud, adossé à une colline. On est étonné de la facilité avec laquelle on

---

[1] *Lata* ou *Caña brava*. C'est un nouveau genre entre Aira et Arundo, que nous avons décrit sous le nom de Gynerium. (*Pl. équin.*, *Vol. II*, p. 112.) Cette graminée colossale a le port du Donax d'Italie : elle est avec l'Arundinaria du Missisipi ( Ludolfia Willd., Miegia de Persoon ), et avec les Bambousiers, la graminée la plus élevée du Nouveau-Continent. On en a transporté la graine à Saint-Domingue où l'on coupe le chaume pour en couvrir les cases des nègres.

fait changer de demeure aux Indiens. Il y a des villages de l'Amérique méridionale qui, en moins d'un demi-siècle, ont été déplacés trois fois. L'indigène se trouve attaché par de si foibles liens au sol qu'il habite, qu'il reçoit avec indifférence l'ordre de démolir sa maison et de la rebâtir ailleurs. Un village change de place comme un camp. Partout où l'on trouve de l'argile, des roseaux, des feuilles de palmier et d'Heliconia, la case est reconstruite en peu de jours. Ces changemens forcés n'ont souvent d'autre motif que le caprice d'un missionnaire qui, récemment arrivé d'Espagne, s'imagine que le site de la mission est fiévreux ou qu'il n'est pas assez exposé aux vents. On a vu des villages entiers se transporter à quelques lieues de distance, simplement parce que le moine ne trouvoit pas assez belle ou assez étendue la vue de sa maison.

Guanaguana n'a point encore d'église. Le vieux religieux, qui habitoit depuis trente ans les forêts de l'Amérique, nous fit observer que l'argent de la communauté, ou le produit du travail des Indiens, devoit être employé d'abord à la construction de la maison du missionnaire, puis à celle de l'église, et enfin aux vêtemens des Indiens. Il assuroit gravement que cet ordre ne pouvoit être interverti sous aucun prétexte. Aussi, les Indiens qui préfèrent une nudité absolue au vêtement le plus léger, ne sont pas pressés que leur tour arrive. On venoit de terminer la demeure spacieuse du *Padre*, et nous remarquâmes avec surprise que cette maison, dont le faîte se terminoit en terrasse, étoit ornée d'un grand nombre de cheminées qui ressembloient à autant de tourelles. C'étoit, disoit notre hôte, pour se rappeler une patrie qui lui étoit chère, et des hivers de l'Aragon, au milieu des chaleurs de la zone torride. Les Indiens de Guanaguana cultivent le coton pour leur profit, comme pour celui de l'église et du missionnaire. Le produit est censé appartenir à la commune, et c'est avec l'argent de la commune que l'on suffit aux besoins du curé et de l'autel. Les indigènes ont des machines d'une construction très-simple servant à séparer le coton de sa graine. Ce sont des cylindres de bois, d'un diamètre extrêmement petit, entre lesquels passe le coton, et qu'on fait mouvoir avec le pied, comme nos rouets. Ces machines, bien imparfaites, sont cependant très-utiles, et l'on commence à les imiter dans d'autres missions. J'ai exposé ailleurs, dans mon ouvrage sur le Mexique, combien l'habitude de vendre le coton avec la graine embarrasse le transport dans les colonies espagnoles, où toutes les marchandises arrivent à dos de mulets dans les ports de mer. Le sol de Guanaguana est aussi fertile que celui d'Aricagua, petit village voisin qui a également conservé son ancien nom indien. Un *Almuda* de terrain (à 1850 toises carrées) produit, dans les bonnes années, 25 à 30 fanègues de maïs, chaque fanègue pesant cent livres. Mais ici, comme partout, où la bienfaisance de la nature retarde le développement de l'industrie, on ne défriche qu'un très-petit nombre d'arpens, et l'on néglige de varier la culture des plantes alimentaires. La disette se fait sentir, chaque fois que la récolte du maïs se perd par une sécheresse prolongée. Les Indiens de Guanaguana nous racontoient, comme un fait peu extraordinaire, que l'année précédente, pendant trois mois, eux, leurs femmes et leurs enfans, avoient été *al monte*, c'est-à-dire errant dans les forêts voisines, pour se nourrir d'herbes succulentes, de choux palmiers, de racines de fougère et de fruits d'arbres sauvages. Ils ne parloient pas de cette vie nomade comme d'un état de privation. Le missionnaire seul en avoit été incommodé, parce que le village étoit resté désert, et qu'au retour des forêts, les membres de la petite commune étoient moins dociles qu'auparavant.

La belle vallée de Guanaguana se prolonge vers l'est, en s'ouvrant dans les plaines de Punzere et de Terecen. Nous aurions bien voulu visiter ces plaines, pour examiner les sources de pétrole qui se trouvent entre le fleuve Guarapiche et le Rio Areo; mais la saison des pluies étoit déjà établie, et nous nous trouvions journellement dans le plus grand embarras pour sécher et conserver les plantes que nous avions recueillies. Le chemin qui conduit de Guanaguana au village de Punzere, va ou par San Felix, ou par Caycara et Guayuta, qui est un *hato* (ferme de bétail) des missionnaires. C'est dans ce dernier endroit, qu'au rapport des Indiens, l'on trouve de grandes masses de soufre, non dans une roche gypseuse ou calcaire, mais à peu de profondeur au-dessous de la surface du sol, dans des bancs d'argile. Ce phénomène singulier me paroît propre à l'Amérique; nous le retrouverons dans le royaume de Quito et à la Nouvelle-Espagne. En approchant de Punzere, on voit, dans les savanes, de petits sacs formés par un tissu de soie, suspendus aux branches des arbres les moins élevés. C'est la *seda silvestre*, ou soie sauvage du pays, qui est d'un bel éclat, mais très-rude au toucher. La phalène qui la produit est peut-être analogue à celle des provinces de Guanaxuato et d'Antioquia, qui fournissent également de la soie sauvage [1]. On trouve dans la belle forêt de Punzere deux arbres connus sous les noms de Curucay et de Canela : le premier, dont nous parlerons dans la suite, offre une résine très-recherchée des *Piaches* ou sorciers indiens; le second a des feuilles dont l'odeur est celle de la véritable cannelle de Ceylan [2]. De Punzere le chemin

---

[1] *Nouv. Esp.*, Tom. *III*, p. 237. Tom. *IV*, p. 296.
[2] Est-ce le Laurus cinnamomoides de Mutis? Quel est cet autre Cannellier appelé par les Indiens *Tuorco*,

se dirige par Terecen et Nueva Palencia, qui est une nouvelle colonie de Canariens, au port de Saint-Jean, situé sur la rive droite du Rio Areo, et ce n'est qu'en traversant ce fleuve avec une pirogue, qu'on parvient aux fameuses sources de pétrole (ou goudron minéral) du Buen Pastor. On nous les a décrites comme de petits puits ou entonnoirs creusés par la nature dans un terrain marécageux. Ce phénomène rappelle le lac d'Asphalte ou de *Chapapote* de l'île de la Trinité [1] qui n'est éloigné du Buen Pastor, en ligne droite, que de trente-cinq lieues marines.

Après avoir lutté quelque temps contre le désir que nous avions de descendre le Guarapiche jusqu'au Golfo triste, nous prîmes la route directe des montagnes. Les vallées de Guanaguana et de Caripe sont séparées par

qui abonde dans les montagnes de Tocuyo et aux sources du Rio Uchire? On en mêle l'écorce au chocolat. Le père Caulin désigne sous le nom de Curucay le Copaifera officinalis, qui donne le baume de Copahu. (*Hist. corograf.*, p. 24 et 34.)

[1] *Laguna de la Brea*, au sud-est du port de Naparima. Il y a une autre source d'asphalte sur la côte orientale de l'île, dans la baie de Mayaro.

une espèce de digue ou arête calcaire, très-célèbre, sous le nom de la *Cuchilla*[1] *de Guanaguana*. Nous trouvâmes ce passage pénible, parce que à cette époque nous n'avions point encore parcouru les Cordillères ; mais il n'est aucunement aussi dangereux qu'on se plaît à le dépeindre à Cumana. Le sentier, il est vrai, n'a, sur plusieurs points, que 14 ou 15 pouces de largeur ; la croupe de la montagne sur laquelle la route se prolonge, est couverte d'un gazon ras extrêmement glissant ; les pentes des deux côtés sont assez rapides, et le voyageur, s'il faisoit une chute, pourroit, en roulant sur l'herbe, être entraîné jusqu'à sept ou huit cents pieds de profondeur. Cependant, les flancs de la montagne offrent plutôt des escarpemens que de véritables précipices, et les mulets de ces contrées ont le pied si sûr, qu'ils inspirent la plus grande confiance. Leurs habitudes sont les mêmes que celles des bêtes de somme de la

---

[1] Arête semblable à la *lame d'un couteau*. Dans toute l'Amérique espagnole, le mot *cuchilla* désigne une crête de montagnes à doubles pentes très-rapides.

Suisse ou des Pyrénées. A mesure qu'un pays est plus sauvage, l'instinct des animaux domestiques gagne de finesse et de sagacité. Lorsque les mulets se sentent en danger, ils s'arrêtent en tournant la tête à droite et à gauche; le mouvement de leurs oreilles semble indiquer qu'ils réfléchissent sur le parti qu'ils doivent prendre. Leur résolution est lente, mais toujours bonne, si elle est libre, c'est-à-dire si elle n'est point entravée ou accélérée par l'imprudence du voyageur. C'est dans les chemins épouvantables des Andes, pendant des voyages de six à sept mois, à travers des montagnes sillonnées par les torrens, que l'intelligence des chevaux et des bêtes de somme se développe d'une manière surprenante. Aussi l'on entend dire aux montagnards : « Je ne vous donnerai pas la mule dont la marche est la plus commode, je vous donnerai celle qui raisonne le mieux, *la mas racional.* » Ce mot du peuple, dicté par une longue expérience, combat le système des machines animées, mieux peut-être que tous les argumens de la philosophie spéculative.

Lorsque nous eûmes atteint le point le plus

élevé de la crête ou Cuchilla de Guanaguana, un spectacle intéressant s'offrit à nos yeux. Nous embrassâmes, d'un coup-d'œil, les vastes prairies ou savanes de Maturin et du Rio Tigre [1], le piton [2] du Turimiquiri et une infinité de chaînons parallèles qui, vus de loin, ressemblent aux lames de la mer. Vers le nord-est s'ouvre la vallée qui renferme le couvent de Caripe. Son aspect est d'autant plus attrayant, qu'ombragée par des forêts, cette vallée contraste avec la nudité des montagnes voisines qui sont dépourvues d'arbres et couvertes de graminées. Nous trouvâmes la hauteur absolue de la Cuchilla de 548 toises : elle est par conséquent de 329 toises plus élevée que la maison du missionnaire de Guanaguana.

En descendant l'arête par un chemin tortueux, on entre dans un pays entièrement boisé. Le sol est couvert de mousse et d'une nouvelle espèce de Drosera [3] qui, par son port, rappelle le Drosera de nos Alpes. L'épaisseur des

---

[1] Ces prairies naturelles font partie des *Llanos* ou Stepes immenses bordées par l'Orénoque.

[2] *El Cucurucho.*

[3] Drosera *tenella.*

forêts et la force de la végétation augmentent à mesure que l'on s'approche du couvent de Caripe. Tout change ici d'aspect, même la roche qui nous accompagnoit depuis Punta Delgada. Les couches calcaires deviennent plus minces; elles forment des assises qui s'alignent en murailles, en corniches et en tours, comme dans les montagnes du Jura, dans celles de Papenheim en Allemagne, et près d'Oiçow, en Gallicie. La couleur de la pierre n'est plus gris de fumée et gris-bleuâtre, elle devient blanche : sa cassure est unie, quelquefois même imparfaitement conchoïde. Ce n'est plus le Calcaire des Hautes-Alpes, mais une formation à laquelle celui-ci sert de base et qui est analogue au *Calcaire du Jura*. Dans la chaîne des Apennins, entre Rome et Nocera, j'ai observé cette même superposition immédiate [1] : elle indique, nous le répétons ici, non le passage d'une roche à l'autre, mais l'affinité géologique qui existe entre deux formations. Selon

---

[1] C'est ainsi que près de Genève la roche du Môle, qui appartient au *Calcaire alpin*, est *au-dessous* du *Calcaire du Jura*, qui constitue le Mont-Salève.

le *type*[1] général des couches secondaires, qui a été reconnu dans une grande partie de

---

[1] Voici la suite des formations secondaires, lorsque toutes ont pris un développement égal, c'est-à-dire lorsqu'aucune d'elles n'a été supprimée ou englobée par les formations voisines : 1. Grès ancien reposant sur le schiste de transition (*Alter Sandstein*, *Totes Liegende*); 2. Calcaire alpin (*Alpenkalkstein*, *Zechstein*); 3. Gypse ancien (*Salzgyps*); 4. Calcaire du Jura (*Jurakalkstein*); 5. Grès de seconde formation, Molasse (*Bunter Sandstein*); 6. Gypse fibreux (*Neuer Gyps*); 7. Calcaire de troisième formation (*Muschelkalkstein de Werner*); 8. Craie; 9. Calcaire à Cerithes; 10. Gypse à ossemens; 11. Grès; 12. Formation d'eau douce. Nous aurons souvent occasion de recourir à ce *type*, dont la connoissance perfectionnée semble être le but principal de la Géognosie, et sur lequel on n'a commencé à avoir des idées exactes que depuis une vingtaine d'années. Nous nous bornerons à faire observer ici que les dernières formations, 8, 9, 10, 11 et 12, examinées avec tant de soin par MM. Brongniart et Cuvier, manquent dans une grande partie de l'Europe; que les Calcaires 2 et 4 ne font souvent qu'une seule masse, et que partout où les deux formations de gypses (3 et 6) n'ont pu se développer, la suite des roches secondaires se réduit au type infiniment simple de *deux formations de grès alternantes avec deux formations calcaires*,

l'Europe, le Calcaire alpin est séparé du Calcaire du Jura par le *Gypse muriatifère;* mais souvent celui-ci manque entièrement ou se trouve renfermé comme *couche subordonnée* dans le Calcaire alpin. Alors les deux grandes formations calcaires se succèdent immédiatement ou se confondent en une seule masse.

La descente de la Cuchilla est beaucoup moins longue que la montée. Nous trouvâmes le niveau de la vallée de Caripe de

Pour se rendre compte d'un grand nombre de phénomènes de superposition qui paroissent très-bizarres au premier aspect, il faut se rappeler les deux lois suivantes qui sont fondées sur l'analogie de faits bien observés : 1.° Lorsque deux formations se succèdent immédiatement, il arrive souvent que les couches de l'une commencent d'abord à alterner avec les couches de l'autre, jusqu'à ce que la formation la plus neuve se montre sans mélange de couches subordonnées (*Buch, Geogn. Beob.*, *Tom. I, p.* 104 et 156). 2.° Lorsqu'une formation peu puissante se trouve placée, d'après son ancienneté relative, entre deux grandes formations, on observe parfois, ou qu'elle disparoît entièrement, ou qu'elle est englobée, comme couche subordonnée, tantôt dans l'une, tantôt dans l'autre des formations voisines.

200 toises plus élevé que celui de la vallée de Guanaguana. Un groupe de montagnes, de peu de largeur, sépare deux bassins, dont l'un est d'une fraîcheur délicieuse, tandis que l'autre est renommé par l'ardeur de son climat. Ces contrastes, si communs au Mexique, dans la Nouvelle-Grenade et au Pérou, sont bien rares dans la partie nord-est de l'Amérique méridionale. Aussi de toutes les hautes vallées de la Nouvelle-Andalousie, celle de Caripe [1] est la seule qui soit très-habitée. Dans une province dont la population est peu considérable, et où les montagnes n'offrent ni une grande masse, ni des plateaux très-étendus, les hommes ont peu de motifs pour abandonner les plaines et pour se fixer dans des régions tempérées et montueuses.

---

[1] Hauteur absolue du couvent, au-dessus du niveau de la mer, 412 toises.

## CHAPITRE VII.

*Couvent de Caripe. — Caverne du Guacharo.
— Oiseaux nocturnes.*

Une allée de Persea nous conduisit à l'hospice des capucins aragonois. Nous nous arrêtâmes près d'une croix de brésillet qui s'élève au milieu d'une grande place. Elle est entourée de bancs où les moines infirmes viennent dire leur rosaire. Le couvent se trouve adossé à un énorme mur de rochers taillés à pic, et tapissés d'une végétation épaisse. Les assises de la pierre, d'une blancheur éclatante, ne paroissent que çà et là entre le feuillage. Il est difficile d'imaginer un site plus pittoresque : il me rappela vivement les vallées du comté de Derby, ou les montagnes caverneuses de Muggendorf en Franconie. Les hêtres et les érables de l'Europe sont remplacés ici par les formes plus imposantes du Ceiba et des palmiers

Praga et Irasse. Des sources sans nombre jaillissent du flanc des rochers qui entourent circulairement le bassin de Caripe, et dont les pentes abruptes offrent, vers le sud, des profils de mille pieds de hauteur. Ces sources naissent pour la plupart de quelques crevasses ou gorges étroites. L'humidité qu'elles répandent favorise l'accroissement des grands arbres, et les indigènes, qui aiment les lieux solitaires, forment leurs *conucos* le long de ces crevasses. Des bananiers et des papayers y entourent des bouquets de fougères arborescentes. Ce mélange de végétaux, cultivés et sauvages, donne à ces lieux un charme particulier. Sur le flanc nu des montagnes, on distingue de loin les sources par des masses touffues de végétation [1] qui d'abord semblent

[1] Parmi les plantes intéressantes de la vallée de Caripe, nous avons trouvé pour la première fois : un Caladium dont le tronc a vingt pieds de haut (C. *arboreum*), le Mikania *micrantha* qui pourroit bien participer aux propriétés antivénéneuses du fameux *Guaco* du Choco, le Bauhinia *obtusifolia*, arbre colossal que les Indiens appellent *Guarapa*, le Weinmannia *glabra*, un Psychotria en arbre, dont les capsules, froissées entre les doigts, répandent une odeur d'orange très-

CHAPITRE VII.

suspendues au roc, et puis, en descendant dans la vallée, suivent les sinuosités des torrens.

Nous fûmes reçus avec le plus grand empressement par les moines de l'hospice[1]. Le père gardien ou supérieur étoit absent; mais, averti de notre départ de Cumana, il avoit

agréable, le Dorstenia Houstoni (*Raiz de resfriado*), le Martynia Craniolaria, dont la fleur blanche a six à sept pouces de long, une Scrofulaire qui a le facies du Verbascum Miconi, et dont les feuilles toutes radicales et velues sont marquées de glandes argentées. Le Nacibæa ou Manettia de Caripe (Manettia *cuspidata*), que j'ai dessiné sur les lieux, diffère beaucoup du M. reclinata de Mutis. Ce dernier, qui a servi de type au genre, est placé par Linné au Mexique, quoiqu'il soit de la Nouvelle-Grenade. M. Mutis n'a jamais été au Mexique; et il nous a engagé à rappeler aux botanistes que toutes les plantes qu'il a envoyées à Upsal, et que le *Species*, la *Mantissa* et le *Supplement* indiquent comme mexicaines, sont de la Montuosa, près de Pamplona ou de la Mina del Zapo, près d'Ibague, par conséquent des montagnes de la Nouvelle-Grenade.

[1] Nous aimons à citer avec reconnoissance les noms des PP. Manuel de Monreal, Louis de Mirabete et Francisco de Allaga.

pris les soins les plus empressés pour nous rendre notre séjour agréable. L'hospice a une cour intérieure, entourée d'un portique, comme les couvens d'Espagne. Cet endroit clos nous offroit beaucoup de commodité pour établir nos instrumens et pour en suivre la marche. Nous trouvâmes dans le couvent une societé nombreuse : de jeunes moines, récemment venus d'Espagne, étoient au point d'être répartis dans les missions, tandis que de vieux missionnaires infirmes cherchoient leur convalescence dans l'air vif et salutaire des montagnes de Caripe. Je logeai dans la cellule du gardien, qui renfermoit une collection de livres assez considérable. J'y trouvai, avec surprise, près du *Teatro critico de Feijo* et des *Lettres édifiantes*, le *Traité d'électricité* de l'abbé Nollet. On diroit que le progrès des lumières se fait sentir jusque dans les forêts de l'Amérique. Le plus jeune des moines-capucins de la dernière mission [1]

---

[1] Outre les villages dans lesquels les indigènes sont réunis et gouvernés par un religieux, on appelle *mission*, dans les colonies espagnoles, la réunion des jeunes moines qui partent à la fois d'un port d'Es-

avoit apporté une traduction espagnole de la *Chimie de Chaptal*. Il comptoit étudier cet ouvrage dans une solitude où, pour le reste de ses jours, il devoit être abandonné à lui-même. Je doute que le désir de l'instruction se conserve chez un jeune religieux, isolé aux bords du Rio Tigre : mais ce qui est certain, et très-honorable pour l'esprit du siècle, c'est que, pendant notre séjour dans les couvens et les missions de l'Amérique, nous n'avons jamais éprouvé aucune marque d'intolérance. Les moines de Caripe n'ignoroient pas que j'étois né dans la partie protestante de l'Allemagne. Muni des ordres de la cour, je n'avois aucun motif de leur cacher ce fait : cependant jamais aucun signe de méfiance, aucune question indiscrète, aucune tentative de controverse n'ont diminué le prix d'une hospitalité exercée avec tant de loyauté et de franchise. Nous examinerons dans un autre endroit les causes et les limites de cette tolérance des missionnaires.

pagne pour recruter les établissemens monastiques, soit dans le Nouveau-Monde, soit aux îles Philippines. De là, l'expression : « aller à Cadix chercher une nouvelle *mission*. »

Le couvent est fondé dans un site qui fut appelé anciennement Areocuar. Sa hauteur, au-dessus du niveau de la mer, est à peu près la même que celle de la ville de Caracas ou de la partie habitée des montagnes Bleues de la Jamaïque [1]. Aussi la température moyenne de ces trois points, qui sont tous renfermés entre les tropiques, est à peu près la même. A Caripe, on sent le besoin de se tenir couvert pendant la

---

[1] Dans le district de Clarendon, le thermomètre centigrade se soutient, de jour, entre 22° et 24°; il monte rarement à 26°,5, et il descend quelquefois jusqu'à 18°. Cette région des montagnes Bleues est assez habitée. On y trouve même quelques maisons à des hauteurs où les colons ont l'habitude de faire du feu pour se chauffer, lorsque (comme à Santa-Fé de Bogota) l'air se refroidit le matin jusqu'à 10°. A la même époque, les chaleurs de la plaine, par exemple à Kingston, sont de 32° à 35°. Voyez les Observations de M. Farquhar, qui a vécu dix-sept ans à la Jamaïque, dans le *Philadelphian Med. Museum*, *Vol. I, p.* 182. J'ai désiré réunir dans mon ouvrage tout ce qui a rapport à l'influence des hauteurs sur les climats et les êtres organisés, soit dans les Antilles, soit sur le continent de l'Amérique équinoxiale.

nuit, surtout au lever du soleil. Nous y vîmes le thermomètre centigrade, à minuit [1], entre 16° et 17°,5; le matin, entre 19° et 20°. Vers une heure de l'après midi, il ne s'élevoit encore [2] qu'à 21° et 22°,5. C'est une température qui suffit encore au développement des productions de la zone torride; en la comparant aux chaleurs excessives des plaines de Cumana, on l'appelleroit une température de printemps. L'eau, exposée à des courans d'air dans des vases d'argile poreuse, se refroidit à Caripe, pendant la nuit [3], jusqu'à 13°. Je n'ai pas besoin de rappeler que cette eau paroît presque à la glace à des voyageurs qui, dans une même journée, arrivent au couvent, soit de la côte, soit des savanes brûlantes de Terezen, et qui par conséquent sont accoutumés à boire de l'eau des rivières, dont la chaleur est communément [4] de 25° à 26° centésimaux.

La température moyenne de la vallée de Caripe, conclue de celle du mois de sep-

[1] Entre 12°,8-14° R.
[2] Qu'à 16°,8-18° R.
[3] Jusqu'à 10°,4 R.
[4] De 20°,0-20°,8 R.

tembre, paroît être de 18°,5. Sous cette zone, d'après les observations faites à Cumana, la température de septembre diffère à peine d'un demi-degré de celle de l'année entière. La température moyenne de Caripe est égale à celle du mois de juin à Paris, où cependant les chaleurs extrêmes sont de 10° plus fortes que dans les jours les plus chauds de Caripe. Comme l'élévation absolue du couvent n'est que de 400 toises, on peut être surpris de la rapidité avec laquelle décroît la chaleur depuis les côtes. L'épaisseur des forêts empêche la réverbération du sol qui est humide et couvert d'une bourre épaisse d'herbes et de mousses. Par un temps constamment brumeux, le soleil reste des journées entières sans action, et, vers l'entrée de la nuit, des vents frais descendent de la Sierra del Guacharo dans la vallée.

L'expérience a prouvé que le climat tempéré et l'air raréfié de ce site sont singulièrement favorables à la culture du cafier qui, comme on le sait, se plaît sur les hauteurs. Le supérieur des capucins, homme actif et éclairé, a donné à sa province cette branche nouvelle de l'industrie agricole. On avoit cultivé jadis de l'indigo à Caripe; mais le peu de fécule que rendoit cette plante, qui demande de fortes chaleurs, en a fait abandonner la culture. Nous trouvâmes dans le *Conuco de la Commune* beaucoup de plantes potagères, du maïs, de la canne à sucre et cinq mille pieds de cafier qui promettoient une belle récolte. Les religieux espéroient d'en tripler le nombre dans peu d'années. On ne peut s'empêcher de remarquer cette tendance uniforme qui se manifeste, au commencement de la civilisation, dans la politique de la hiérarchie monacale. Partout où les couvens n'ont point encore acquis de richesses, dans le Nouveau-Continent comme dans les Gaules, en Syrie comme dans le nord de l'Europe, ils exercent une influence heureuse sur le défrichement du sol et sur l'introduction des végétaux exotiques. A Caripe, le Conuco de la commune offre l'aspect d'un grand et beau jardin. Les indigènes sont tenus d'y travailler tous les matins de six à dix heures. Les Alcades et les Alguasils de race indienne surveillent les travaux. Ce sont les grands officiers de l'État qui seuls ont le droit de porter une canne, et dont le choix dépend du supérieur du couvent. Ils attachent beaucoup d'importance à ce droit. Leur gravité pédantesque et silencieuse, leur air froid et mystérieux, leur amour pour la représentation à l'église et dans les assemblées de la commune, font sourire les Européens. Nous n'étions pas encore accoutumés à ces nuances du caractère indien, que nous avons trouvées les mêmes à l'Orénoque, au Mexique et au Pérou, parmi des peuples qui diffèrent par leurs mœurs et leurs langages. Les Alcades venoient tous les jours au couvent, moins pour traiter avec les moines des affaires de la mission, que sous le prétexte de s'informer de la santé des voyageurs récemment arrivés. Comme nous leur donnâmes de l'eau-de-vie, les visites devinrent plus fréquentes que ne le désiroient les religieux.

Pendant tout le temps que nous avons passé à Caripe et dans les autres missions Chaymas, nous avons vu traiter les Indiens avec douceur. En général, les missions des capucins aragonois nous ont paru gouvernées d'après un système d'ordre et de discipline qui malheureusement est peu commun dans le Nouveau-

Monde. Des abus qui tiennent à l'esprit général des établissemens monastiques, ne peuvent être imputés à aucune congrégation en particulier. Le gardien du couvent fait vendre le produit du Conuco de la commune; et, puisque tous les Indiens y travaillent, tous prennent aussi une part égale au gain. On leur distribue du maïs, des vêtemens, des outils, et, à ce qu'on assure, quelquefois de l'argent. Ces institutions monastiques ressemblent, comme je l'ai fait observer plus haut, aux établissemens des Frères Moraves; elles sont utiles aux progrès d'une société naissante, et dans les communautés catholiques, que l'on désigne sous le nom de missions; l'indépendance des familles et l'existence individuelle des membres de la société sont plus respectées que dans les communautés protestantes qui suivent la règle de Zintzendorf.

Ce qui donne le plus de célébrité à la vallée de Cáripe, après la fraîcheur extraordinaire du climat, est la grande *Cueva* ou caverne *du Guacharo* [1]. Dans un pays où l'on aime

---

[1] La province de *Guacharucu*, que Delgado visita en 1534, dans l'expédition de Hieronimo de Ortal,

le merveilleux, une caverne qui donne naissance à une rivière, et qui est habitée par des milliers d'oiseaux nocturnes dont la graisse est employée dans les missions pour apprêter les alimens, est un objet intarissable d'entretiens et de discussions. Aussi, à peine un étranger est-il débarqué à Cumana, qu'il entend parler jusqu'à satiété de la pierre des yeux d'Araya, du laboureur d'Arenas qui a allaité son enfant, et de la caverne du Guacharo qu'on assure avoir plusieurs lieues de longueur. Un vif intérêt pour les phénomènes de la nature se conserve partout où la société n'a pas de vie, où dans une triste monotonie, elle ne présente que des rapports très-simples et peu propres à piquer la curiosité.

La caverne que les indigènes appellent une

---

paroît avoir été située au sud ou au sud-est de Macarapana. Son nom a-t-il quelque rapport avec ceux de la caverne et de l'oiseau, ou ce dernier nom est-il d'origine espagnole? (*Laet, Nov. Orb.*, p. 676). Guacharo signifie en castillan *qui crie et se lamente* : or, l'oiseau de la caverne de Caripe et le Guacharaca (Phasianus Parraka) sont des oiseaux extrêmement criards.

*mine de graisse*, ne se trouve pas dans la vallée de Caripe même, mais à trois petites lieues de distance du couvent, vers l'ouest-sud-ouest. Elle s'ouvre dans une vallée latérale qui aboutit à la *Sierra del Guacharo*. Nous nous mîmes en chemin vers la Sierra, le 18 septembre, accompagnés des alcades ou magistrats indiens et de la plupart des religieux du couvent. Un sentier étroit nous conduisit d'abord, pendant une heure et demie, vers le sud, à travers une plaine riante et couverte d'un beau gazon; puis nous tournâmes vers l'ouest, le long d'une petite rivière qui sort de la bouche de la caverne. On marche, en montant pendant trois quarts d'heure, tantôt dans l'eau qui est peu profonde, tantôt entre le torrent et un mur de rocher, sur un sol extrêmement glissant et fangeux. L'éboulement des terres, les troncs d'arbres épars, sur lesquels les mulets ont de la peine à passer, les plantes sarmenteuses qui couvrent le sol, rendent cette partie du chemin assez fatigante. Nous fûmes surpris de trouver ici, à peine à 500 toises de hauteur au-dessus du niveau de l'Océan, une Crucifère, le Raphanus *pinnatus*. On sait combien les végétaux de cette famille sont rares sous les tropiques; ils offrent, pour ainsi dire, une *forme boréale*, et comme telle nous n'imaginions pas la trouver sous le ciel tempéré de Caripe. Ces mêmes formes boréales sembloient se répéter dans le Galium *caripense*, le Valeriana *scandens* et un Sanicula qui se rapproche du S. marilandica.

Lorsqu'au pied de la haute montagne du Guacharo on n'est plus qu'à quatre cents pas de la caverne, on n'en voit point encore l'ouverture. Le torrent coule dans une crevasse qui a été creusée par les eaux, et l'on marche sous une corniche, dont la saillie empêche de voir le ciel. Le sentier serpente comme la rivière ; au dernier détour, on se trouve subitement placé devant l'ouverture immense de la grotte. Cet aspect a quelque chose d'imposant, même aux yeux de ceux qui sont accoutumés aux scènes pittoresques des Hautes-Alpes. J'avois vu à cette époque les cavernes du Pic de Derbyshire, où, couché dans un bateau, on traverse une rivière souterraine sous une voûte de deux pieds de hauteur. J'avois parcouru la belle grotte de Treshemienshiz dans les Carpates, les cavernes du Harz et celles de Franconie qui sont de vastes cimetières [1] d'ossemens de tigres, d'hyènes et d'ours, grands comme nos chevaux. La nature, sous toutes les zones, suit des lois immuables dans la distribution des roches, dans la forme extérieure des montagnes, et jusque dans ces changemens tumultueux qu'a éprouvés la croûte extérieure de notre planète. Une si grande uniformité me faisoit croire que l'aspect de la caverne de Caripe différeroit peu

[1] Le terreau qui couvre, depuis des milliers d'années, le sol des cavernes de Gaylenreuth et de Muggendorf en Franconie, exhale encore aujourd'hui, à de certaines époques de l'année, des mofettes ou des mélanges gazeux d'hydrogène et d'azote, qui s'élèvent vers la voûte des souterrains. Ce fait est connu de tous ceux qui montrent ces cavernes aux voyageurs; et lorsque j'avois la direction des mines du Fichtelberg, j'ai eu occasion de l'observer souvent en été. M. Laugier a trouvé, dans ce terreau de Muggendorf, outre les phosphates de chaux, $\frac{1}{10}$ de matière animale. (*Cuvier, Recherches sur les ossem. fossiles, Tom. IV, Ours, p.* 14.) En projetant le terreau sur un fer rougi, j'ai été frappé, pendant mon séjour à Steeben, de l'odeur fétide et ammoniacale qui se dégage.

de ce que j'avois observé dans mes voyages antérieurs : la réalité a de beaucoup surpassé mon attente. Si, d'un côté, la configuration des grottes, l'éclat des stalactites et tous les phénomènes de la nature inorganique offrent de frappantes analogies, de l'autre aussi la majesté de la végétation équinoxiale donne à l'ouverture d'une caverne un caractère individuel.

La Cueva del Guacharo est percée dans le profil vertical d'un rocher. L'entrée regarde le sud ; c'est une voûte qui a quatre vingts pieds de large sur soixante-douze de hauteur. Cette élévation égale, à un cinquième près, celle de la colonnade du Louvre. Le rocher qui surmonte la grotte est couronné d'arbres d'une taille gigantesque. Le Mamei et le Genipayer [1] à feuilles larges et luisantes, élèvent verticalement leurs branches vers le ciel, tandis que celles du Courbaril et de l'Erythrina forment, en s'étendant, une voûte épaisse de verdure. Des Pothos à tige

---

[1] Caruto, Genipa americana. La fleur varie à Caripe de cinq à six étamines.

succulente, des Oxalis et des Orchidées d'une structure bizarre [1] naissent dans les fentes les plus arides du rocher, tandis que des plantes sarmenteuses, balancées par les vents, s'entrelacent en festons devant l'ouverture de la caverne. Nous distinguâmes, dans ces festons, un Bignonia, d'un bleu violet, le Dolichos pourpré, et, pour la première fois, ce magnifique Solandra [2] dont la fleur, couleur orange, a un tube charnu de plus de quatre pouces de longueur. Il en est de l'entrée des grottes, comme de la vue des cascades ; c'est le site plus ou moins imposant qui en fait le charme principal, qui détermine, pour ainsi dire, le caractère du paysage. Quel contraste entre la Cueva de Caripe et ces cavernes du nord qui sont ombragées par des chênes et par de sombres mélèzes.

Mais ce luxe de la végétation n'embellit pas seulement la voûte extérieure, il se montre même dans le vestibule de la grotte. Nous

---

[1] Un Dendrobium à fleur dorée, tachetée de noir, de trois pouces de longueur.

[2] Solandra *scandens*. C'est le *Gousaticha* des Indiens Chaymas.

vîmes, avec étonnement, de superbes Heliconia à feuilles de Bananier, atteignant dix-huit pieds de hauteur, le palmier Praga et des Arum arborescens suivre le bord du ruisseau jusque vers ces lieux souterrains. La végétation continue dans la caverne de Caripe, comme dans ces crevasses profondes des Andes, qui ne jouissent que d'un demi-jour : elle ne cesse de se montrer que lorsqu'en avançant dans l'intérieur, on est parvenu à 30 ou 40 pas de distance de l'entrée de la grotte. Nous mesurâmes le chemin au moyen d'une corde, et nous marchâmes près de quatre cent trente pieds sans avoir besoin d'allumer des torches. La lumière du jour pénètre jusqu'à cette région, parce que la grotte ne forme qu'un seul canal, qui conserve la même direction du sud-est au nord-ouest. Là, où la lumière commence à s'éteindre, on entend de loin le bruit rauque des oiseaux nocturnes que les naturels croient exclusivement propres à ces lieux souterrains.

Le *Guacharo* a la grandeur de nos poules, la gueule des Engoulevens et des Procnias, le port des Vautours dont le bec crochu est entouré de pinceaux de soie roide. En supprimant avec M. Cuvier l'ordre des *Picæ*, il faut rapporter cet oiseau extraordinaire aux Passereaux dont les genres sont liés entre eux par des passages presque insensibles. Je l'ai fait connoître sous le nom de Steatornis, dans une Monographie particulière que renferme le second volume de mes *Observations de Zoologie et d'Anatomie comparée* : il forme un nouveau genre [1] très-différent du *Caprimulgus*, par le volume de sa voix, par son bec extrêmement fort et muni d'une double dent, par ses pieds dépourvus de membranes qui unissent les phalanges antérieures des doigts. Il offre le premier exemple d'un oiseau nocturne parmi les *Passereaux dentirostres*. Il a par ses mœurs à la fois des rapports avec les Engoulevens et les Choucas des Alpes [2]. Le plumage du Guacharo est d'une couleur foncée gris-bleuâtre, mélangé de petites stries et de

---

[1] Ses caractères essentiels sont : *Rostrum validum, lateribus compressum, apice aduncum, mandibula superiori subbidentata, dente anteriori acutiori. Rictus amplissimus. Pedes breves, digitis fissis, unguibus integerrimis.*

[2] *Corvus Pyrrhocorax.*

points noirs. De grandes taches blanches, qui ont la forme d'un cœur et qui sont bordées de noir, marquent la tête, les ailes et la queue. Les yeux de l'oiseau sont blessés par l'éclat du jour; ils sont bleus et plus petits que ceux des Engoulevens ou Crapauds volans. L'envergure des ailes, qui sont composées de 17 à 18 pennes *remiges*, est de trois pieds et demi. Le Guacharo quitte la caverne à l'entrée de la nuit, surtout lorsqu'il fait clair de lune. C'est presque le seul oiseau nocturne frugivore que nous connoissions jusqu'à ce jour; la conformation de ses pieds prouve assez qu'il ne chasse pas à la manière de nos chouettes. Il se nourrit de fruits très-durs, comme le Casse-noix[1] et le Pyrrhocorax. Le dernier se niche aussi dans les fentes des rochers, et on le désigne sous le nom de *Corbeau de nuit*. Les Indiens assurent que le Guacharo ne poursuit ni les

---

[1] Corvus caryocatactes, C. glandarius. Le Choucas ou la corneille de nos Alpes niche vers la cime du Liban, dans des grottes souterraines, à peu près comme le Guacharo, dont il a aussi la voix épouvantablement aiguë. (Labillardière, dans les *Annales du Mus.*, *Tom. XVIII, p.* 455).

insectes lamellicornes ni les phalènes qui servent de nourriture aux Engoulevens. Il suffit de comparer les becs du Guacharo et du Caprimulgus pour deviner combien leurs mœurs doivent être différentes.

Il est difficile de se former une idée du bruit épouvantable que des milliers de ces oiseaux font dans la partie obscure de la caverne. On ne peut le comparer qu'au bruit de nos corneilles qui, dans les forêts de sapins du nord, vivent en société, et construisent leurs nids sur des arbres dont les cimes se touchent. Les sons aigus et perçans des Guacharos se réfléchissent contre les voûtes des rochers, et l'écho les répète au fond de la caverne. Les Indiens nous montroient les nids de ces oiseaux, en fixant des torches au bout d'une longue perche. Ces nids se trouvoient à 50 ou 60 pieds de hauteur au-dessus de nos têtes, dans des trous en forme d'entonnoirs, dont le plafond de la grotte est criblé. Le bruit augmente à mesure que l'on avance et que les oiseaux sont effrayés par la lumière que répandent les torches de Copal. Lorsqu'il cessoit pendant quelques minutes autour de nous, on entendoit de loin les cris plaintifs des oiseaux nichés dans d'autres embranchemens de la caverne. On auroit dit que ces bandes se répondoient alternativement.

Les Indiens entrent dans la Cueva del Guacharo une fois par an, vers la fête de Saint-Jean, armés de perches au moyen desquelles ils détruisent la majeure partie des nids. On tue à cette époque plusieurs milliers d'oiseaux, et les vieux, comme pour défendre leurs couvées, planent autour de la tête des Indiens, en poussant des cris horribles. Les jeunes[1], qui tombent à terre, sont éventrés sur-le-champ. Leur péritoine est fortement chargé de graisse, et une couche adipeuse se prolonge depuis l'abdomen jusqu'à l'anus, en formant une espèce de pelotte entre les jambes de l'oiseau. Cette abondance de graisse dans des animaux frugivores, non exposés à la lumière et faisant très-peu de mouvemens musculaires, rappelle ce que l'on a observé depuis long-temps dans l'engraissement des oies et des bœufs. On sait combien l'obscurité et le repos favorisent cette opération. Les oiseaux nocturnes de l'Europe sont

---

[1] *Los pollos del Guacharo.*

maigres, parce qu'au lieu de se nourrir de fruits, comme le Guacharo, ils vivent du produit peu abondant de leur chasse. A l'époque que l'on appelle vulgairement à Caripe la *récolte de l'huile* [1], les Indiens construisent des cases en feuilles de palmier, près de l'entrée et dans le vestibule même de la caverne. Nous en vîmes encore quelques restes. C'est là, qu'à un feu de broussailles, on fait fondre et découler, dans des pots d'argile, la graisse des jeunes oiseaux récemment tués. Cette graisse est connue sous le nom de beurre ou d'huile (*manteca* ou *aceite*) du Guacharo; elle est à demi liquide, transparente et inodore. Sa pureté est telle qu'on la conserve au-delà d'un an, sans qu'elle devienne rance. Au couvent de Caripe, dans la cuisine des moines, on n'employoit d'autre huile que celle de la caverne, et jamais nous n'avons observé qu'elle donnât aux mets un goût ou une odeur désagréable.

La quantité récoltée de cette huile ne répond guère au carnage que les Indiens font annuellement dans la grotte. Il paroît que l'on

---

[1] *La cosecha de la manteca.*

ne recueille pas au-delà de 150 à 160 bouteilles¹ de *manteca* bien pure; le reste, moins transparent, est conservé dans de grands vases de terre. Cette branche de l'industrie des indigènes rappelle la récolte de l'huile de pigeon ², dont on retiroit autrefois en Caroline quelques milliers de barriques. A Caripe, l'usage de l'huile des Guacharos est très-ancien, et les missionnaires n'ont fait que régulariser la méthode de l'extraire. Les membres d'une famille indienne qui porte le nom de Morocoymas, prétendent, comme descendans des premiers colons de la vallée, être les propriétaires légitimes de la caverne: ils s'arrogent le monopole de la graisse; mais, grâce aux institutions monacales, leurs droits aujourd'hui ne sont qu'honorifiques. D'après le système des missionnaires, les Indiens sont obligés de fournir de l'huile du Guacharo à la lampe de l'église: on assure que le reste leur est acheté. Nous ne prononcerons ni sur la légitimité des droits des Morocoymas, ni sur

---

¹ De 44 pouces cubes chacune.

Ce *pigeon-oil* vient de la Columba migratoria, *Pennant's Arctic zoology*, Tom. II, p. 13).

l'origine de l'obligation imposée aux indigènes par les moines. Il paroîtroit naturel que le produit de la chasse appartînt à ceux qui la font : mais dans les forêts du Nouveau-Monde, comme au centre de la civilisation européenne, le droit public est modifié d'après les rapports qui s'établissent entre le fort et le foible, les conquérans et les conquis.

La race des Guacharos seroit éteinte depuis long-temps, si plusieurs circonstances n'en favorisoient pas la conservation. Les indigènes, retenus par leurs idées superstitieuses, n'ont souvent pas le courage de pénétrer bien avant dans la grotte. Il paroît aussi que des oiseaux de la même espèce habitent des cavernes voisines, qui sont trop étroites pour être accessibles à l'homme. Peut-être la grande caverne se repeuple-t-elle de colonies qui abandonnent ces petites grottes : car les missionnaires nous ont assuré que jusqu'ici on n'observe pas que le nombre des oiseaux ait diminué sensiblement. On a envoyé de jeunes Guacharos au port de Cumana ; ils y ont vécu plusieurs jours sans prendre aucune nourriture, les graines qu'on leur offroit n'étant point de leur goût. Lorsque dans la caverne on ouvre le jabot et l'estomac des jeunes oiseaux, les naturels y trouvent toutes sortes de fruits durs et secs, qui fournissent, sous le nom bizarre de graine ou *Semilla del Guacharo*, un remède très-célèbre contre les fièvres intermittentes. Ce sont les vieux oiseaux qui portent ces graines à leurs petits. On les ramasse soigneusement pour les envoyer aux malades à Cariaco et dans d'autres endroits fiévreux des basses régions.

Nous suivîmes, toujours en parcourant la caverne, les bords de la petite rivière qui y prend naissance. Elle a 28 à 30 pieds de large. On marche sur le rivage aussi long-temps que le permettent les collines, formées d'incrustations calcaires ; souvent, lorsque le torrent serpente entre des masses de stalactites très-élevées, on est obligé de descendre dans son lit même qui n'a que deux pieds de profondeur. Nous apprîmes, avec surprise, que ce ruisseau souterrain est l'origine du Rio Caripe qui, à quelques lieues de distance, après s'être réuni au petit Rio de Santa Maria, est navigable pour des pirogues. Il entre dans la rivière d'Areo, sous le nom de *Caño de Terezen*. Nous trouvâmes, sur le bord du ruisseau souterrain, une grande quantité de bois de palmier. Ce sont les restes des troncs sur lesquels grimpent les Indiens pour parvenir aux nids d'oiseaux suspendus au plafond de la caverne. Les anneaux formés par les vestiges des anciens pétioles, offrent comme les marches d'une échelle placée perpendiculairement.

La grotte de Caripe, sur une distance exactement mesurée, de 472 mètres ou 1458 pieds, conserve la même direction, la même largeur, et sa hauteur primitive de 60 à 70 pieds. Je n'ai vu aucune caverne dans les deux continens, qui ait une structure aussi uniforme et aussi régulière. Nous avions eu beaucoup de peine à persuader aux Indiens de dépasser la partie antérieure de la grotte, la seule qu'ils fréquentent annuellement pour y recueillir de la graisse. Il fallut toute l'autorité de *los Padres* pour les faire avancer jusqu'à l'endroit où le sol s'élève brusquement avec une inclinaison de 60°, et où le torrent forme une petite cascade souterraine [1]. Les indigènes

---

[1] Ce phénomène d'une cascade souterraine se trouve répété, mais sur une échelle beaucoup plus

attachent des idées mystiques à cet antre habité par des oiseaux nocturnes. Ils croient que les ames de leurs ancêtres séjournent au fond de la caverne. L'homme, disent-ils, doit craindre des lieux qui ne sont éclairés ni par le soleil, *Zis*, ni par la lune, *Nuna*. Aller rejoindre les Guacharos, c'est rejoindre ses pères, c'est mourir. Aussi, les magiciens *Piaches* et les empoisonneurs, *Imorons*, font leurs jongleries nocturnes à l'entrée de la caverne, pour conjurer le chef des mauvais esprits, *Ivorokiamo*. C'est ainsi que se ressemblent, dans tous les climats, les premières fictions des peuples, celles surtout qui tiennent à deux principes gouvernant le monde, au séjour des ames après la mort, au bonheur des justes et à la punition des coupables. Les langues les plus différentes et les plus grossières offrent un certain nombre d'images qui sont les mêmes, parce qu'elles ont leur source dans la nature de notre intelligence et de nos sensations. Les ténèbres se lient partout à l'idée de la mort. La grotte de Ca-

grande, en Angleterre, dans le comté d'Yorck, près Kingsdale, à Yordas-Cave.

ripe est le Tartare des Grecs, et les Guacharos qui planent au-dessus du torrent, en poussant des cris plaintifs, rappellent les oiseaux stygiens.

C'est au point où la rivière forme la cascade souterraine que se présente, d'une manière bien pittoresque, le coteau, couvert de végétation, qui est opposé à l'embouchure de la grotte. On le découvre à l'extrémité d'un canal droit, de 240 toises de longueur. Les stalactites qui descendent de la voûte et qui ressemblent à des colonnes suspendues en l'air se projettent sur un fond de verdure. L'ouverture de la caverne paroît singulièrement rétrécie vers le milieu du jour; et nous la vîmes éclairée de cette vive lumière que reflètent à la fois le ciel, les plantes et les rochers. La clarté lointaine du jour contrastoit avec les ténèbres qui nous enveloppoient dans ces vastes souterrains. Nous avions déchargé nos fusils comme au hasard, partout où les cris des oiseaux nocturnes et le battement de leurs ailes faisoient soupçonner qu'un grand nombre de nids étoient réunis. Après plusieurs tentatives inutiles, M. Bonpland réussit à tuer deux Guacharos qui, éblouis par la lumière des torches, sembloient nous poursuivre. Cette circonstance me procura le moyen de dessiner cet oiseau qui, jusqu'ici, est resté inconnu aux naturalistes. Nous gravîmes, non sans quelque peine, la petite colline de laquelle descend le ruisseau souterrain. Nous vîmes que la grotte se rétrécit sensiblement, en ne conservant que 40 pieds de hauteur, et qu'elle se prolonge au nord-est, sans dévier de sa direction primitive, qui est parallèle à celle de la grande vallée de Caripe.

Dans cette partie de la caverne, le ruisseau dépose un terreau noirâtre, assez semblable à la matière que, dans la grotte de Mugendorf, en Franconie, on appelle la *terre du sacrifice*[1]. Nous ne pûmes découvrir si ce terreau, fin et spongieux, tombe à travers des fentes qui communiquent au dehors avec la surface du sol, ou s'il est charié par les eaux de pluie qui pénètrent dans la caverne. C'étoit un mélange de silice, d'alumine et de *detritus* végétal. Nous marchâmes dans une boue épaisse jusqu'à un endroit où nous vîmes,

---

[1] *Opfer-Erde* de la caverne du *Hole Berg* (montagne percée à jour).

avec étonnement, les progrès de la végétation souterraine. Les fruits que les oiseaux portent dans la grotte pour nourrir leurs petits, germent partout où ils peuvent se fixer dans le terreau qui couvre les incrustations calcaires. Des tiges étiolées et munies de quelques rudimens de feuilles avoient jusqu'à deux pieds de hauteur. Il étoit impossible de reconnoître spécifiquement les plantes dont la forme, la couleur, et tout le port avoient été changés par l'absence de la lumière. Ces traces de l'organisation au milieu des ténèbres frappoient vivement la curiosité des naturels, d'ailleurs si stupides et si difficiles à émouvoir. Ils les examinoient dans ce recueillement silencieux que leur inspire un lieu qu'ils semblent redouter. On auroit dit que ces végétaux souterrains, pâles et défigurés, leur paroissoient des fantômes bannis de la surface de la terre. Quant à moi, ils me rappeloient une des époques les plus heureuses de ma première jeunesse, un long séjour dans les mines de Freiberg, où je fis des expériences[1] sur les effets

---

[1] Humboldt, Aphorismi ex physiologia chemica plantarum. (*Flora Friberg. subterranea*, p. 181.)

de l'étiolement, très-différens, selon que l'air est pur ou surchargé d'hydrogène et d'azote.

Les missionnaires, malgré leur autorité, ne purent obtenir des Indiens de pénétrer plus loin dans la caverne. A mesure que la voûte du souterrain s'abaissoit, les cris des Guacharos devinrent plus perçans. Il fallut céder à la pusillanimité de nos guides, et retourner sur nos pas. Le spectacle qu'offroit la caverne étoit d'ailleurs bien uniforme. Il paroît qu'un évêque de Saint-Thomas de la Guiane étoit parvenu plus loin que nous. Il avoit mesuré près de 2500 pieds [1] depuis l'embouchure jusqu'à l'endroit où il s'arrêta, quoique la caverne se prolongeât plus loin. Le mémoire de ce fait s'étoit conservé au couvent de Caripe, sans que l'on en eût marqué l'époque précise. L'évêque s'étoit muni de gros cierges de cire blanche de Castille; nous n'avions que des torches composées d'écorce d'arbre et de résine indigène. La fumée épaisse que donnent ces torches dans un souterrain étroit, incommode les yeux et gêne la respiration.

[1] 960 *varas*.

Nous suivîmes le cours du torrent pour sortir de la caverne. Avant que nos yeux fussent éblouis par la lumière du jour, nous vîmes étinceler, au dehors de la grotte, l'eau de la rivière cachée sous le feuillage des arbres. C'étoit comme un tableau placé dans le lointain, et auquel l'ouverture de la caverne servoit d'encâdrement. Arrivés enfin à cette ouverture, assis au bord du ruisseau, nous nous reposâmes de nos fatigues. Nous étions bien aises de ne plus entendre les cris rauques des oiseaux, et de quitter un lieu où les ténèbres n'offrent guère le charme du silence et de la tranquillité. Nous avions de la peine à nous persuader que le nom de la grotte de Caripe ait pu rester jusqu'alors entièrement inconnu en Europe [1]. Les Guacharos seuls auroient suffi pour la rendre célèbre. Hors

---

[2] On doit être surpris que le père Gili, auteur du *Saggio di Storia Americana*, Tom. IV, p. 414, n'en ait pas parlé, quoiqu'il eût entre les mains un manuscrit composé, en 1780, au couvent de Caripe même. J'ai donné les premières notions de la *Cueva del Guacharo* en 1800, dans mes Lettres à MM. Delambre et Delamétherie, publiées dans le *Journal de physique*. Voyez aussi ma *Géogr. des plantes*, p. 84.

les montagnes de Caripe et de Cumanacoa, on n'a jusqu'ici découvert nulle part de ces oiseaux nocturnes.

Les missionnaires avoient fait préparer un repas à l'entrée de la caverne. Des feuilles de bananiers et de Vijao[1], qui ont un lustre soyeux, nous servoient de nappe, selon l'usage du pays. Rien ne manquoit à nos jouissances, pas même des souvenirs qui sont d'ailleurs si rares dans ces contrées où les générations s'éteignent sans laisser de trace de leur existence. Nos hôtes se plaisoient à nous rappeler que les premiers religieux, venus dans ces montagnes pour fonder le petit village de Santa-Maria[2], avoient vécu pendant un mois dans la caverne, et que là, sur une pierre, à la lueur des torches, ils avoient célébré les mystères de la religion. Ce réduit solitaire ser-

---

[1] Heliconia bihai, Lin. Les créoles ont changé, dans le mot haytien *Bihào*, le *b* en *v* et l'*h* en *j*, conformément à la prononciation castillane.

[2] Ce village, situé au sud de la caverne, étoit jadis le chef-lieu des missions Chaymas. C'est pour cela que, dans la *Chorographie du Père Caulin*, p. 7 et 310, elles sont désignées sous les noms de *Missiones de Santa Maria de los PP. Copuchinos Aragoneses*.

voit de refuge aux missionnaires contre les persécutions d'un chef belliqueux des Tuapocans, campé sur les bords du Rio Caripe.

Avant de quitter le ruisseau souterrain et ces oiseaux nocturnes, jetons un dernier coup d'œil sur la caverne du Guacharo et sur l'ensemble des phénomènes physiques qu'elle présente. Lorsqu'on a suivi le voyageur pas à pas dans une longue série d'observations modifiées par les localités, on aime à s'arrêter pour s'élever à des considérations générales. Les grandes cavités, que l'on appelle exclusivement des cavernes, doivent-elles leur origine aux mêmes causes qui ont produit les *drouses* des filons et des couches métallifères, ou le phénomène extraordinaire de la porosité des roches? Les grottes appartiennent-elles à toutes les formations, ou à cette époque seule où les êtres organisés commençoient à peupler la surface du globe? Ces questions géologiques ne peuvent être résolues qu'autant qu'elles ont pour objet l'état actuel des choses, c'est-à-dire des faits susceptibles d'être vérifiés par l'observation.

En considérant les roches d'après la succession des temps, on reconnoît que les formations primitives offrent très-peu de cavernes. Les grandes cavités que l'on observe dans le granite le plus ancien, et que l'on appelle *fours* lorsqu'elles sont tapissées de cristaux de roches, naissent le plus souvent de la réunion de plusieurs *filons contemporains*[1] de quarz, de feldspath ou de granite à petits grains. Le gneiss présente, quoique plus rarement, le même phénomène; et, près de Wunsiedel[2], au Fichtelgebirge, j'ai eu occasion d'examiner des *fours à cristaux* ayant 2 à 3 pieds de diamètre, dans une partie de la roche qui n'étoit pas traversée par des filons. Nous ignorons l'étendue des cavités que les feux souterrains et les soulèvemens volcaniques peuvent avoir produites au sein de la terre, dans ces roches primitives qui, abondant en amphibole, en mica, en gre-

---

[1] *Gleichzeitige Trümmer.* C'est à ces petits filons qui paroissent du même âge que la roche, qu'appartiennent les filets de talc et d'asbeste, dans la serpentine, et les nombreux filets de quarz qui traversent les schistes (*Thonschiefer*). Jameson *on contemporaneous veins* dans les *Mem. of the Werner. Soc.*, Tom. 1, p. 4.

[2] En Franconie, au sud-est de la Luchsburg.

CHAPITRE VII. 175

nats, en fer oxydulé et en titane, paroissent antérieurs au granite, et dont nous reconnoissons quelques fragmens parmi les éjections des volcans. Ces cavités ne peuvent être envisagées que comme des phénomènes partiels et locaux, et leur existence ne répugne guère aux notions que nous avons acquises par les belles expériences de Maskelyne et de Cavendish, sur la densité *moyenne* de la terre.

Dans les montagnes primitives exposées à nos recherches, de véritables grottes, celles qui ont quelque étendue, n'appartiennent qu'aux formations calcaires, aux carbonates et au sulfate de chaux. La solubilité de ces substances paroît avoir favorisé depuis des siècles l'action des eaux souterraines. Le calcaire primitif présente des cavernes spacieuses, comme le calcaire de transition[1] et

---

[1] Dans le calcaire primitif se trouve le Kützel-Loch, près de Kaufungen en Silésie, et probablement plusieurs cavernes des îles de l'Archipel. Dans le calcaire de transition, on observe: les cavernes d'Elbingerode, du Rubeland et de Scharzfeld, au Harz; celles de la Salzflüh, dans les Grisons, et, d'après M. Greenough, celle de Torby, dans le Devonshire.

celui que l'on appelle exclusivement secondaire. Si ces cavernes sont moins fréquentes dans le premier, c'est que cette roche ne forme généralement que des couches subordonnées au schiste micacé [1], et non un système de montagnes particulières, dans lesquelles les eaux puissent s'infiltrer et circuler à de grandes distances. Les érosions causées par cet élément dépendent à la fois de sa quantité, de son séjour plus ou moins long, de la vîtesse qu'il acquiert par la chute, et du degré de solubilité de la roche. J'ai observé, en général, que les eaux attaquent plus facilement les carbonates et les sulfates de chaux des montagnes secondaires, que les calcaires de transition fortement mêlés de silice et de carbone. En examinant la structure intérieure des stalactites qui recouvrent les parois des cavernes, on y reconnoît tous les caractères d'un précipité chimique. Le carbonate de chaux n'a pas été entraîné ou suspendu, il a été vraiment dissous. Je n'ignore pas que, dans les procédés de nos laboratoires,

---

[1] Quelquefois même au gneiss, comme au Simplon, entre Dovredo et Crevola.

cette substance ne paroît soluble que dans une eau fortement chargée d'acide carbonique : mais les phénomènes que la nature nous offre journellement dans les cavernes et dans les sources, prouvent assez qu'une petite quantité d'acide carbonique suffit déjà pour donner à l'eau, après un long contact, la propriété de dissoudre quelques parcelles de carbonate de chaux.

A mesure que l'on approche de ces temps où la vie organique se développe dans un plus grand nombre de formes, le phénomène des grottes devient plus fréquent. Il en existe plusieurs, connus sous le nom de *baumes* [1], non dans le grès ancien auquel appartient la grande formation de houille, mais dans la pierre calcaire alpine et dans le calcaire du Jura, qui n'est souvent que la partie supérieure de la formation alpine. Le calcaire du Jura est tellement caverneux. [2]

---

[1] Dans le dialecte des Suisses allemands : *Balmen*. C'est à la pierre calcaire alpine qu'appartiennent les Baumes du Sentis, du Mole et du Beatenberg, sur les bords du lac de Thun.

[2] Je me bornerai à citer les grottes de Boudry, de Motiers-Travers et de Valorbe, dans le Jura; la

dans l'un et l'autre continent, que plusieurs géognostes de l'école de Freiberg lui ont donné le nom de *calcaire à cavernes, Höhlenkalkstein*. C'est cette roche qui interrompt si souvent le cours des rivières [1] en les engouffrant dans son sein. C'est elle qui renferme la fameuse *Cueva del Guacharo* et les autres grottes de la vallée de Caripe. Le gypse muriatifère [2], soit qu'il se trouve en couche dans le calcaire du Jura ou dans celui des Alpes, soit qu'il sépare ces deux formations, soit enfin qu'il repose entre le calcaire alpin et le grès argileux, offre aussi, à cause de sa grande solubilité dans l'eau, des cavités énormes. Elles communiquent quelquefois entre elles à des distances de plusieurs lieues. Lorsque ces bassins souterrains [3] sont remplis d'eau, leur proximité devient dangereuse aux mi-

grotte de Balme, près de Genève ; les cavernes entre Mugendorf et Gailenreuth, en Franconie; Sowia Jama, Ogrodzimiec et Wlodowice, en Pologne.

[1] Ce phénomène géologique avoit beaucoup fixé l'attention des anciens. *Strabo, Geogr., lib.* 6 (*ed. Oxon*, 1807, Tom. I, p. 397 ).

[2] Gypse de Bottendorf, *Schlottengyps*.

[3] *Kalkschlotten*, en Thüringe.

heurs, dont ils exposent les travaux à des inondations imprévues ; si les cavernes au contraire sont à sec et très-spacieuses, elles favorisent le desséchement d'une mine. Distribuées par étages, elles peuvent recevoir les eaux dans leur partie supérieure, et servir, en secondant les effets de l'industrie, comme des galeries d'écoulement creusées par la nature. Après les formations calcaires et gypseuses, il resteroit à examiner, parmi les roches secondaires, une troisième formation, celle du grès argileux [1] plus neuf que les terrains à sources salées; mais cette roche, composée de petits grains de quarz, cimentés par de l'argile, renferme rarement des cavernes; et, lorsqu'il s'en présente, elles ont peu d'étendue. Rétrécies progressivement vers leur extrémité [2], leurs parois sont recouvertes d'ocre brune.

Nous venons de voir que la forme des grottes dépend en partie de la nature des

---

[1] Grès de Weisenfels et de Nebra, grès à Oolitse. *Bunte Sandstein*.

[2] Tels sont la Heuscheune, en Silésie; le Diebskeller et le Kuhstall, en Saxe.

roches dans lesquelles on les trouve; mais souvent aussi cette forme, modifiée par des agens extérieurs, varie dans une même formation. Il en est de la configuration des cavernes comme des contours des montagnes, de la sinuosité des vallées, et de tant d'autres phénomènes qui n'offrent, au premier abord, que de l'irrégularité et de la confusion. L'apparence de l'ordre renaît lorsqu'on peut soumettre à l'observation une vaste étendue de terrain qui a subi des révolutions violentes, mais uniformes et périodiques. D'après ce que j'ai vu dans les montagnes de l'Europe et dans les Cordillères de l'Amérique, les cavernes peuvent être divisées, selon leur structure intérieure, en trois classes. Les unes ont la forme de larges fentes ou crevasses semblables à des filons non remplis de gangue, comme la caverne de Rosenmuller en Franconie, Elden-hole dans le Pic de Derbyshire, et les *Sumideros* de Chamacasapa[1] au Mexique : d'autres cavernes communiquent avec le jour aux deux extrémités. Ce sont de véritables roches percées, des galeries naturelles qui

---

[1] Près de Tasco et de Tehuilotepec.

traversent une montagne isolée. Tels sont le Jole-Berg de Muggendorf, et la fameuse caverne appelée *Dantoe* par les Indiens Otomites, et le *Pont de la Mère de Dieu* par les Espagnols-Mexicains. Il est difficile de prononcer sur l'origine de ces canaux, qui servent quelquefois de lit à des rivières souterraines. Les roches percées sont-elles creusées par l'impulsion d'un courant, ou doit-on admettre plutôt que l'une des ouvertures de la caverne est due à un éboulement subséquent, à un changement dans la forme extérieure des montagnes, par exemple, à une nouvelle vallée ouverte dans leurs flancs? Une troisième forme de cavernes, et la plus commune de toutes, offre une enfilade de cavités placées à peu près au même niveau, dans une même direction, et communiquant entre elles par des couloirs plus ou moins étroits.

A ces différences de formes générales, se joignent d'autres circonstances non moins remarquables. Il arrive souvent que des grottes peu spacieuses ont des ouvertures extrêmement vastes, tandis qu'on pénètre en rampant sous des voûtes très-basses dans les cavernes les plus vastes et les plus profondes,

Les couloirs qui réunissent les grottes partielles sont généralement horizontaux : j'en ai vu cependant aussi qui ressemblent à des entonnoirs ou à des puits, et que l'on pourroit attribuer au dégagement de quelque fluide élastique à travers une masse non endurcie. Lorsque des rivières sortent des grottes, elles ne forment qu'un seul canal horizontal continu et dont les dilatations sont presque insensibles. Telles se présentent la *Cueva del Guacharo* que nous venons de décrire, et, dans les Cordillères occidentales du Mexique, la caverne de San Felipe, près de Tehuilotepec. La disparition subite [1] du ruisseau qui prend sa source dans cette dernière caverne, est devenue une cause d'appauvrissement pour un canton, dont les colons et les mineurs ont également besoin d'eau pour arroser les champs et pour mouvoir les machines hydrauliques.

En considérant cette variété de structures qu'offrent les grottes dans les deux hémisphères, on est forcé de rapporter leur formation à plusieurs causes très-différentes.

---

[1] Dans la nuit du 16 avril 1802.

Lorsqu'on parle de l'origine des cavernes, il faut opter entre deux systèmes de philosophie naturelle, dont l'un attribue tout à des secousses violentes et instantanées, par exemple à la force élastique des vapeurs et aux soulèvemens causés par des volcans, tandis que l'autre a recours à de petites forces qui agissent, presque insensiblement, par un développement progressif. Il seroit contre le but d'un ouvrage qui s'occupe des *lois de la nature*, de discuter l'*origine des choses*, et d'abandonner le petit nombre de faits bien observés jusqu'ici, pour se perdre dans le vague des conjectures. Nous engagerons seulement les physiciens qui aiment à se livrer à des hypothèses géologiques, à ne pas oublier l'horizontalité que l'on remarque si souvent au sein des montagnes gypseuses et calcaires, sur de grandes étendues, dans la position de grottes qui communiquent entre elles par des couloirs. Cette horizontalité presque parfaite, cette pente douce et uniforme semblent être le résultat d'un long séjour des eaux qui aggrandissent par érosion les fentes déjà existantes, et qui enlèvent les matières les plus tendres¹ d'autant plus facilement que l'argile ou le muriate de soude se trouve mêlée au gypse et au calcaire fétide ². Ces effets sont les mêmes, soit que les cavernes forment une longue enfilade continue, soit que plusieurs de ces enfilades se trouvent superposées les unes aux autres, comme cela arrive presque exclusivement dans les montagnes gypseuses.

Ce qui, dans les roches coquillères ou neptuniennes, appartient à l'action des eaux, semble être quelquefois, dans les roches volcaniques, l'effet d'émanations gazeuses ³ qui agissent dans la direction où elles trouvent le

¹ *Saussure, Voyages*, §. 465, *Freiesleben, Kupferschiefer*, Tom. II, p. 172.

² *Stinkstein*. M. Werner a hasardé l'hypothèse que, dans le gypse ancien de la Thuringe, les cavernes sont dues à la soustraction d'énormes masses de muriate de soude. *Freiesleben*, *l. c.*, p. 205. *Reuss, Geognosie*, B. I, p. 484.

³ *Voyez* plus haut, p. 116, 161, 163. Au Vésuve, le duc de la Torre m'a fait voir, en 1805, dans des courans de lave récente, des cavités alongées dans le sens des courans, et ayant 6-7 pieds de long sur 3 pieds de hauteur. Ces petites *cavernes volcaniques*

moins de résistance. Lorsqu'une matière fondue se meut sur une pente très-douce, les grands axes des cavités, formées par le dégagement des fluides élastiques, sont à peu près horizontaux ou parallèles au plan, sur lequel a lieu le mouvement de translation. Un dégagement semblable de vapeurs, joint à la force élastique des gaz qui pénètrent des couches ramollies et soulevées, paroît donner quelquefois une grande étendue aux cavernes que l'on trouve dans les *trachytes* ou porphyres trapéens. Ces cavernes porphyriques portent, dans les Cordillères de Quito et du Pérou, le nom indien de *Machays* [1] : elles sont généralement peu profondes, tapissées de soufre, et diffèrent, par l'énorme grandeur de leur ouverture, de celles qu'offrent les

étoient tapissées de fer spéculaire qui ne peut conserver le nom de fer oligiste depuis les derniers travaux de M. Gay-Lussac sur les oxides de fer.

[1] *Machay* est un mot de la langue quichua que les Espagnols appellent vulgairement la *langue de l'Inca*. C'est ainsi que *Callancamachay* signifie « caverne grande comme une maison, » une caverne qui sert de *tambo* ou caravanseray.

tuffes volcaniques[1] en Italie, à Ténériffe et dans les Andes. C'est en rapprochant ainsi par la pensée les roches primitives, secondaires et volcaniques, en distinguant entre la croûte oxidée du globe et le noyau intérieur, composé peut-être de substances métalloïdes et inflammables, qu'on reconnoît partout l'existence des grottes. Elles agissent dans l'économie de la nature comme de vastes réservoirs d'eau et de fluides élastiques.

Les cavernes gypseuses brillent de l'éclat de la sélénite cristallisée. Des lames vitreuses, coloriées en brun et en jaune, se détachent sur un fond strié, composé de couches d'albâtre et de calcaire fétide. Les grottes calcaires ont une teinte plus uniforme. Elles sont

---

[1] Quelquefois le feu agit comme l'eau, en enlevant des masses : les cavités peuvent être l'effet d'une solution ignée, comme elles sont plus souvent l'effet d'une érosion ou solution aqueuse. Le capitaine Flinders, dont les amis des sciences ont déploré la perte funeste et prématurée, attribue une caverne, près de la plantation Menil, à l'Isle-de-France, à une couche de fer spéculaire, fondue et enlevée à la suite d'une éruption volcanique. *Voyages to Terra australis*, Vol. II, p. 445.

d'autant plus belles et plus riches en stalactites, qu'elles sont plus étroites et que l'air y circule moins librement. C'est pour être trop spacieuse et trop accessible à l'air, que la caverne de Caripe manque presque entièrement de ces incrustations, dont les formes imitatives excitent, dans d'autres pays, la curiosité du peuple. J'y ai aussi cherché en vain des plantes souterraines, de ces Cryptogames de la famille des Usnéacées, qu'on trouve quelquefois collées sur les stalactites comme le lierre sur nos murs, au moment où l'on pénètre pour la première fois dans une grotte latérale [1].

Les cavernes des montagnes de gypse

---

[1] C'est ainsi qu'a été découvert le Lichen tophicola, lors de la première ouverture de la belle caverne de Rosenmüller, en Franconie. (*Humb. Über die Grubenwetter*, p. 39.) La cavité, qui renfermoit le Lichen, étoit fermée de tous côtés par d'énormes masses de stalactites. Cet exemple ne favorise pas l'opinion de quelques physiciens qui pensent que les plantes souterraines, décrites par Scopoli, par Hofmann et par moi, sont les cryptogames de nos forêts portées accidentellement avec des bois de charpente dans l'intérieur des mines, et défigurées par les effets de l'étiolement.

renferment souvent des moffettes et des gaz délétères[1]. Ce n'est pas le sulfate de chaux qui agit sur l'air atmosphérique, mais l'argile légèrement carburée et le calcaire fétide qui se trouvent si souvent mélangés avec le gypse. On ne sauroit décider encore si la chaux carbonatée fétide agit comme un hydrosulfure ou par un principe bitumineux[2]. Sa propriété d'absorber l'oxigène est connue de tous les mineurs de la Thuringe : elle est la même que l'action de l'argile carburée des grottes gypseuses et des grandes chambres (*sinkwerke*) que l'on pratique dans les mines de sel gemme, exploitées par l'introduction des eaux douces. Les cavernes des

---

[1] *Freiesleben*, Tom. II, p. 189.

[2] *L. c.*, Tom. II, p. 16, 22. Le Stinkstein a constamment des teintes brun-noirâtres : il ne devient blanc que par décomposition, qu'après avoir agi sur l'air environnant. Il ne faut pas confondre avec le *Stinkstein*, qui est de formation secondaire, un calcaire primitif grenu, très-blanc, de l'île de Thasos, qui, raclé, offre une odeur d'hydrogène sulfuré. Ce marbre a le grain plus gros que le marbre de Carare (*marmor Lunense*). Il a été très-communément employé par les statuaires grecs, et j'en ai souvent recueilli des fragmens à la *Villa Adriani*, près de Rome.

montagnes calcaires ne sont pas exposées à ces décompositions de l'air atmosphérique, à moins qu'elles ne renferment des ossemens de quadrupèdes ou ce terreau mêlé de gluten et de phosphate de chaux, duquel se dégagent, comme nous l'avons observé plus haut, des gaz inflammables et fétides.

Malgré toutes les recherches que nous avons faites près des habitans de Caripe, de Cumanacoa et de Cariaco, nous n'avons pas appris qu'on ait jamais découvert, dans la caverne du Guacharo, ni des dépouilles de carnassiers, ni de ces brèches osseuses d'animaux herbivores que l'on retrouve dans les cavernes d'Allemagne et de Hongrie ou dans les fentes des roches calcaires de Gibraltar. Les os fossiles de Mégathérium, d'Eléphans et de Mastodontes que des voyageurs ont rapportés de l'Amérique méridionale, appartiennent tous aux terrains meubles des vallées et de plateaux élevés. A l'exception du Mégalonix [1], espèce de paresseux à taille de bœuf,

---

[1] Le Megalonix a été trouvé dans les cavernes de Green-Briar en Virginie, à 1500 lieues de distance du Megatherium, dont il diffère très-peu, et qui a la taille du Rhinocéros. (*Americ. Trans.*, n.º 30, p. 246.)

décrit par M. Jefferson, je ne connois jusqu'ici pas un seul exemple de squélette d'animaux enfoui dans une caverne du Nouveau-Monde. L'extrême rareté de ce phénomène géologique paroît moins surprenante, si l'on se rappelle que la France, l'Angleterre et l'Italie offrent aussi un grand nombre de grottes dans lesquelles on n'a jamais rencontré de vestige d'ossemens fossiles [1].

Quoique, dans la nature brute, tout ce qui tient aux idées d'étendue et de masse ne soit pas d'une grande importance, je dois rappeler cependant que la caverne de Caripe est une des plus spacieuses que l'on connoisse dans les roches calcaires. Elle a pour le moins 900 mètres ou 2800 pieds de long [2]. En géné-

---

[1] *Cuvier, Rech. sur les ossemens fossiles*, Tom. IV, *Ours*, p. 10.

[2] La célèbre caverne de Baumann, au Harz, n'a, d'après MM. Gilbert et Ilsen, que 578 pieds de longueur : la caverne de Scharzfeld en a 350; celle de Gailenreuth, 304; celle d'Antiparos, 300 pieds. (*Freiesleben*, Tom. II, p.165). Mais, d'après Saussure (*Voyages*, §. 465), la grotte de Balme en compte 1300.

ral, à cause de la plus grande indissolubilité de la roche, ce ne sont pas les montagnes calcaires, mais les formations gypseuses qui offrent les enfilades de grottes les plus étendues. On en connoît en Saxe, dans le gypse, qui ont plusieurs lieues de long, par exemple celle de Wimelbourg, qui communique à la caverne de Cresfeld.

L'observation la plus curieuse que présentent les grottes aux physiciens, c'est la détermination exacte de leur température. La caverne de Caripe, située à peu près par les 10°10′ de latitude, par conséquent au centre de la zone torride, est élevée de 506 toises au-dessus du niveau des eaux dans le golfe de Cariaco. Nous y avons trouvé partout, au mois de septembre, la température de l'air intérieur entre 18°,4 et 18°,9 du thermomètre centésimal. L'atmosphère extérieure étoit à 16°,2. A l'entrée de la caverne, le thermomètre se soutenoit dans l'air à 17°,6; mais, plongé dans l'eau de la petite rivière souterraine, il marquoit, jusqu'au fond de la caverne, 16°,8. Ces expériences offrent beaucoup d'intérêt, si l'on réfléchit sur l'équilibre de chaleur qui tend à s'établir entre les eaux, l'air et la terre. Lorsque je quittai l'Europe, les physiciens regrettoient encore de n'avoir pas assez de données sur ce qu'on appelle un peu fastueusement la *température de l'intérieur du globe*, et ce n'est que très-récemment qu'on a travaillé avec quelque succès à résoudre ce grand problème de la Météorologie souterraine. Les couches pierreuses qui forment la croûte de notre planète, sont seules accessibles à nos recherches, et l'on sait aujourd'hui que la température moyenne de ces couches ne varie pas seulement avec les latitudes et les hauteurs, mais que, selon la position des lieux, elle fait aussi, dans l'espace d'une année, des oscillations régulières autour de la chaleur moyenne de l'atmosphère voisine. Nous sommes déjà loin de cette époque où l'on étoit surpris de trouver, sous d'autres zones, la chaleur des grottes et des puits, différente de celle que l'on observe dans les caves de l'Observatoire de Paris. Le même instrument qui, dans ces caves, marque 12°, s'élève, dans les souterrains de l'île de Madère, près de

Funchal[1], à 16°,2; dans le puits de Saint-Joseph, au Caire[2], à 21°,2; dans les grottes de l'île de Cuba[3], à 22° ou 23°. Cet accroissement est à peu près proportionnel à celui des températures moyennes de l'atmosphère, depuis les 48° de latitude jusqu'au tropique.

Nous venons de voir que, dans la caverne du Guacharo, l'eau de la rivière est de près de 2° plus froide que l'air ambiant du souterrain. L'eau, soit en s'infiltrant à travers les roches, soit en coulant sur des lits pierreux, prend, à n'en pas douter, la température de ces lits. L'air, au contraire, renfermé dans

---

[1] A Funchal (lat. 32° 37′), la température moyenne de l'air est de 20°,4 : ce qui est d'autant plus probable que M. Escolar trouve, pour Sainte-Croix de Ténériffe, 21°, 8. (Cavendish, dans les *Phil. Tr.*, 1778, p. 392). Nous reviendrons dans la suite sur cette différence remarquable entre les souterrains à l'île de Madère et l'atmosphère circonvoisine.

[2] Au Caire (lat. 30° 2′), la température moyenne de l'air est de 22°,4, d'après Nouet.

[3] *Obs. astr.*, Tom. I, p. 134. La température moyenne de l'air à La Havane est, d'après M. Ferrer, 25°,6.

les grottes, n'est point en repos; il communique avec l'atmosphère de dehors. Quoique, sous la zone torride, les changemens de la température extérieure soient extrêmement petits, il se forme cependant des courans qui modifient périodiquement la chaleur de l'air intérieur. C'est par conséquent la température des eaux, celle de 16°,8, que l'on pourroit regarder comme la température de la terre dans ces montagnes, si l'on étoit bien sûr que ces eaux ne descendent point avec rapidité des montagnes voisines plus élevées.

Il suit de ces rapprochemens que, lorsqu'on ne peut obtenir des résultats absolument précis, on trouve du moins sous chaque zone des *nombres limités*. A Caripe, dans la zone équinoxiale, à 500 toises de hauteur, la température moyenne du globe n'est pas au-dessous de 16°,8; c'est ce que donne l'expérience faite sur l'eau de la rivière souterraine. On peut de même prouver que cette température du globe n'est pas au-dessus de 19°, puisque l'air de la caverne, au mois de septembre, a été trouvé à 18°,7. Comme la température moyenne de l'atmosphère, dans le mois le plus chaud, ne dépasse pas 19°,5, il est probable que, dans aucune saison de l'année, on ne verroit monter le thermomètre, exposé à l'air dans la grotte, au-dessus de 19°. Ces résultats, comme tant d'autres, que nous présentons dans ce voyage, paroissent de peu d'importance, en les considérant isolément : mais si on les compare aux observations récemment faites par MM. de Buch et Wahlenberg sous le cercle polaire, ils répandent du jour sur l'économie de la nature en général et sur l'équilibre de température vers lequel tendent sans cesse l'air et la terre. Il n'est plus douteux qu'en Laponie, la croûte pierreuse du globe soit de 3 à 4 degrés *au-dessus* de la température moyenne de l'atmosphère. Le froid qui règne perpétuellement dans les abîmes de l'Océan équinoxial, et qui est l'effet des courans polaires, produit-il, sous les tropiques,

---

[1] La température moyenne du mois de septembre, à Caripe, est de 18°,5; et, sur les côtes de Cumana, où nous avons pu recueillir un grand nombre d'observations, les températures moyennes des mois les plus chauds ne diffèrent de celles des mois les plus froids, que de 1°,8.

une diminution sensible dans la température de la terre ? Cette température y est-elle *au-dessous* de celle de l'atmosphère ? Voilà ce que nous examinerons dans la suite, lorsque nous aurons réuni plus de faits dans les hautes régions de la Cordillère des Andes.

## CHAPITRE VIII.

*Départ de Caripe. — Montagne et forêt de Santa Maria. — Mission de Catuaro. — Port de Cariaco.*

Les jours que nous passâmes au couvent des Capucins, dans les montagnes de Caripe, s'écoulèrent bien rapidement; cependant, notre vie étoit aussi simple qu'uniforme. Depuis le lever du soleil jusqu'à l'entrée de la nuit, nous parcourions la forêt et les montagnes voisines, pour recueillir des plantes, dont nous n'avions jamais fait une plus ample moisson. Lorsque les pluies de l'hivernage nous empêchoient d'entreprendre des courses lointaines, nous visitions les cabanes des Indiens, le *Conuco* de la commune ou ces assemblées dans lesquelles les alcaldes indiens distribuent, tous les soirs, les travaux du lendemain. Nous ne rentrions au monastère que lorsque le son de la cloche nous appeloit à partager dans le réfectoire le repas des missionnaires. Quelquefois de grand matin nous les suivions à l'église pour assister à la *doctrine*, c'est-à-dire à l'enseignement religieux des indigènes. C'est une entreprise au moins très-hasardée que de vouloir parler de dogmes à des néophytes, surtout lorsqu'ils n'ont qu'une connoissance très-vague de la langue espagnole. D'un autre côté, les religieux ignorent aujourd'hui presque totalement l'idiome Chaymas; et la ressemblance des sons embrouille à tel point l'esprit de ces pauvres Indiens, qu'elle leur fait naître les idées les plus bizarres. Je me bornerai à citer un seul exemple. Nous vîmes un jour le missionnaire s'agiter vivement pour prouver que l'*infierno*, enfer, et l'*invierno*, hiver, n'étoient pas la même chose, mais qu'ils différoient comme la chaleur et le froid. Les Chaymas ne connoissent d'autre hiver que le temps des pluies, et l'*enfer des blancs* leur paroissoit un endroit où les méchans sont exposés à de fréquentes averses. Le missionnaire eut beau s'impatienter, il étoit impossible d'effacer les premières impressions, dues à l'analogie entre deux consonnes: on ne parvint pas à séparer dans l'esprit des néophytes les idées de pluie et d'enfer, d'*invierno* et d'*infierno*.

Après avoir passé presque tout le jour en plein air, nous nous occupions, le soir, en rentrant au couvent, à rédiger des notes, à sécher nos plantes, et à dessiner celles qui nous paroissoient former des genres nouveaux. Les moines nous laissoient jouir de toute notre liberté, et nous nous rappelons avec une vive satisfaction un séjour aussi agréable qu'utile pour nos travaux. Malheureusement, le ciel brumeux d'une vallée où les forêts versent une prodigieuse quantité d'eau dans l'air, étoit peu favorable aux observations astronomiques. Je passai une partie des nuits pour saisir le moment où quelque étoile étoit visible entre des nuages, près de son passage au méridien. Souvent je tremblotois de froid, quoique le thermomètre ne baissât que jusqu'à 16°. C'est dans nos climats la température du jour vers la fin de septembre. Les instrumens restoient montés dans la cour du couvent pendant plusieurs heures, et presque toujours j'étois trompé dans mon attente. Quelques bonnes observations de Fomahault et de

Deneb du Cygne donnèrent, pour la latitude de Caripe, 10° 10′ 14″; ce qui prouve que la position indiquée sur la carte de Caulin est fausse de 18′, celle d'Arrowsmith de 14′.

Comme des observations de hauteurs correspondantes du soleil [1] me faisoient connoître le temps vrai à 2″ près, je pus déterminer avec précision, au moment du midi, la variation de l'aiguille aimantée. Elle étoit, le 20 septembre 1799, de 3° 15′ 30″; au nord-est, par conséquent, de 0° 58′ 15″ plus petite qu'à Cumana. Si l'on a égard à l'influence des variations horaires qui, sous ces climats, ne s'élèvent généralement pas au-delà de 8′, on reconnoîtra qu'à des distances considérables, la déclinaison change avec moins de rapidité qu'on ne le croit communément. L'inclinaison magnétique étoit 42°,75 (division centésimale), et le nombre des oscillations qui expriment l'intensité des forces magnétiques, s'élevoit à 229, en 10′ de temps.

Le chagrin de voir disparoître les étoiles par un ciel brumeux est le seul que nous ayons connu dans la vallée de Caripe. L'aspect de

---

[1] *Obs. astr.*, Tom. I, p. 100-106.

ce site a quelque chose à la fois de sauvage et de calme, de lugubre et d'attrayant. Au milieu d'une nature si puissante, on n'éprouve que des sentimens de paix et de repos. Je dirois même qu'on est moins frappé, dans la solitude de ces montagnes, des impressions nouvelles que l'on reçoit à chaque pas, que des traits de ressemblance qu'offrent les climats les plus éloignés. Les collines auxquelles le couvent est adossé, sont couronnées de palmiers et de fougères arborescentes. Le soir, par un ciel qui annonce la pluie, l'air retentit du hurlement uniforme des singes alouates, qui ressemble au bruit lointain du vent, lorsqu'il agite la forêt. Cependant, malgré ces sons inconnus, ces formes étranges de plantes, et ces prodiges d'un monde nouveau, partout la nature fait entendre à l'homme une voix dont les accens lui sont familiers. Le gazon qui tapisse le sol, la vieille mousse et la fougère dont se couvrent les racines des arbres, les torrens qui se précipitent sur les bancs inclinés de la roche calcaire; enfin, cet accord harmonieux de couleurs que reflètent les eaux, la verdure et le ciel, tout rapelle au voyageur des sensations qu'il a déjà éprouvées.

Les beautés naturelles de ces montagnes nous occupoient si vivement, que nous nous aperçûmes bien tard de l'embarras qu'éprouvoient les bons religieux qui nous donnoient l'hospitalité. Ils n'avoient pu faire qu'une foible provision de vin et de pain de froment; et, quoique dans ces régions l'un et l'autre ne soient regardés que comme appartenant au luxe de la table, nous vîmes à regret que nos hôtes s'en privoient eux-mêmes. Notre ration de pain avoit déjà diminué de trois quarts, et cependant de cruelles averses nous forçoient encore de différer notre départ de deux jours. Que ce retard nous parut long; que nous redoutions le son de la cloche qui nous appeloit au réfectoire! Nous sentions vivement, par les procédés délicats des missionnaires, combien notre position contrastoit avec celle des voyageurs qui se plaignent d'avoir été depouillés de leurs provisions dans les couvens Coptes de la Harte-Égypte.

Nous partîmes enfin le 22 septembre, suivis de quatre mulets chargés d'instrumens et de plantes. Nous eûmes à descendre la pente nord-est des Alpes calcaires de la Nouvelle-Andalousie, que nous avons appelées la grande chaîne du Bergantin et du Cocollar. La hauteur moyenne de cette chaîne n'excède guère six ou sept cents toises ; et, sous ce rapport et celui de sa constitution géologique, on peut la comparer à la chaîne du Jura. Malgré l'élévation peu considérable des montagnes de Cumana, la descente en est des plus pénibles, on pourroit presque dire des plus dangereuses, du côté de Cariaco. Le Cerro de Santa Maria, que les missionnaires gravissent pour se rendre de Cumana à leur couvent de Caripe, est surtout célèbre par les difficultés qu'il oppose aux voyageurs. En comparant ces montagnes, les Andes du Pérou, les Pyrénées et les Alpes que nous avons parcourues successivement, nous nous sommes rappelé plus d'une fois que les cimes les moins élevées sont souvent les plus inaccessibles.

En quittant la vallée de Caripe, nous traversâmes d'abord une rangée de collines situées au nord-est du couvent. Le chemin nous conduisit, toujours en montant, par une vaste savane, jusqu'au plateau du *Guardia de San*

*Augustin.* Nous y fîmes halte pour attendre l'Indien qui portoit le baromètre; nous nous trouvâmes à 533 toises d'élévation absolue, un peu plus haut que le fond de la caverne du Guacharo. Les savanes, ou prairies naturelles, qui offrent d'excellens pâturages aux vaches du couvent, sont absolument dépourvues d'arbres et d'arbustes. C'est le domaine des plantes monocotylédones; car au milieu des graminées ne s'élèvent çà et là que quelques pieds de Maguey [1], dont les hampes fleuries ont plus de 26 pieds de hauteur. Arrivés au plateau du Guardia, nous nous trouvâmes comme transportés dans le fond d'un ancien lac, nivelé par le séjour prolongé des eaux. On croit reconnoître les sinuosités de l'ancien rivage, des langues de terre qui s'avancent, des rochers escarpés qui s'élèvent en forme d'îlots. Cet ancien état des choses semble même indiqué par la distribution des végétaux. Le fond du bassin est une savane, tandis que ses bords sont couverts d'arbres de haute futaie. C'est probablement la vallée la plus élevée des provinces de Cu-

---

[1] Agave americana.

mana et de Venezuela. Il est à regretter qu'un site où l'on jouit d'un climat si tempéré, et qui seroit sans doute propre à la culture du froment, soit totalement inhabité.

Depuis le plateau du Guardia, on ne fait plus que descendre jusqu'au village indien de Santa Cruz. On passe d'abord par une pente extrêmement glissante et rapide, à laquelle les missionnaires ont donné le nom bizarre du *Purgatoire*[1]. C'est un rocher de grès schisteux décomposé, couvert d'argile, et dont le talus paroît d'une rapidité effrayante ; car, par l'effet d'une illusion d'optique très-commune, lorsqu'on regarde du haut de la colline vers le bas, le chemin paroît incliné de plus de 60°. En descendant, les mulets rapprochent les jambes de derrière de celles de devant ; et, baissant la croupe, ils se laissent glisser au hasard. Le cavalier ne court aucun risque, pourvu qu'il lâche la bride et qu'il ne contrarie en rien les mouvemens de l'animal. De ce point, on aperçoit, vers la gauche, la grande pyramide du Guacharo. L'aspect de ce Pic calcaire est très-pitto-

---

[1] Baxada del Purgatorio.

resque ; mais on le perd bientôt de vue en entrant dans la forêt épaisse, qui est connue sous le nom de la *Montaña de Santa Maria*. On descend sans interruption pendant sept heures, et il est difficile de se faire l'idée d'une descente plus épouvantable ; c'est un véritable *chemin des échelles*, une espèce de ravin dans lequel, pendant le temps des pluies, les torrens impétueux s'élancent de rocher en rocher. Les gradins ont deux à trois pieds de hauteur ; et les malheureuses bêtes de somme, après avoir mesuré l'espace qui est nécessaire pour que la charge puisse passer entre les troncs des arbres, sautent d'un bloc de rocher sur un autre. De peur de manquer le saut, on les voit s'arrêter quelques instans comme pour examiner le terrain, et rapprocher les quatre jambes à la manière des chèvres sauvages. Si l'animal n'atteint pas le bloc de pierre le plus voisin, il enfonce jusqu'à mi-corps dans l'argile molle et ocreuse qui remplit les interstices des rochers. Partout où les blocs manquent, d'énormes racines offrent des points d'appui aux pieds de l'homme et des animaux. Elles ont jusqu'à vingt pouces d'épaisseur, et partent souvent du tronc des arbres beaucoup au-dessus de la surface du sol. Les créoles se fient assez à l'adresse et à l'heureux instinct des mulets pour rester en selle pendant cette longue et périlleuse descente. Craignant la fatigue moins qu'eux, et accoutumés à voyager lentement, pour recueillir des plantes et pour examiner la nature des roches, nous préférâmes descendre à pied. Les soins qu'exigeoient nos chronomètres ne nous laissoient pas même la liberté du choix.

La forêt qui couvre le flanc escarpé de la montagne de Sainte-Marie, est une des plus épaisses que j'aie jamais vues. Les arbres y sont d'une hauteur et d'une grosseur prodigieuses. Sous leur feuillage touffu et d'un vert foncé, il règne constamment un demi-jour, une sorte d'obscurité dont nos forêts de pins, de chênes et de hêtres ne nous offrent pas d'exemple. On diroit que, malgré la température élevée, l'air ne peut dissoudre la quantité d'eau qu'exhalent la surface du sol, le feuillage des arbres, et leur tronc couvert d'une bourre ancienne d'Orchidées, de Peperomia et d'autres plantes charnues. A l'odeur aromatique que répandent les fleurs, les fruits et le bois même, se mêle celle que nous sentons en automne dans les temps brumeux. Ici, comme dans les forêts de l'Orénoque, en fixant les yeux sur le sommet des arbres, on aperçoit souvent des traînées de vapeurs là où quelques faisceaux de rayons solaires pénètrent et traversent l'atmosphère épaissie. Nos guides nous faisoient remarquer, parmi les arbres majestueux dont la hauteur excède 120-130 pieds, le *Curuçay* de Terecen [1], qui donne une résine blanchâtre, liquide et très-odoriférante. Elle fut employée jadis par les Indiens Cumanagotes et Tagires pour encenser leurs idoles. Les jeunes branches ont un goût agréable, quoique un peu astringent. Après le *Curucay* et d'énormes troncs d'Hymenea dont le diamètre excède 9-10 pieds, les végétaux qui attiroient le plus notre attention, étoient le sang de Dragon (*Croton sanguifluum*), dont le suc brun pourpré s'épanche sur une écorce blanchâtre, la fougère *Calahuala*, différente de celle du Pérou, mais presque également salutaire [2],

---

[1] *Voyez* plus haut p. 93.

[2] Le *Calahuala* de Caripe est le Polypodium crassifo-

et les palmiers Irasse, Macanilla, Corozo et Praga[1]. Le dernier offre un *choux palmiste* très-savoureux dont nous avons mangé quelquefois au couvent de Caripe. Avec ces palmiers à feuilles pennées et épineuses, contrastoient agréablement les fougères en arbre. Une d'elles, le Cyathea speciosa[2], s'élève à plus de trente-cinq pieds de hauteur, ce qui est prodigieux pour des plantes de cette famille. Nous découvrîmes ici et dans la vallée de Caripe cinq nouvelles espèces

lium; celui du Pérou, dont MM. Ruiz et Pavon ont tant répandu l'usage, vient de l'Aspidium coriaceum, Willd. (Tectaria Calahuala, Cav.) On mêle, dans le commerce, les racines diaphorétiques du Polyp. crassifolium et de l'Acrostichum Huascaro aux racines du véritable Calahuala ou Aspidium coriaceum.

[1] Aiphanes Praga.

[2] Peut-être un Hemitelia de Robert Brown. Le tronc seul a 22-24 pieds de longueur : c'est, avec le Cyathea excelsa de l'île de Bourbon, la plus majestueuse de toutes les *fougères en arbre*, décrites par les botanistes. Le nombre total de ces cryptogames gigantesques s'élève aujourd'hui à 25 espèces; celui des Palmiers, à 80. Avec le Cyathea croissent dans la montagne de Santa Maria, Rhexia *juniperina*, Chiococca *racemosa*, Commelina *spicata*.

de fougères arborescentes[1] : du temps de Linné, les botanistes n'en connoissoient pas quatre dans les deux Continens.

On observe que les fougères en arbre sont, en général, beaucoup plus rares que les palmiers. La nature les a circonscrites dans des lieux tempérés, humides et ombragés. Elles craignent les rayons directs du soleil; et, tandis que le Pumos, le Corypha des Steppes et d'autres palmiers de l'Amérique, se plaisent dans les plaines nues et brûlantes, ces fougères à tronc arborescent, qui, vues de loin, offrent l'aspect des palmiers, conservent le caractère et les habitudes des plantes cryptogames. Elles aiment les lieux solitaires, le demi-jour, un air humide, tempéré et stagnant. Si elles descendent quelquefois jusque vers les côtes, ce n'est qu'à l'abri d'un ombrage épais. Le vieux tronc des Cyathea et des Meniscium est couvert d'une poudre charbonneuse, qui (peut-être dépourvue d'hydrogène) a un lustre métallique

---

[1] *Meniscium arborescens*, Aspidium *caducum*, A. *rostratum*, Cyathea *villosa*, et C. speciosa. *Voyez* les *Nova Genera et Spec. plant.*, Tom. I, p. 35, de l'édition in-4°.

comme le graphite. Aucun autre végétal ne nous a présenté ce phénomène; car les troncs des Dicotylédones, malgré l'ardeur du climat et l'intensité de la lumière, sont moins brûlés sous les tropiques qu'ils ne le sont dans la zone tempérée. On diroit que les troncs des fougères, qui, semblables aux Monocotylédones, grossisssent par les débris des pétioles, meurent de la circonférence vers le centre, et que, dépourvus d'organes corticaux, par lesquels les sucs élaborés descendent vers les racines, ils se brûlent plus facilement par l'oxigène de l'atmosphère. J'ai rapporté en Europe de ces poudres à éclat métallique, enlevées à des troncs de Meniscium et d'Aspidium très-anciens.

À mesure que nous descendîmes la montagne de Santa-Maria, nous vîmes diminuer les fougères en arbre et augmenter le nombre des palmiers. Les beaux papillons à grandes ailes, les Nymphales, qui volent à une hauteur prodigieuse, devenoient plus communs. Tout nous annonçoit que nous nous rapprochions des côtes et d'une zone dont la température moyenne du jour est de 28 à 30 degrés centigrades.

Le temps étoit couvert et faisoit craindre une de ces averses pendant lesquelles il tombe quelquefois 1 à 1,3 pouces d'eau dans un seul jour. Le soleil éclairoit par intervalles le sommet des arbres; et, quoique à l'abri de ses rayons, nous éprouvâmes une chaleur étouffante. Déjà le tonnerre grondoit dans le lointain ; les nuages paroissoient suspendus à la cime des hautes montagnes du Guacharo, et le hurlement plaintif des Araguatos que nous avions si souvent entendu au coucher du soleil à Caripe, annonçoit la proximité de l'orage. Nous eûmes occasion ici, pour la première fois, de voir de près ces singes hurleurs. Ils sont de la famille des Alouates [1], dont les auteurs ont long-temps confondu les diverses espèces. Tandis que les petits Sapajous de l'Amérique, qui imitent, en sifflant, la voix des Passereaux, ont l'os de la langue mince et simple, les singes à grande taille, comme les Alouates et les Marimondes [2], ont la langue placée sur un large tambour osseux. Leur larynx supérieur a six poches, dans lesquelles se perd la voix, et dont deux, en forme de nids de pigeons,

[1] Stentor, Geoffroy.
[2] Ateles, G.

ressemblent assez au larynx inférieur des oiseaux. C'est par l'air chassé avec force dans le tambour osseux, qu'est produit le son lugubre qui caractérise les Araguatos. J'ai dessiné sur les lieux ces organes imparfaitement connus des anatomistes, et j'en ai publié la description, d'abord après mon retour en Europe [1]. Lorsqu'on considère les dimensions de la boîte osseuse des Alouates, et le grand nombre de singes hurleurs, nichés sur un seul arbre dans les forêts de Cumana et de la Guiane, on est moins surpris de la force et du volume de leurs voix réunies.

L'Araguato, que les Indiens Tamanaques appellent Aravata [2] et les Maypures Maravé,

[1] *Obs. de Zoologie*, Tom. I, p. 8, pl. 4, n.° 9.

[2] Gomara (*Hist. general de las Ind.*, cap. 80, p. 104). Fray Pedro Simon (*Noticias de la Conquista de Tierra firme*, 1626. *Not.* 4, c. 25, p. 317), et le père Caulin (*Hist. cor.*, p. 33), décrivent ce singe sous les noms d'*Aranata* et *Araguato*. On reconnoît aisément dans les deux noms une même racine; le *v* a été transformé en *g* et en *n*. Le nom d'*Arabata*, que Gumilla donne aux singes hurleurs du Bas-Orénoque, et que M. Geoffroy pense appartenir au S. straminea du Grand Pàra, est encore le même mot tamanaque

ressemble à un jeune ours. Il a trois pieds de long en comptant du sommet de la tête, qui est petite et très-pyramidale, jusqu'à l'origine de la queue prenante; son pelage est touffu et d'un brun roussâtre; la poitrine et le ventre sont également couverts d'un beau poil, et non pas nus comme dans le *Mono colorado*, ou Alouate roux de Buffon, que nous avons examiné avec soin, en remontant de Carthagène des Indes à Santa-Fe de Bogota. La face de l'Araguato, d'un bleu noirâtre, est couverte d'une peau fine et ridée. Sa barbe est assez longue; et, malgré la direction de la ligne faciale, dont l'angle n'est que de 30°, l'Araguato a dans le regard et dans l'expression de la physionomie autant de ressemblance avec l'homme que la Marimonde (S. Belzebuth, Brisson), et le Capucin de l'Orénoque (S. chiropotes). Parmi les milliers d'Araguatos que nous avons

*Aravata*. Cette identité de noms ne doit pas nous surprendre. Nous verrons bientôt que la langue des Indiens Chaymas de Cumana est une des branches nombreuses de la langue tamanaque, et que celle-ci est liée à la langue Caribe du Bas-Orénoque.

observés dans les provinces de Cumana, de Caracas et de la Guiane, nous n'avons jamais vu de changemens dans le pelage brun roussâtre du dos et des épaules, soit que nous ayons examiné des individus, ou des bandes entières. Il m'a paru en général que les variétés de couleurs sont moins communes parmi les singes que ne le croient les naturalistes[1]. Elles sont surtout très-rares parmi les espèces qui vivent en société.

L'Araguato de Caripe est une nouvelle espèce du genre Stentor, que j'ai fait connoître sous le nom d'Alouate-Ourse, *Simia ursina*. J'ai préféré ce nom à ceux que j'aurois pu tirer de la couleur du pelage, et je m'y suis arrêté d'autant plus facilement que, d'après un passage de Photius, les Grecs connoissoient déjà un singe velu sous le nom d'*Arctopithecos*. Notre Araguato diffère également de l'Ouarine (S. Guariba) et de l'Alouate roux (S. Seniculus). Son œil, sa voix, sa démarche, tout annonce de la tristesse. J'ai vu de très-jeunes Araguatos, élevés dans les cabanes des Indiens; ils ne jouent

---

[1] Spix, dans les *Mém. de l'Acad. de Munich*, 1815, p. 340.

jamais comme les petits Sagoins, et leur gravité a été bien naïvement décrite par Lopez de Gomara, au commencement du 16.ᵉ siècle. « L'*Aranata de los Cumaneses*, dit cet auteur, a le visage de l'homme, la barbe d'un bouc, et le maintien grave, *honrado gesto*. » J'ai déjà fait observer dans une autre partie de cet ouvrage que les singes sont d'autant plus tristes, qu'ils ressemblent plus à l'homme. Leur gaieté pétulante diminue à mesure que leurs facultés intellectuelles paroissent plus développées.

Nous nous étions arrêtés pour observer les singes hurleurs, qui, au nombre de trente à quarante, traversoient le chemin en passant, en longue file, d'un arbre à l'autre par des branches croisées et horizontales. Tandis que ce spectacle nouveau fixoit toute notre attention, nous rencontrâmes une troupe d'Indiens qui se dirigeoient vers les montagnes de Caripe. Ils étoient entièrement nus, comme le sont généralement les indigènes de ce pays. Les femmes, chargées d'un fardeau assez lourd, fermoient la marche; les hommes étoient tous armés, jusqu'aux enfans les plus jeunes, d'arcs et de flèches. Ils marchoient en silence, le yeux fixés sur le sol. Nous tâchâmes d'apprendre d'eux si nous étions encore loin de la mission de Santa-Cruz, où nous comptions passer la nuit. Nous étions harassés de fatigue et tourmentés par la soif. La chaleur augmentoit avec la proximité de l'orage, et nous n'avions pas, sur notre chemin, trouvé de source pour nous désaltérer. Les mots *si Patre, no Patre*, que les Indiens répétoient sans cesse, nous faisoient croire qu'ils entendoient un peu l'espagnol. Aux yeux des indigènes, tout homme blanc est un moine, un *Padre* [2]; car, dans les missions, la couleur de la peau caractérise plus encore le religieux que la couleur du vêtement. Nous eûmes beau tourmenter les Indiens de nos questions sur la longueur du chemin, ils répondoient comme au hasard, *si* et *no*, sans que nous pussions attacher un sens précis à leurs réponses. Cela nous impatientoit d'autant plus, que leur sourire et leurs gestes indiquoient l'intention de nous plaire, et que la forêt

[1] *Obs. zool.*, Tom. I, p. 329 et 355, Pl. 30.

[2] Dans la Grèce moderne, les moines portent vulgairement le nom de *bons vieillards*, Kalogheroi.

sembloit toujours devenir plus épaisse. Il fallut nous séparer; les guides indiens, qui entendoient la langue Chaymas, ne pouvoient nous suivre que de loin, parce que les mulets de charge s'abattoient à chaque pas dans les ravins.

Après plusieurs heures de marche, en continuant de descendre sur des blocs de rochers épars, nous nous trouvâmes inopinément à l'extrémité de la forêt de Santa-Maria. Une savane[1], dont les pluies de l'hivernage avoient renouvelé la verdure, se prolongeoit devant nous à perte de vue. A gauche, nos regards s'étendoient sur une vallée étroite, qui aboutit aux montagnes du Guacharo. Le fond de cette vallée est couvert d'une épaisse forêt. L'œil plongeoit sur la cime des arbres, qui, à 800 pieds au-dessous du chemin, formoient un tapis de verdure d'une teinte sombre et uniforme. Les clairières de la forêt paroissoient comme de vastes entonnoirs, dans lesquels nous reconnûmes, à leur forme élégante et à leur feuillage penné, les palmiers Praga et Irasse. Mais ce qui rend ce site émi-

---

[1] On y trouve Paspalum conjugatum, P. *scoparium*, *Isolepis junciformis*, etc.

nemment pittoresque, c'est l'aspect de la *Sierra del Guacharo*. Sa pente septentrionale, celle qui regarde le golfe de Cariaco, est abrupte: elle offre un mur de rochers, un profil presque vertical, dont la hauteur excède trois mille pieds. La végétation qui couvre ce mur est si peu épaisse, que l'œil peut suivre l'alignement des assises calcaires. Le sommet de la *Sierra* est aplati, et ce n'est qu'à son extrémité orientale que s'élève, comme une pyramide inclinée, le Pic majestueux du Guacharo. Il rappelle par sa forme les *aiguilles* et les *cornes* [1] des Alpes de la Suisse. Comme la plupart des montagnes à pentes abruptes paroissent plus élevées qu'elles ne le sont effectivement, il ne faut pas être surpris que le Guacharo passe dans les missions pour une cime qui domine le Turimiquiri et le Brigantin.

La savane que nous traversâmes jusqu'au village indien de Santa-Cruz est composée de plusieurs plateaux très-unis, et superposés comme par étages. Ce phénomène géologique, qui se répète sous tous les climats, paroît indiquer un long séjour des eaux dans

[1] Schrekhörner, Finsteraarhorn.

des bassins qui ont déversé les uns dans les autres. La roche calcaire n'est plus au jour : elle est couverte d'une épaisse couche de terreau. Là où nous la vîmes pour la dernière fois dans la forêt de Santa-Maria, elle étoit légèrement poreuse, et ressembloit plus au calcaire de Cumanacoa qu'à celui de Caripe. Nous y trouvâmes de la mine de fer brut disséminée en nids, et, si nous ne nous sommes pas trompés dans l'observation, une corne d'Ammon. Nous ne parvînmes pas à la détacher. Elle avoit sept pouces de diamètre. Ce fait est d'autant plus important que, nulle part, dans cette partie de l'Amérique méridionale, nous n'avons vu d'Ammonites. La mission de Santa-Cruz est située au milieu de la plaine. Nous y arrivâmes vers le soir, excédés de soif, étant restés près de huit heures sans trouver de l'eau. Le thermomètre se soutenoit à 26 degrés; aussi nous n'étions plus élevés que de 190 toises au-dessus du niveau de la mer. Nous passâmes la nuit sous un de ces Ajupas que l'on appelle *maisons du roi*, et qui, comme je l'ai dit plus haut, servent de *tambo* ou caravanserai aux voyageurs. Les pluies empêchoient toute observation d'étoiles, et nous continuâmes le lendemain, 23 septembre, notre descente vers le golfe de Cariaco. Au-delà de Santa-Cruz commence de nouveau une forêt épaisse. Nous y trouvâmes, sous des touffes de Melastomes, une belle fougère à feuilles d'Osmunda qui forme un nouveau genre [1] de l'ordre des Polypodiacées.

Arrivés à la mission de Catuaro, nous voulûmes continuer à l'est par Santa-Rosalia, Casanay, San-Josef, Carupano, Rio-Carives et la Montagne de Paria; mais nous apprîmes, à notre grand regret, que les averses avoient déjà rendu les chemins impraticables, et que nous risquerions de perdre les plantes que nous venions de cueillir. Un riche planteur de cacaoyères devoit nous accompagner de Santa-Rosalia au port de Carupano. Nous apprîmes à temps que ses affaires l'avoient appelé à Cumana. Nous résolûmes par conséquent de nous embarquer à Cariaco, et de retourner directement par le golfe, au lieu de passer entre l'île de la Marguerite et l'isthme d'Araya.

[1] Polybotria. *Nov. Gen.*, Tom. I, tab. 2.

La mission de Catuaro est placée dans le site le plus sauvage. Des arbres de haute futaie environnent encore l'église, et les tigres viennent la nuit manger les poules et les cochons des Indiens. Nous logeâmes chez le curé, moine de la congrégation de l'Observance, auquel les capucins avoient confié la mission, parce qu'ils manquoient de prêtres de leur communauté. C'étoit un docteur en théologie, petit homme sec, d'une vivacité pétulante : il nous entretenoit sans cesse du procès qu'il avoit avec le gardien de son couvent, de l'inimitié de ses confrères, et de l'injustice des Alcades, qui, sans égard pour les priviléges de son état, l'avoient fait jeter dans un cachot. Malgré ces aventures, il avoit conservé un malheureux penchant pour ce qu'il appeloit des questions métaphysiques. Il vouloit savoir ce que je pensois du libre arbitre, des moyens de dégager les esprits de leur prison corporelle, et, avant tout, de l'ame des animaux, sur lesquels il avoit les idées les plus bizarres. Lorsqu'on a traversé les forêts dans la saison des pluies, on se sent peu de goût pour ce genre de spéculations. D'ailleurs tout étoit extraordinaire dans cette petite mission de Catuaro, jusqu'à la maison du curé. Elle avoit deux étages, et étoit devenue pour cela l'objet d'une vive contestation entre les autorités séculières et ecclésiastiques. Le supérieur des capucins, la trouvant trop somptueuse pour un missionnaire, avoit voulu forcer les Indiens à la démolir : le gouverneur s'y étoit opposé avec vigueur, et sa volonté avoit prévalu contre les moines. Je cite ces faits peu importans en eux-mêmes, parce qu'ils font connoître le régime intérieur des missions, qui n'est pas toujours aussi paisible qu'on le suppose en Europe.

Nous rencontrâmes, dans la mission de Catuaro, le corrégidor [1] du district, homme aimable et d'un esprit cultivé. Il nous donna trois Indiens qui, munis de leurs *machètes*, devoient nous précéder pour frayer un chemin à travers la forêt. Dans ce pays si peu fréquenté, la force de la végétation est telle, à l'époque des grandes pluies, qu'un homme à cheval a de la peine à passer par des sentiers étroits, couverts de lianes et de branches entrelacées. A notre plus grand re-

[1] Don Alexandro Mexia.

gret, le missionnaire de Catuaro voulut absolument nous conduire à Cariaco. Nous ne pûmes nous y refuser : il ne nous tourmentoit plus de ses rêves sur l'ame des animaux et le libre arbitre de l'homme : il avoit à nous entretenir d'un objet bien autrement pénible. Le mouvement vers l'indépendance, qui avoit manqué d'éclater à Caracas, en 1798, avoit été précédé et suivi d'une grande agitation parmi les esclaves de Coro, de Maracaybo et de Cariaco. Un malheureux Nègre avoit été condamné à mort dans cette dernière ville, et notre hôte, le curé de Catuaro, s'y rendoit pour lui offrir les secours de son ministère. Qu'il nous parut long ce chemin, pendant lequel nous ne pûmes échapper à des conversations « sur la nécessité de la traite, la malice innée des Noirs, et les avantages que tire cette race de son état de servitude parmi les chrétiens ! »

On ne sauroit nier la douceur de la législation espagnole, en la comparant au *Code Noir* de la plupart des autres peuples qui ont des possessions dans les deux Indes. Mais tel est l'état des Nègres isolés dans des lieux à peine défrichés, que la justice, loin de les protéger efficacement pendant leur vie, ne peut même punir les actes de barbarie qui ont causé leur mort. Si l'on tente une enquête, la mort de l'esclave est attribuée à la foiblesse de sa santé, à l'influence d'un climat ardent et humide, aux plaies qu'on lui a faites, mais que l'on assure avoir été peu profondes et peu dangereuses. L'autorité civile est impuissante en tout ce qui regarde l'esclavage domestique, et rien n'est plus illusoire que l'effet tant vanté de ces lois qui prescrivent la forme du fouet et le nombre de coups qu'il est permis de donner *à la fois*. Les personnes qui n'ont point vécu dans les colonies ou qui n'ont habité que les Antilles, pensent assez généralement que l'intérêt du maître à la conservation des esclaves, doit rendre leur existence d'autant plus douce que le nombre en est moins considérable. Cependant, à Cariaco même, peu de semaines avant mon arrivée dans la province, un planteur qui ne possédoit que huit Nègres en fit périr six, en les fustigeant de la manière la plus barbare. Il détruisit volontairement la majeure partie de sa fortune. Deux de ses esclaves expirèrent sur-le-champ. Il s'embarqua avec les quatre qui sembloient plus robustes, pour le port de Cumana; mais ils périrent pendant la traversée. Cet acte de cruauté avoit été précédé, dans la même année, d'un autre, dont les circonstances étoient également effrayantes. Des forfaits si grands sont restés à peu près impunis : l'esprit qui a dicté les lois n'est pas celui qui préside à leur exécution. Le gouverneur de Cumana étoit un homme juste et humain; mais les formes judiciaires sont prescrites, et le pouvoir du gouverneur ne s'étend pas sur une réforme d'abus qui sont presque inhérens à tout système de colonisation européenne.

La route que nous suivîmes à travers la forêt de Catuaro ressemble à la descente de la montagne de Santa-Maria; aussi les passages les plus difficiles sont-ils désignés ici par des noms également bizarres. On marche comme dans un sillon étroit, creusé par les torrens et rempli d'argile fine et tenace. Les mulets abaissent la croupe et se laissent glisser sur les pentes les plus rapides. Cette descente s'appelle *Saca-Manteca*, à cause de la consistance de la boue qui ressemble à du *beurre*. Le danger de la descente devient nul par la grande adresse des mulets de ce pays. L'argile qui rend le sol si glissant est due aux couches fréquentes de grès et d'argile schisteuse qui traversent le calcaire alpin gris-bleuâtre : celui-ci disparoît à mesure que l'on se rapproche de Cariaco. La montagne de Meapire est déjà formée en grande partie d'un calcaire blanc rempli de pétrifications pélagiques et paroissant appartenir, comme le prouvent des grains de quarz agglutinés dans la masse, à la grande formation des brèches du littoral.¹ On descend cette montagne sur les assises du roc, dont la coupe offre des gradins de hauteur inégale : c'est encore un véritable *chemin des échelles*. Plus loin, en sortant de la forêt, on atteint la colline de *Buenavista* ². Elle est digne du nom qu'elle porte; car c'est de là qu'on découvre la ville de Cariaco, au milieu d'une vaste plaine remplie de plantations, de cabanes et de bouquets épars de cocotiers. A l'ouest de Cariaco s'étend le vaste golfe qu'un mur de rochers sépare de l'Océan : enfin, vers l'est,

---

¹ *Voyez* plus haut, sur cette formation de grès ou poudingue calcaire, p. 12.

² Montagne de *la belle vue*.

on découvre, comme des nuées bleuâtres, les hautes montagnes d'Areo et de Paria [1]. C'est une des vues les plus étendues et les plus magnifiques, dont on puisse jouir sur les côtes de la Nouvelle-Andalousie.

Nous trouvâmes dans la ville de Cariaco une grande partie des habitans étendus dans leurs hamacs, et malades de fièvres intermittentes. Ces fièvres prennent, en automne, un mauvais caractère, et passent à l'état de fièvres pernicieuses dysentériques. Lorsqu'on considère l'extrême fertilité des plaines environnantes, leur humidité et la masse des végétaux qui les couvrent, on conçoit aisément pourquoi, au milieu de tant de décompositions de matières organiques, les habitans ne jouissent pas de cette salubrité de l'air qui caractérise la campagne aride de Cumana. Il est difficile de trouver, sous la zone torride, une grande fécondité de sol, des pluies fréquentes et prolongées, un luxe extraordinaire de la végétation, sans que ces avantages soient contre-balancés par un climat plus ou moins funeste à la santé des hommes blancs.

[1] *Sierra de Areo* et *Montaña de Paria*.

Les mêmes causes qui entretiennent la fertilité de la terre et qui accélèrent le développement des plantes, produisent des émanations gazeuses qui, mêlées à l'atmosphère, lui donnent des propriétés nuisibles. Nous aurons souvent occasion de faire remarquer la coïncidence de ces phénomènes, lorsque nous décrirons la culture du cacaoyer, et les rives de l'Orénoque, où, sur quelques points, les indigènes eux-mêmes ont de la peine à s'acclimater. Dans la vallée de Cariaco, l'insalubrité de l'air ne dépend pas uniquement des causes générales que nous venons d'indiquer; on y reconnoît l'influence particulière des localités. Il ne sera pas sans intérêt d'examiner la nature de ce terrain qui sépare le golfe de Cariaco du golfe de Paria.

La chaîne de montagnes calcaires du Brigantin et du Cocollar envoie [1] au nord un rameau considérable qui se réunit aux montagnes primitives de la côte. Ce rameau porte le nom de *Sierra de Meapire*; du côté de la ville de Cariaco, il s'appelle le *Cerro grande*

---

[1] A peu près 0° 42′ à l'est du méridien de Cumana.

*de Cariaco*. Sa hauteur moyenne ne m'a pas paru excéder 150 à 200 toises ; là où j'ai pu l'examiner, il est composé de la brèche calcaire du littoral. Des bancs marneux et calcaires alternent avec d'autres bancs qui renferment des grains de quarz. C'est un phénomène assez frappant, pour ceux qui étudient le relief d'un pays, que de voir une arête transversale lier en angle droit deux chaînons parallèles, dont l'un, le plus méridional, est composé de roches secondaires, et l'autre, le plus septentrional, de roches primitives. Ce dernier, que nous avons fait connoître dans notre excursion à la péninsule d'Araya [1], n'offre, jusque vers le méridien de Carupano, que des schistes micacés ; mais à l'est de ce point, là où il communique par une arête transversale (la Sierra de Meapire), au chaînon calcaire, il renferme [2] du gypse lamelleux, du calcaire compacte et d'autres roches de formation secondaire. On diroit que c'est le chaînon méridional qui a donné ces roches au chaînon septentrional.

---

[1] *Voyez* plus haut Tom. II, p. 330.
[2] Près de Guire et de Carupano.

Lorsqu'on se place sur le sommet du Cerro de Meapire, on voit les versans aller d'un côté au golfe de Paria, et de l'autre au golfe de Cariaco. A l'est et à l'ouest de l'arête, il y a des terrains bas et marécageux qui se prolongent sans interruption; et si l'on admet que les deux golfes doivent leur origine à des affaissemens et à des déchiremens causés par des tremblemens de terre, il faut supposer que le Cerro de Meapire a résisté aux mouvemens convulsifs du globe, et empêché les eaux du golfe de Paria de se réunir à celles du golfe de Cariaco. Sans l'existence de cette digue rocheuse, l'isthme n'existeroit vraisemblablement pas. Depuis le château d'Araya jusqu'au cap Paria, toute la masse des montagnes côtières formeroit une île étroite, parallèle à l'île de la Marguerite, et quatre fois plus longue. Ce ne sont pas seulement l'inspection du terrain et des considérations tirées de son relief qui confirment ces assertions : la simple vue de la configuration des côtes et la carte géologique du pays, feroient naître les mêmes idées. Il paroît que l'île de la Marguerite a été contiguë jadis à la chaîne côtière d'Araya, par la péninsule de Chacopata et les îles Caribes, Lobo et Coche, de la même manière que cette chaîne l'est encore à celle du Cocollar et de Caripe, par l'arête du Meapire.

Dans l'état actuel des choses on voit s'agrandir, en gagnant sur la mer, les plaines humides qui se prolongent, à l'est et à l'ouest de l'arête; et qui portent les noms impropres de vallées de San Bonifacio et de Cariaco. Les eaux de la mer se retirent, et ces changemens de rivage sont surtout très-sensibles sur la côte de Cumana. Si le nivellement du sol semble indiquer que les deux golfes de Cariaco et de Paria occupoient jadis un espace beaucoup plus considérable, on ne sauroit douter aussi que ce sont aujourd'hui les terres qui augmentent progressivement. Près de Cumana, une batterie, qu'on appelle *de la Bocea*, a été construite, en 1791, sur le bord même de la mer : en 1799, nous la vîmes très-loin dans l'intérieur des terres. A l'embouchure du Rio Neveri, près du Morro de Nueva Barcellona, la retraite des eaux est encore plus rapide. Ce phénomène local est dû probablement à des atterrissemens dont la marche n'a pas encore été suffisamment examinée.

En descendant de la Sierra de Meapire, qui forme l'isthme entre les plaines de San Bonifacio et de Cariaco, on trouve, vers l'est, le grand lac de Putacuao, qui communique avec le Rio Areo, et qui a 4 à 5 lieues de diamètre. Les terrains montagneux qui environnent ce bassin, ne sont connus qu'aux indigènes. C'est là que se voient ces grands Boas que les Indiens Chaymas désignent sous le nom de *Guainas*, et auxquels ils attribuent fabuleusement un aiguillon sous la queue. En descendant la Sierra de Meapire, vers l'ouest, on rencontre d'abord un terrain creux (*tierra hueca*), qui, pendant les grands tremblemens de terre de 1766, a jeté de l'asphalte enveloppé dans du pétrole visqueux : plus loin on voit jaillir du sol une innombrable quantité de sources thermales hydro-sulfureuses; enfin on atteint les bords du lac de Campoma, dont les émanations contribuent à rendre insalubre le climat de Cariaco. Les naturels pensent que le terrain creux est formé par l'engouffrement des eaux chaudes; et, à en juger par le son que l'on entend sous les pieds des chevaux, on doit croire que les cavités souterraines se prolongent de l'ouest à l'est jusque vers Casanay, sur une longueur de trois à quatre mille toises. Une petite rivière, le Rio Azul, parcourt ces plaines. Elles sont crevassées par des tremblemens de terre qui ont un centre d'action particulier, et qui se propagent rarement jusqu'à Cumana. Les eaux du Rio Azul sont froides et limpides : elles naissent au revers occidental de la montagne de Meapire, et l'on croit qu'elles s'enrichissent des infiltrations du lac de Putacuao, qui est situé de l'autre côté du chaînon. La petite rivière et les sources chaudes hydro-sulfureuses [1] se jettent ensemble dans la Laguna de Campoma. C'est le nom que l'on donne à une grande marre qui se divise, dans le temps des sécheresses, en trois bassins situés au nord-ouest de la ville de Cariaco, près de l'extrémité du golfe. Des émanations fétides se dégagent sans cesse de l'eau croupissante de cette marre. L'odeur de l'hydrogène sulfuré se mêle à celle des poissons pourris et des végétaux décomposés.

[1] *El Llano de Aguas calientes*, à l'E.N.E. de Cariaco, distance de 2 lieues.

## CHAPITRE VIII.

Les miasmes se forment dans la vallée de Cariaco, comme dans la campagne de Rome: mais l'ardeur du climat des tropiques en accroît l'énergie délétère. Ces miasmes sont probablement des combinaisons ternaires ou quaternaires d'azote, de phospore, d'hydrogène, de carbone et de soufre. Deux millièmes d'hydrogène sulfuré, mêlés à l'air atmosphérique, suffisent pour asphyxier un chien; et, dans l'état actuel de l'endiométrie, nous manquons de moyens pour apprécier des mélanges gazeux qui sont plus ou moins nuisibles à la santé, selon que les élémens, en quantités infiniment petites, se combinent en différentes proportions. Un des services les plus importans que la chimie moderne ait rendus à la physiologie, est d'avoir enseigné que nous ignorons encore ce que des expériences illusoires sur la composition chimique et sur la salubrité de l'atmosphère avoient fait admettre il y a quinze ans.

La position de la lagune de Campoma rend le vent nord-ouest, qui souffle fréquemment après le coucher du soleil, très-pernicieux pour les habitans de la petite ville de Cariaco. On peut d'autant moins douter de son influence, qu'on voit les fièvres intermittentes dégénérer en fièvres typhoïdes, à mesure qu'on se rapproche de la langue, qui est le foyer principal des miasmes putrides. Des familles entières de Nègres libres, qui ont de petites plantations sur la côte septentrionale du golfe de Cariaco, languissent dans leurs hamacs dès l'entrée de l'hivernage. Ces fièvres prennent le caractère de fièvres rémittentes pernicieuses, si, exténué par un long travail et une forte transpiration, on s'expose à des pluies fines qui tombent souvent vers le soir. Cependant les hommes de couleur, et surtout les Nègres créoles, résistent plus que toute autre race aux influences du climat. On traite les malades avec de la limonade, des infusions du Scoparia dulcis, rarement avec le Cuspare, qui est le Quinquina de l'Angostura.

On remarque en général que, dans ces épidémies de la ville de Cariaco, la mortalité est moins considérable qu'on ne devroit le supposer. Les fièvres intermittentes, lorsqu'elles attaquent les mêmes individus pendant plusieurs années successives, altèrent et affoiblissent la constitution : mais cet état de débilité, si commun sur les côtes malsaines, ne cause pas la mort. Il est d'ailleurs assez remarquable qu'on croit ici, comme dans la campagne de Rome, que l'air est devenu progressivement d'autant plus malsain, qu'on a soumis à la culture un plus grand nombre d'arpens. Les miasmes qu'exhalent ces plaines n'ont cependant rien de commun avec ceux qu'exhale une forêt lorsqu'on coupe les arbres, et que le soleil échauffe une couche épaisse de feuilles mortes : près de Cariaco, le pays est nu et peu boisé. Doit-on supposer que le terreau, fraîchement remué et humecté par les pluies, altère et vicie plus l'atmosphère[1], que cette bourre épaisse d'herbes qui couvre un sol non labouré? A ces causes locales se joignent d'autres causes moins problématiques. Les bords voisins de la mer sont couverts de Mangliers, d'Avicennia[1] et d'autres arbrisseaux à écorce astringente. Tous les habitans des tropiques

---

[1] Si cette action est nuisible, elle n'est certainement pas restreinte à ce procédé de *désoxidation* que j'ai constaté par de nombreuses expériences sur l'humus et les terres (carburées)? d'une couleur foncée. C'est peut-être simultanément et à l'occasion de cette

connoissent les exhalaisons malfaisantes de ces végétaux, et on les craint d'autant plus, que leurs racines et leur pied ne sont pas toujours sous l'eau, mais alternativement mouillés ou exposés à l'ardeur du soleil. Les Mangliers produisent des miasmes, parce qu'ils renferment, comme je l'ai fait observer ailleurs',

absorption d'oxigène, que se forment, par le jeu compliqué des affinités, les combinaisons gazeuses délétères à base double ou triple.

' Les créoles comprennent les deux genres Rhizophora et Avicennia, sous le nom de *Mangle*, en les distinguant par les adjectifs *colorado* et *prieto*. Voici le catalogue des plantes *sociales* qui couvrent ces plages sablonneuses du littoral, et qui caractérisent la végétation de Cumana et du golfe de Cariaco : Rhizophora Mangle, Avicennia nitida, Gomphrena flava, G. *brachiata*, Sesuvium portulacastrum (*Vidrio*), Talinum cuspidatum (*Vicho*), T. cumanense, Portulaca *pilosa* (*Sargoso*), P. lanuginosa, Illecebrum *maritimum*, Atriplex *cristata*, Heliotropium viride, H. latifolium, Verbena *cuneata*, Mollugo verticillata, Euphorbia *maritima*, Convolvulus *cumanensis*. Ces tableaux de la végétation ont été formés sur les lieux, en indiquant dans un journal, par des nombres, les plantes de nos herbiers que nous avons déterminées plus tard. Je pense que cette méthode peut de la matière végéto-animale, combinée avec du tannin. On assure qu'il ne seroit pas difficile d'élargir le canal par lequel la Laguna de Campoma communique avec la mer, et de donner par là de l'issue aux eaux croupissantes. Les Nègres libres, qui visitent fréquemment ce terrain marécageux, affirment même que cette saignée n'auroit guère besoin d'être profonde, parce que les eaux froides et limpides du Rio Azul se trouvent placées au fond du lac, et qu'en puisant dans les couches inférieures, on trouve de l'eau potable et sans odeur.

La ville de Cariaco a été saccagée jadis plusieurs fois par les Caribes : sa population a augmenté rapidement depuis que les autorités provinciales, malgré les ordres prohibitifs de la cour de Madrid, ont souvent favorisé le commerce avec les colonies étrangères. Elle a doublé en dix ans, et elle étoit, en 1800, de plus de 6,000 ames. Les habitans s'adonnent avec

---

être recommandée aux voyageurs : elle contribue à faire connoître l'*aspect* du pays sur lequel les catalogues, désignés sous le nom vague de *Flores*, ne nous instruisent que très-imparfaitement, parce qu'ils embrassent tous les genres de terrains à la fois.

beaucoup de zèle à la culture du coton, qui est d'une très-belle qualité, et dont le produit excède 10,000 quintaux [1]. On brûle avec soin les gousses du cotonnier, dont la laine a été séparée. Jetées à la rivière et soumises à la putréfaction, ces gousses donnent des émanations que l'on croit très-nuisibles. La culture du Cacaoyer a beaucoup diminué dans ces derniers temps. Cet arbre précieux ne rend qu'après huit ou dix ans. Son fruit se conserve très-mal dans les magasins, et il *se pique* au bout d'un an, malgré toutes les précautions qu'on a employées pour le sécher. Ce désavantage est très-grand pour le colon. Sur ces côtes, selon le caprice d'un ministère, et la résistance plus ou moins courageuse des gouverneurs, le commerce avec les neutres est tantôt prohibé, tantôt permis sous de certaines restrictions. Les demandes d'une même marchandise et les prix qui sont réglés par la

---

[1] *Nouv. Esp.*, Tom. IV, p. 509. L'exportation du coton s'élevoit, en 1800, dans les deux provinces de Cumana et de Barcelone, à 18,000 quintaux, dont le port de Cariaco seul fournissoit six à sept mille; en 1792, l'exportation totale n'étoit que de 3900. Le prix moyen du quintal est de 8 à 10 piastres.

fréquence de ces demandes, subissent par conséquent les variations les plus brusques. Le colon ne peut profiter de ces variations, parce que le cacao ne se conserve pas dans les magasins. Ainsi les vieux troncs de Cacaoyers, qui ne portent généralement que jusqu'à l'âge de quarante ans, n'ont point été remplacés. En 1792, on en comptoit encore 254,000 dans la vallée de Cariaco, et sur les bords du golfe. Aujourd'hui l'on préfère d'autres branches de culture, celles qui rendent dès la première année; et dont le produit moins tardif est d'une conservation moins incertaine. Tels sont le coton et le sucre qui, sans être sujets à la corruption, comme le cacao, peuvent être conservés pour tirer parti de toutes les chances de la vente. Les changemens que la civilisation et les relations avec les étrangers ont introduits dans les mœurs et le caractère des habitans de la côte, ont influé sur la préférence marquée qu'ils accordent aux diverses branches d'agriculture. Cette modération dans les désirs, cette patience qui résiste à une longue attente, ce calme qui fait supporter la triste monotonie de la solitude, se perdent peu à peu dans le caractère des Espagnols-Américains. Plus entreprenans, plus légers et plus mobiles, ils préfèrent des entreprises dont le résultat est plus prompt.

Ce n'est que dans l'intérieur de la province, à l'est de la Sierra de Meapire, dans ce pays inculte qui s'étend de Carupano par la vallée de San Bonifacio vers le golfe de Paria, que l'on voit naître de nouvelles plantations de Cacaoyers. Elles y deviennent d'autant plus productives, que les terres récemment défrichées et entourées de forêts sont en contact avec un air plus humide, plus stagnant et plus chargé d'émanations méphitiques. C'est là que l'on voit des pères de famille, attachés aux anciennes habitudes des colons, préparer à eux et à leurs enfans une fortune tardive, mais assurée. Un seul esclave leur suffit pour les aider dans leurs pénibles travaux. Ils défrichent de leurs mains le sol, élèvent de jeunes Cacaoyers à l'ombre de l'Erythrina ou des Bananiers, ébranchent l'arbre adulte, détruisent cet essaim de vers et d'insectes qui attaquent l'écorce, les feuilles et les fleurs, creusent des rigoles, et se résolvent à mener une vie misérable pendant l'espace de sept ou huit ans, jusqu'à ce que le Cacaoyer commence à donner des récoltes. Trente mille pieds assurent de l'aisance à une famille pour une génération et demie. Si la culture du coton et du café ont fait diminuer celle du cacao dans la province de Caracas et dans la petite vallée de Cariaco, il faut convenir que cette dernière branche de l'industrie coloniale a en général augmenté dans l'intérieur des provinces de Nueva-Barcelona et de Cumana [1]. Les causes de cette marche progressive des Cacaoyères de l'ouest à l'est sont faciles à concevoir. La province de Caracas est la plus anciennement cultivée : or, à mesure qu'un pays est défriché plus long-temps, il devient, sous la zone torride, plus dénué d'arbres, plus sec, plus exposé aux vents. Ces changemens physiques sont contraires à la production du cacao; aussi les plantations, en diminuant dans la province de Caracas, s'accumulent pour ainsi dire vers l'est sur un sol vierge et nouvellement défriché. La Nou-

---

[1] Informe del Tesorero Don Manuel Navarete, sobre el proyectado estanco de aguardiente de caña, 1792 (*Manuscrit*).

velle-Andalousie seule a produit, à l'époque de 1799, dix-huit à vingt mille *fanègues* de cacao, (à 40 piastres la fanègue en temps de paix), dont cinq mille [1] étoient exportés par contrebande à l'île de la Trinité. Le cacao de Cumana est infiniment supérieur à celui de Guayaquil. La meilleure qualité est due aux vallées de San Bonifacio, comme les meilleurs cacao de la Nouvelle-Barcelone, de Caracas et de Guatimala sont ceux de Capiriqual, d'Uritucu et de Soconusco.

Nous eûmes à regretter que les fièvres qui régnoient à Cariaco nous empêchassent d'y prolonger notre séjour. Comme nous n'étions point encore suffisamment acclimatés, les colons mêmes, pour lesquels nous avions

---

[1] Les endroits où la culture est la plus abondante, sont les vallées de Rio Carives, Carupano, Irapa, célèbre par ses eaux thermales, Chaguarama, Cumacatar, Caratar, Santa-Rosalia, San Bonifacio, Rio Seco, Santa Isabela, Patucutal. En 1792, on ne comptoit encore dans tout ce terrain que 428,000 Cacaoyers. En 1799, il y en avoit, d'après des renseignemens officiels que je me suis procurés, près d'un million et demi. La fanègue de cacao pèse 110 livres.

des recommandations, nous engageoient à partir. Nous trouvâmes dans cette ville un grand nombre de personnes qui, par une certaine aisance dans les manières, une plus grande étendue dans les idées, je dois ajouter par une prédilection marquée pour les gouvernemens des Etats-Unis, annonçoient avoir eu de fréquens rapports avec l'étranger. C'est pour la première fois, dans ces climats, que nous entendîmes prononcer, avec enthousiasme, les noms de Franklin et de Washington. Aux expressions de cet enthousiasme se mêloient des plaintes sur l'état actuel de la Nouvelle-Andalousie, l'énumération souvent exagérée de ses richesses naturelles, des vœux ardens et inquiets pour un avenir plus heureux. Cette disposition des esprits devoit frapper un voyageur qui venoit de voir de près les grandes agitations de l'Europe : elle n'annonçoit encore rien d'hostile et de violent, aucune direction déterminée. Il y avoit ce vague dans les idées et les expressions, qui caractérise, chez les peuples comme chez les individus, un état de demi-culture, un développement prématuré de la civilisation. Depuis que l'île de la Trinité est devenue une colonie angloise, toute l'extrémité orientale de la province de Cumana, surtout la côte de Paria et le golfe de ce nom, ont changé de face. Des étrangers s'y sont établis; ils ont introduit la culture du cafier, du cotonnier et de la canne à sucre d'Otaheiti. La population a extrêmement augmenté à Carupano, dans la belle vallée de Rio-Caribe, à Guire et au nouveau bourg de Punta de Piedra, placé vis-à-vis du Port d'Espagne de la Trinidad. Le sol est si fertile dans le Golfo triste, que le maïs y donne deux récoltes par an, et produit 380 fois la semence [1]. L'isolement des établissemens a favorisé le commerce avec les colonies étrangères; et, dès l'année 1797, il s'est fait une révolution dans les idées, dont les suites ne seroient de long-temps devenues funestes pour la métropole, si le ministère n'avoit continué à froisser tous les intérêts, à contrarier tous les vœux. Il est un moment, dans les rixes des colonies comme dans presque toutes les commotions populaires, où les gouvernemens, lorsqu'ils ne sont point aveuglés sur le cours des choses

---

[1] Un *almuda* donne, dans le *Golfo triste*, 32; à Cariaco, 25 *fanegas*.

humaines, peuvent, par une modération sage et prévoyante, rétablir l'équilibre et conjurer l'orage. Si ce moment leur échappe, s'ils croient pouvoir combattre par une force physique une tendance morale, alors les événemens se développent irrésistiblement, et la séparation des colonies s'effectue avec une violence d'autant plus funeste que la métropole, pendant la lutte, est parvenue à rétablir pour quelque temps ses monopoles et son ancienne domination.

Nous nous embarquâmes de grand matin, dans l'espoir de faire en un jour la traversée du golfe de Cariaco. Le mouvement de ses eaux ressemble à celui de nos grands lacs, lorsqu'ils sont doucement agités par les vents. Il n'y a que douze lieues marines de l'embarcadère à Cumana. En sortant de la petite ville de Cariaco, nous côtoyâmes vers l'ouest la rivière de Carenicuar, qui, alignée comme un canal artificiel, se fraie un chemin entre des jardins et des plantations de cotonniers. Tout ce terrain, un peu marécageux, est cultivé avec le plus grand soin. Pendant notre séjour au Pérou, on y a introduit dans les endroits plus secs la culture du cafier. Nous vîmes les femmes indiennes, le long de la rivière de Cariaco, laver leur linge avec le fruit du *Parapara* (Sapindus saponaria). On prétend que cette opération est très-nuisible aux tissus fins. L'écorce de ce fruit donne beaucoup d'écume, et le fruit est tellement élastique que, jeté sur une pierre, il bondit trois à quatre fois à 7 ou 8 pieds de hauteur. Comme il est d'une forme sphérique, on l'emploie à faire des chapelets.

À peine embarqués, nous eûmes à lutter contre des vents contraires. Il pleuvoit à verse, et le tonnerre grondoit de près. Des essaims de Flamingos, d'Aigrettes et de Cormorans remplissoient l'air en cherchant le rivage. L'Alcatras, grande espèce de Pélican, continuoit seul paisiblement sa pêche au milieu du golfe. Nous étions 18 passagers, et nous eûmes de la peine à placer nos instrumens et nos collections dans une pirogue [1] étroite, surchargée de sucre brut, de régimes de bananes et de noix de cocos. Le bord du bateau étoit à fleur d'eau. Le golfe de Cariaco a presque partout 45 à 50 brasses de profondeur; mais, à son extré-

[1] *Lancha.*

mité orientale, près de Curaguaca, sur une étendue de 5 lieues, la sonde n'indique pas plus de 3 à 4 brasses. C'est là que se trouve le *baxo de la Cotua*, banc à fond de sable, qui, à la marée basse, se découvre comme un îlot. Les pirogues qui portent des vivres à Cumana, y échouent quelquefois, mais toujours sans danger, parce que la mer n'y est jamais grosse ou clapoteuse. Nous traversâmes cette partie du golfe où des sources chaudes jaillissent du fond de la mer. C'étoit le moment du flot, de sorte que le changement de la température étoit moins sensible. Aussi notre pirogue dérivoit trop vers la côte méridionale. On conçoit que l'on doit trouver des couches d'eau de température différentes, selon que le fond de la mer est plus ou moins bas, ou selon que les courans et les vents accélèrent le mélange des eaux thermales avec celles du golfe. C'est un phénomène [1] bien

---

[1] A l'île de la Guadeloupe, il y a une fontaine bouillante qui jaillit sur la grève. Lescalier, dans le *Journ. de Phys.*, tom. LXVII, p. 379. Des sources d'eau chaudes sortent du fond de la mer dans le golfe de Naples, et, près de l'île Palma, dans l'archipel des Canaries.

remarquable que l'existence de ces sources chaudes qui élèvent, à ce que l'on assure, la température de la mer sur une étendue de dix à douze mille toises carrées. Lorsqu'on se dirige du promontoire de Paria vers l'ouest, par Irapa, Aguas calientes, le golfe de Cariaco, le Bergantin et les vallées d'Aragua, jusqu'aux montagnes neigeuses de Merida, on trouve sur plus de 150 lieues de longueur une bande continue d'eaux thermales.

Le vent contraire et le temps pluvieux nous forcèrent de relâcher à Pericantral, petite ferme située sur la côte méridionale du golfe. Toute cette côte, couverte d'une belle végétation, est presque dénuée de culture : on y compte à peine 700 habitans, et, à l'exception du village de Mariguitar [1], on n'y rencontre que des plantations de cocotiers, qui sont les oliviers du pays. Ce palmier occupe, dans les

---

[1] L'Atlas géographique de l'ouvrage de Raynal indique, entre Cumana et Cariaco, un bourg appelé *Verine* qui n'a jamais existé. Les cartes les plus récentes de l'Amérique sont surchargées de noms de lieux, de rivières et de montagnes, sans que l'on puisse deviner seulement la source de ces erreurs qui se propagent de siècle en siècle.

deux continens, une zone dont la température moyenne [1] de l'année n'est pas au-dessous de 20°. Il est, comme le Chamœrops du bassin de la Méditerranée, un véritable *Palmier du littoral*. Il préfère l'eau salée à l'eau douce; il vient moins bien dans l'intérieur des terres, où l'air n'est pas chargé de particules salines, que sur les côtes. Lorsque, à la Terre-Ferme ou dans les missions de l'Orénoque, on plante des cocotiers loin de la mer, on jette une quantité considérable, jusqu'à un demi-boisseau de sel, dans le trou qui reçoit les noix de cocos. Il n'y a, parmi les plantes cultivées par l'homme, que la canne à sucre, le bananier, le Mammei et l'Avocatier, qui aient la propriété du Cocotier, de pouvoir être également arrosés d'eau douce et d'eau salée. Cette circonstance favorise leurs migrations; et si la canne à sucre du littoral donne un vezou un peu saumâtre, il est aussi, à ce que l'on croit, plus propre à la distillation des

[1] Le cocotier végète dans l'hémisphère boréal, depuis l'équateur jusqu'à 28° de latitude. Près de l'équateur, il s'élève, depuis les plaines jusqu'à la hauteur de 700 toises, au-dessus du niveau de la mer.

eaux-de-vie, que le vezou produit dans l'intérieur des terres.

Le Cocotier, dans le reste de l'Amérique, n'est généralement cultivé qu'autour des fermes, pour en manger le fruit. Dans le golfe de Cariaco, il forme de véritables plantations. On parle à Cumana d'une *hacienda de coco*, comme d'une *hacienda de caña* ou de *cacao*. Dans un terrain fertile et humide, le Cocotier commence à porter abondamment du fruit la quatrième année; mais, dans les terrains arides, les récoltes ne s'obtiennent qu'au bout de dix ans. La durée de l'arbre n'excède généralement pas 80 à 100 ans; sa hauteur moyenne, à cette époque, est de 70 à 80 pieds. Ce développement rapide est d'autant plus remarquable, que d'autres palmiers, par exemple le Moriche [1] et la Palma de Sombrero [2], dont la longévité est très-grande, n'ont souvent encore atteint que 14 à 18 pieds à l'âge de 60 ans. Dans les premières 30 à 40 années, un Cocotier du golfe de Cariaco porte, toutes

---

[1] Mauritia flexuosa.

[2] Corypha *tectorum*. Voy. nos *Nov. Gen. et Spec.* tome I, p. 299.

les lunaisons, un régime de 10-14 fruits, qui ne parviennent cependant pas tous à la maturité. On peut compter que, terme moyen, un arbre fournit annuellement cent cocos, dont on retire huit *flascos* [1] d'huile. Le *flasco* se vend pour deux réaux et demi de plata, ou 32 sous. En Provence, un olivier de 30 ans donne 20 livres ou sept *flascos* d'huile, de sorte qu'il en produit un peu moins qu'un cocotier. Il existe, dans le golfe de Cariaco, des *haciendas* de huit à neuf mille Cocotiers : elles rappellent, par leur aspect pittoresque, ces belles plantations de Dattiers, près d'Elche, en Murcie, où, sur une lieue carrée, on trouve plus de 70,000 palmiers réunis. Le Cocotier ne continue à porter abondamment du fruit, que jusqu'à l'âge de 30 à 40 ans : passé cet âge, les récoltes diminuent, et un vieux tronc de 100 ans, sans être absolument stérile, est cependant de bien peu de rapport. C'est dans la ville de Cumana que se fabrique une grande quantité d'huile de Cocos, qui est limpide, sans odeur, et très-propre à l'éclairage. Le commerce de cette huile est aussi actif

---

[1] Un *flasco* a 70-80 pouces cubes du pied de Paris.

que l'est sur les côtes occidentales de l'Afrique le commerce de l'*huile de palme*, tirée de l'Elays guineensis. Cette dernière est employée comme aliment. A Cumana, j'ai vu souvent arriver des pirogues chargées de 3000 fruits de Cocotier. Un arbre en bon rapport donne un revenu annuel de deux piastres et demie (14 livres 5 sous): mais comme, dans les *haciendas de coco*, des troncs d'âges différens se trouvent mêlés, on n'en évalue [1] le capital, dans les estimations par experts, qu'à 4 piastres.

[1] Ces évaluations peuvent jeter quelque jour sur les avantages que l'on tire de la culture des arbres fruitiers sous la zone torride. Près de Cumana on évalue, dans une estimation par experts, un pied de bananier à un réal de plata (13 sous); un *nispero* ou sapotillier, à 10 piastres. On vend pour un demi-réal quatre noix de cocos et huit fruits de Nispero (Achras Sapota). Le prix des premiers a doublé depuis vingt ans, à cause de la grande exportation que l'on en fait pour les îles. Un Nispero de bon rapport donne au fermier qui peut vendre le fruit dans une ville voisine, près de 8 piastres par an; un pied de Bixa et un Grenadier ne donnent que 1 piastre. Le Grenadier est très-recherché à cause du suc rafraîchissant de ses fruits, que l'on préfère à ceux des Passiflores ou *Parchas*.

Nous ne quittâmes la ferme de Pericantral qu'après le coucher du soleil. La côte méridionale du golfe, ornée d'une riche végétation, offre l'aspect le plus riant, tandis que la côte septentrionale est nue, rocheuse et aride. Malgré cette aridité du sol et le manque de pluie que l'on ressent quelquefois pendant quinze mois, la péninsule d'Araya (semblable au désert de Canound dans l'Inde), produit des *Patillas* ou melons d'eau, qui pèsent de 50 à 70 livres. Sous la zone torride, les vapeurs que l'air contient [1] forment environ

---

[1] Les pluies paroissent avoir été plus fréquentes au commencement du seizième siècle. Du moins le chanoine de Grenade, *Petrus Martyr d'Anghiera* (*de reb. Ocean. Coloniæ*, 1574, p. 93), en parlant des salines d'Araya ou d'*Haraia*, que nous avons décrites dans le 5.ᵉ chapitre, fait mention d'averses (*cadentes imbres*), comme d'un phénomène très-commun. Le même auteur, qui mourut en 1526 (*Cancelieri, Notizie di Colombo*, p. 212), affirme que les salines furent exploitées par les Indiens avant l'arrivée des Espagnols. On sécha le sel en forme de briques, et Petrus Martyr discute même déjà la question géologique, si le terrain argileux d'Haraia renferme des sources salées, ou s'il a été enrichi de sel pendant des siècles, par les inondations périodiques de l'Océan.

les $\frac{9}{10}$ de la quantité nécessaire à sa saturation, et la végétation se soutient par l'admirable propriété qu'ont les feuilles de pomper l'eau dissoute dans l'atmosphère. Nous passâmes une nuit assez mauvaise dans une pirogue étroite et surchargée, et nous arrivâmes à 3 heures du matin à l'embouchure du Rio-Mançanares. Accoutumés, depuis plusieurs semaines, à l'aspect des montagnes, à un ciel orageux et à de sombres forêts, nous fûmes frappés de cette pureté invariable de l'air, de cette nudité du sol, de cette masse de lumière réfléchie qui caractérise le site de Cumana.

Au soleil levant, nous vîmes les vautours *tamuros* [1], par bandes de 40 à 50, perchés sur les Cocotiers. Ces oiseaux se rangent par files, pour dormir ensemble à la manière des gallinacées, et leur paresse est telle, qu'ils se couchent bien avant le soleil, et qu'ils s'éveillent seulement lorsque le disque de cet astre est déjà sur l'horizon. On diroit que cette paresse est partagée dans ces climats par les arbres à feuilles pennées. Les Mimoses et les Tamarins

[1] Vultur Aura.

ferment leurs feuilles, par un ciel serein, 25 à 35 minutes avant le coucher du soleil: ils les ouvrent le matin, lorsque son disque a été visible, pendant le même espace de temps. Comme j'observois assez régulièrement le lever et le coucher du soleil pour suivre le jeu du mirage ou des réfractions terrestres, j'ai pu donner une attention suivie aux phénomènes du sommeil des plantes. Je les ai trouvés les mêmes dans les steppes, là où aucune inégalité de terrain n'intercepte la vue de l'horizon. Il paroît qu'accoutumées pendant la journée à une extrême vivacité de lumière, les sensitives et d'autres légumineuses à feuilles minces et délicates se ressentent le soir du plus petit affoiblissement dans l'intensité des rayons; de sorte que la nuit commence pour ces végétaux, là comme chez nous, avant la disparition totale du disque solaire. Mais pourquoi, sous une zone où il n'y a presque pas de crépuscule, les premiers rayons de l'astre ne stimulent-ils pas les feuilles avec d'autant plus de force que l'absence de la lumière a dû les rendre plus irritables? Peut-être l'humidité déposée sur le parenchyme par le refroidissement des feuilles, qui est l'effet du rayonnement nocturne, empêche-t-elle l'action des premiers rayons du soleil? Dans nos climats, les légumineuses à feuilles irritables s'éveillent déjà avant l'apparition de l'astre, pendant le crépuscule du matin.

## CHAPITRE IX.

*Constitution physique et mœurs des Chaymas. — Leurs langues. — Filiation des peuples qui habitent la Nouvelle - Andalousie. — Pariagotes vus par Colomb.*

Je n'ai point voulu mêler au récit de notre voyage dans les missions de Caripe, des considérations générales sur les différentes tribus d'indigènes qui habitent la Nouvelle-Andalousie, sur leurs mœurs, leur langage et leur origine commune. Retourné au lieu dont nous étions partis, je vais placer sous un même point de vue des objets qui touchent de si près à l'histoire du genre humain. A mesure que nous avancerons dans l'intérieur des terres, cet intérêt l'emportera sur celui des phénomènes du monde physique. La partie nord - est de l'Amérique équinoxiale, la Terre - Ferme et les rives de l'Orénoque, ressemblent, sous le rapport de la multiplicité des peuples qui les habitent, aux gorges du Caucase, aux montagnes de l'Hindoukho, à l'extrémité septentrionale de l'Asie, au-delà des Tungouses, et des Tartares stationnés à l'embouchure du Lena. La barbarie qui règne dans ces diverses régions, est peut-être moins due à une absence primitive de toute civilisation qu'aux effets d'un long abrutissement. La plupart des hordes que nous désignons sous le nom de sauvages, descendent probablement de nations jadis plus avancées dans la culture; et comment distinguer l'enfance prolongée de l'espèce humaine (si toutefois elle existe quelque part), de cet état de dégradation morale dans lequel l'isolement, la misère, des migrations forcées, ou les rigueurs du climat, effacent jusqu'aux traces de la civilisation? Si tout ce qui tient à l'état primitif de l'homme et à la première population d'un continent pouvoit être, par sa nature, du domaine de l'histoire, nous en appellerions aux traditions de l'Inde, à cette opinion si souvent exprimée dans les lois de Menou et dans le Ramajan, qui considère les sauvages comme des tribus bannies de la société civile et rejetées dans les forêts. Le mot *barbare*, que nous avons emprunté des Grecs et des Romains, n'est peut-être que le nom propre d'une de ces hordes abruties [1].

Dans le Nouveau-Monde, au commencement de la conquête, les indigènes ne se trouvoient réunis en grandes sociétés que sur le dos des Cordillères et sur les côtes opposées à l'Asie. Les plaines, couvertes de forêts, et entrecoupées de rivières, les savanes immenses qui s'étendent vers l'est et bornent l'horizon, offroient à l'œil du spectateur des peuplades errantes, séparées par la différence du langage et des mœurs, éparses comme les débris d'un vaste naufrage. Nous essaierons si, dans l'absence de tout autre monument, l'analogie des langues et l'étude de la constitution physique de l'homme peuvent nous aider à grouper les différentes tribus, à suivre les traces de leurs migrations lointaines, et à retrouver quelques-uns de ces traits de famille par lesquels se manifeste l'antique unité de notre espèce.

[1] Les Varvaras, les Pahlawas, les Sakas, les Jawanas, les Kambodschas, les Tschinas. *Wilkins, Hitopad.*, p. 310. *Bopp, sur le système grammatical du sanscrit, du grec, du latin et du gothique* (en allemand), 1816, p. 177.

Les naturels ou habitans primitifs font encore, dans les pays dont nous venons de parcourir les montagnes, dans les deux provinces de Cumana et de Nueva-Barcelona, près de la moitié de la foible population de ces contrées. Leur nombre peut être évalué à 60,000, dont 24,000 habitent la Nouvelle-Andalousie. Ce nombre est très-considérable, si on le compare à celui des peuples chasseurs de l'Amérique septentrionale; il paroît petit, si l'on se rappelle ces parties de la Nouvelle-Espagne où l'agriculture existe depuis plus de huit siècles, par exemple, l'intendance d'Oaxaca, qui renferme la Mixteca et la Tzapoteca de l'ancien Empire Mexicain. Cette intendance est d'un tiers plus petite que les deux provinces réunies de Cumana et de Barcelone [1], et cependant elle offre plus de 400,000 indigènes, de race pure cuivrée [2]. Les Indiens de Cumana ne vivent pas tous réunis dans les missions : on en trouve qui sont dispersés dans le voisinage des villes, le long des côtes,

---

[1] L'*area* des deux provinces est de 6100 lieues carrées, de 25 au degré.

*Nouv. Esp.*, Tom. I, p. 369; Tom. II, p. 317.

où la pêche les attire, et jusque dans les petites fermes des Llanos ou savanes. Les seules missions des Capucins Aragonois, que nous avons visitées, renferment 15,000 Indiens, presque tous de race Chaymas. Cependant les villages y sont moins peuplés que dans la province de Barcelone. Leur population moyenne n'est que de cinq à six cents Indiens, tandis que, plus à l'ouest, dans les missions des Franciscains de Piritu, on trouve des villages indiens de deux à trois mille habitans. En évaluant à 60,000 le nombre des indigènes dans les provinces de Cumana et de Barcelone, je n'ai considéré que ceux qui habitent la Terre-Ferme, et non les Guaiqueries de l'île de la Marguerite, et la grande masse des Guaraunos, qui ont conservé leur indépendance dans les îles formées par le Delta de l'Orénoque. On estime généralement le nombre de ceux-ci à six ou huit mille; mais cette évaluation me paroît exagérée. A l'exception des familles Guaraunos qui rôdent de temps en temps dans les terrains marécageux[1] et couverts du Palmier Moriche (entre

---

[1] *Los Morichales.*

le Caño de Manamo et le Rio Guarapiche), par conséquent sur le continent même, il n'y a, depuis trente ans, plus d'Indiens sauvages dans la Nouvelle-Andalousie.

J'emploie à regret le mot *sauvage*, parce qu'il indique entre l'Indien *réduit*, vivant dans les missions, et l'Indien libre ou indépendant, une différence de culture qui est souvent démentie par l'observation. Dans les forêts de l'Amérique méridionale, il existe des tribus d'indigènes qui, paisiblement réunies en villages, obéissent à des chefs [1], cultivent, sur un terrain assez étendu, des bananes, du manioc et du coton, et emploient ce dernier à tisser des hamacs. Ils ne sont guère plus barbares que les Indiens nus des missions, auxquels on a appris à faire le signe de la croix. C'est une erreur assez répandue en Europe, que de regarder tous les indigènes non réduits, comme errans et chasseurs. L'agriculture a existé sur la Terre-Ferme long-temps avant l'arrivée des Européens : elle existe encore entre l'Orénoque et l'Amazone, dans les clairières des

---

[1] Ces chefs s'appellent *Pecanati*, *Apoto* ou *Sibierene*.

forêts, là où les missionnaires n'ont jamais pénétré. Ce que l'on doit au régime des missions, c'est d'avoir augmenté l'attachement à la propriété foncière, la stabilité des demeures, le goût pour une vie plus douce et plus paisible. Mais ces progrès sont lents, souvent même insensibles, à cause de l'isolement absolu dans lequel on tient les Indiens, et c'est faire naître de fausses idées sur l'état actuel des peuples de l'Amérique méridionale, que de prendre pour synonymes les dénominations de *chrétiens*, *réduits* et *civilisés*, celles de *païens*, *sauvages* et *indépendans*. L'Indien réduit est souvent aussi peu chrétien, que l'Indien indépendant est idolâtre; l'un et l'autre, occupés des besoins du moment, montrent une indifférence prononcée pour les opinions religieuses, et une tendance secrète vers le culte de la nature et de ses forces. Ce culte appartient à la première jeunesse des peuples; il exclut les idoles, et ne connoît d'autres lieux sacrés que les grottes, les vallons et les bois.

Si les Indiens indépendans ont à peu près disparu depuis un siècle au nord de l'Orénoque et de l'Apure, c'est-à-dire depuis les montagnes neigeuses de Merida jusqu'au promontoire de Paria, il ne faut pas en conclure qu'il existe aujourd'hui moins d'indigènes dans ces contrées que du temps de l'évêque de Chiapa, Barthelemy de Las Casas. J'ai déjà prouvé, dans mon ouvrage sur le Mexique, combien on a eu tort de présenter, comme un fait général[1], la destruction et la diminution des Indiens dans les colonies espagnoles. Il en existe encore de race cuivrée, dans les deux Amériques, plus de six millions; et, quoiqu'une innombrable quantité de tribus et de langues se soient éteintes ou fondues ensemble, on ne sauroit révoquer en doute qu'entre les tropiques, dans cette partie du Nouveau-Monde où la civilisation n'a pénétré que depuis Christophe-Colomb, le nombre des indigènes n'ait considérablement augmenté. Deux villages de Caribes, dans les missions de Piritu ou de Carony, renferment plus de familles que quatre ou cinq peuplades de l'Orénoque. L'état de

---

[1] *Es cosa constante irse disminuyendo por todas partes el numero de los Indios.* ( *Ulloa, Noticias Amer.*, 1772, p. 344.)

la vie sociale des Caribes qui ont conservé leur indépendance, aux sources de l'Esquibo et au sud des montagnes de Pacaraimo, prouve suffisamment combien, même dans cette belle race d'hommes, la population des missions l'emporte, pour le nombre, sur celle des Caribes libres et confédérés. D'ailleurs, il n'en est pas des sauvages de la zone torride comme des sauvages du Missouri. Ceux-ci ont besoin d'une vaste étendue de pays, parce qu'ils ne vivent que de la chasse : les Indiens de la Guiane-Espagnole plantent du manioc et des bananes. Un petit terrain suffit pour les nourrir. Ils ne craignent pas l'approche des blancs comme les sauvages des Etats-Unis, qui, poussés progressivement derrière les Aléghanis, l'Ohio et le Mississipi, perdent leurs moyens de subsistance à mesure qu'ils se trouvent resserrés dans des limites plus étroites. Sous la zone tempérée, soit dans les *provincias internas* du Mexique, soit au Kentucky, le contact avec les colons européens est devenu funeste aux indigènes, parce que ce contact est immédiat.

Ces causes n'existent point dans la plus grande partie de l'Amérique méridionale.

L'agriculture, sous les tropiques, ne demande pas des terrains très-étendus. Les blancs avancent avec lenteur. Les ordres religieux ont fondé leurs établissemens entre le domaine des colons et le territoire des Indiens libres. Les missions peuvent être considérées comme des états intermédiaires: elles ont empiété sans doute sur la liberté des indigènes; mais presque partout elles ont été utiles à l'accroissement de la population, qui est incompatible avec la vie inquiète des Indiens indépendans. A mesure que les religieux avancent vers les forêts et gagnent sur les indigènes, les colons blancs cherchent à envahir à leur tour, et du côté opposé, le territoire des missions. Dans cette lutte prolongée, le bras séculier tend sans cesse à soustraire les Indiens réduits, à la hiérarchie monacale. Après une lutte inégale, les missionnaires sont remplacés peu à peu par des curés. Les blancs et les castes de sang mêlé, favorisés par les *Coregidores*, s'établissent au milieu des Indiens. Les missions deviennent des villages espagnols, et les indigènes perdent jusqu'au souvenir de leur idiome national. Telle est la marche de la civilisation des côtes vers l'intérieur, marche lente, entravée par les passions des hommes, mais sûre et uniforme.

Les provinces de la Nouvelle-Andalousie et de Barcelone, comprises sous le nom de *govierno de Cumana*, offrent, dans leur population actuelle, plus de quatorze tribus : dans la Nouvelle-Andalousie, ce sont des Chaymas, des Guaiqueries, des Pariagotos, des Quaquas, des Aruacas, des Caribes et des Guaraunos; dans la province de Barcelone, des Cumanagotes, des Palenques, des Caribes, des Piritus, des Tomuzas, des Topocuares, des Chacopatas et des Guarives. De ces quatorze tribus, neuf ou dix se regardent elles-mêmes comme de race entièrement différente. On ignore le nombre exact des Guaraunos, qui font leurs cabanes sur les arbres, à l'embouchure de l'Orénoque; celui des Guaiqueries, dans le faubourg de Cumana et à la péninsule d'Araya, s'élève à 2,000. Parmi les autres tribus indiennes, les Chaymas des montagnes de Caripe, les Caribes des savanes méridionales de Nueva-Barcelona, et les Cumanagotos, dans les missions de Piritu, sont les plus nombreux. Quelques familles de Guaraunos ont été réduites en mission, sur la rive gauche de l'Orénoque, là où le Delta commence à se former. La langue des Guaraunos, celles des Caribes, des Cumanagotos et des Chaymas, sont les plus répandues. Nous verrons bientôt qu'elles semblent appartenir à une même souche, et qu'elles offrent, dans leurs formes grammaticales, de ces rapports intimes qui, pour me servir d'une comparaison tirée de langues plus connues, lient le grec, l'allemand, le persan et le sanscrit.

Malgré ces rapports, on doit regarder comme des peuples différens, les Chaymas, les Guaraunos, les Caribes, les Quaquas, les Aruacas ou Arawaques, et les Cumanagotos. Je n'oserois affirmer la même chose des Guaiqueries, des Pariagotos, des Piritus, des Tomuzas et des Chacopatas. Les Guaiqueries conviennent eux-mêmes de l'analogie de leur langue avec celle des Guaraunos. Les uns et les autres sont une race littorale, comme les Malayes de l'ancien continent. Quant aux tribus qui parlent aujourd'hui les idiomes Cumanogote, Caribe et Chaymas, il est difficile de prononcer sur leur première origine et sur leurs rapports avec d'autres peuples jadis plus puissans. Les historiens de la conquête, de même que les religieux qui ont décrit les progrès des missions, confondent sans cesse, à la manière des anciens, des *dénominations géographiques* avec les noms de race. Ils parlent d'Indiens de Cumana et de la côte de Paria, comme si la proximité des demeures prouvoit une identité d'origine. Le plus souvent même ils nomment des tribus d'après le nom de leurs chefs, d'après celui de la montagne et du vallon qu'elles habitent. Cette circonstance, en multipliant à l'infini le nombre des peuplades, rend incertain tout ce que les religieux rapportent sur les élémens hétérogènes dont se compose la population de leurs missions. Comment décider aujourd'hui si le Tomuza et le Piritu sont de race différente, lorsque tous les deux parlent la langue cumanogote, qui est la langue dominante dans la partie occidentale du *Govierno* de Cumana, comme le Caribe et le Chaymas le sont dans les parties méridionale et orientale? Une grande analogie de constitution physique rend ces recherches fort difficiles. Tel est le contraste entre les deux continens, que, dans le nouveau, on observe une surprenante variété de langues parmi des nations qui sont d'une même origine, et que le voyageur européen distingue à peine par leurs traits; tandis que, dans l'ancien continent, des races d'hommes très-différentes, les Lapons, les Finnois et les Esthoniens, les peuples germaniques et les Hindoux, les Persans et les Kourdes, des tribus tartares et mogoles, parlent des langues dont le mécanisme et les racines offrent les plus grandes analogies.

Les Indiens des missions américaines sont tous agriculteurs. A l'exception de ceux qui habitent les hautes montagnes, ils cultivent les mêmes plantes; leurs cabanes sont rangées de la même manière; la distribution de leurs journées, leurs travaux dans le *conuco* de la commune, leurs rapports avec le missionnaire et les magistrats choisis dans leur sein, tout est soumis à des règles uniformes. Cependant, et ce fait est très-remarquable dans l'histoire des peuples, une si grande analogie de position n'a pas suffi pour effacer ces traits individuels, ces nuances qui distinguent les différentes peuplades américaines. On observe dans les hommes à teint cuivré une inflexibilité morale, une persévérance constante dans les habitudes et les mœurs qui, modifiées dans chaque tribu, caractérisent essentiellement la race entière. Ces dispositions se retrouvent sous tous les climats, depuis l'équateur jusqu'à la baie d'Hudson et au détroit de Magellan : elles tiennent à l'organisation physique des naturels, mais elles sont puissamment favorisées par le régime monacal.

On trouve dans les missions peu de villages où les diverses familles appartiennent à différentes peuplades, et ne parlent pas la même langue. Des sociétés, composées d'élémens si hétérogènes, sont difficiles à gouverner. Généralement les religieux ont réuni des nations entières, ou de grandes portions d'une même nation, dans des villages rapprochés les uns des autres. Les naturels ne voient que ceux de leur tribu; car le manque de communication et l'isolement sont l'objet principal de la politique des missionnaires. Le Chaymas, le Caribe, le Tamanaque réduits, conservent d'autant plus leur physionomie nationale, qu'ils ont conservé leurs langues. Si l'individualité de l'homme se reflète pour ainsi dire dans les idiomes, ceux-ci, à leur tour, réagissent sur les idées et sur les sentimens. C'est ce lien intime entre les langues, le caractère et la constitution physique, qui maintient et perpétue la diversité des peuples, source féconde de mouvement et de vie dans le monde intellectuel.

Les missionnaires ont pu interdire à l'Indien de suivre certaines pratiques, usitées à la naissance des enfans, à leur entrée dans l'âge de la puberté, à l'enterrement des morts; ils ont pu les empêcher de se peindre la peau ou de se faire des incisions au menton, au nez et aux joues; ils ont pu détruire, chez la grande masse du peuple, ces idées superstitieuses qui se transmettent mystérieusement, de père en fils, dans de certaines familles; mais il a été plus aisé de proscrire des usages et d'effacer des souvenirs, que de substituer de nouvelles idées aux idées anciennes. L'Indien des missions est plus sûr de sa subsistance. N'étant pas dans une lutte continuelle avec des forces ennemies, avec les élémens et les hommes, il mène une vie plus monotone, moins active, moins propre à donner de l'énergie à l'âme, que l'Indien sauvage ou indépendant. Il a la douceur de caractère que donne l'amour du repos, non celle qui naît de la sensibilité et des émotions de l'âme. L'étendue de ses idées n'a pas augmenté là où, sans contact avec les blancs, il est resté éloigné des objets dont la civilisation européenne a enrichi le Nouveau-Monde. Toutes ses actions semblent motivées par le besoin du moment. Taciturne, sans gaîté, replié sur lui-même, il prend un air grave et mystérieux. Lorsqu'on a peu vécu dans les missions, et qu'on n'est point encore familiarisé avec l'aspect des indigènes, on est tenté de prendre leur indolence et l'engourdissement de leurs facultés pour l'expression de la mélancolie et d'un penchant vers la méditation.

J'ai insisté sur les traits du caractère indien et sur les modifications que ce caractère éprouve sous le régime des missionnaires, pour donner plus d'intérêt aux observations partielles qui font l'objet de ce chapitre. Je commencerai par la nation des Chaymas, dont plus de 15,000 habitent les missions que nous venons de décrire. Cette nation, peu belliqueuse, que le P. Francisco de Pamplona

---

[1] Le nom de ce religieux, connu par son active intrépidité, est encore révéré dans la province. C'est

a commencé à réduire depuis le milieu du dix-septième siècle, a les Cumanagotos à l'ouest, les Guaraounos à l'est, et les Caribes au sud. Elle occupe, le long des hautes montagnes du Cocollar et du Guacharo, les rives du Guarapiche, du Rio Colorado, de l'Areo et du Caño de Caripe. D'après un relevé statistique, fait avec beaucoup de soin par le P. Préfet [1], on comptoit, en 1792, dans les missions des Capucins Aragonois de Cumana :

> dix-neuf villages de *missions*, dont le plus ancien de 1728; ils avoient 6433 habitans répartis en 1465 familles;
>
> seize villages *de doctrina*, dont le plus ancien de 1660; ils avoient 8170 habitans, répartis en 1766 familles [2].

Ces missions ont beaucoup souffert, en 1681, 1697 et 1720, par les invasions des Ca-

---

lui qui a répandu les premiers germes de la civilisation dans ces montagnes. Il avoit été long-temps capitaine de navire, et s'appeloit, avant d'être moine, Tiburtio Redin.

[1] Fray Francisco de Chiprana. (*Mémoire manuscrit*.)

[2] Terres cultivées (*labranzas*), appartenant à ces 35 villages : 6554 almudas. Le nombre des vaches ne s'élevoit, en 1792, qu'à 1883 têtes.

ribes, alors indépendans, qui brûloient des villages entiers. Depuis 1730 jusqu'en 1736, la population a rétrogradé par les ravages de la petite vérole, toujours plus funeste pour la race cuivrée que pour les blancs. Beaucoup de Guaraunos qu'on avoit réunis, se sont enfuis pour retourner dans leurs marais. Quatorze anciennes missions sont restées désertes ou n'ont point été reconstruites.

Les Chaymas sont généralement d'une petite taille; ils paroissent tels, surtout lorsqu'on les compare, je ne dirai pas à leurs voisins, les Caribes, ou aux Payaguas et Guayquilit [1] du Paraguay, également remarquables par leur stature, mais au commun des naturels de l'Amérique. La taille moyenne d'un Chaymas est de $1,^m 57$ ou 4 pieds 10 pouces; ils ont le corps trapu et ramassé, les épaules extrêmement larges, la poitrine aplatie, tous les membres ronds et charnus. Leur couleur est

---

[1] La taille moyenne des Guayquilit ou Mbayas, qui vivent entre les 20° et 22° de latitude australe, est, d'après Azzara, de $1,^m 84$, ou de 5 pieds 8 pouces. Les Payaguas, également élancés, ont donné leur nom au *Payaguay* ou Paraguay.

celle qu'offre toute la race américaine depuis les plateaux froids de Quito et de la Nouvelle-Grenade jusqu'aux plaines brûlantes de l'Amazone. Elle ne change plus par l'influence variée des climats ; elle tient à des dispositions organiques qui, depuis des siècles, se propagent inaltérablement de génération en génération. Si la teinte uniforme de la peau est plus cuivrée et plus rouge vers le nord, elle est, au contraire, chez les Chaymas, d'un brun obscur tirant sur le tanné. La dénomination d'hommes *rouges-cuivrés* n'auroit jamais pris naissance dans l'Amérique équinoxiale, pour désigner les indigènes.

L'expression de la physionomie du Chaymas, sans être dure ou farouche, a quelque chose de grave et de sombre. Le front est petit et peu saillant : aussi dit-on dans plusieurs langues de ces contrées, pour exprimer la beauté d'une femme, « qu'elle est grasse et « qu'elle a un front étroit. » Les yeux des Chaymas sont noirs, enfoncés et très-alongés ; ils ne sont ni placés aussi obliquement, ni aussi petits que chez les peuples de race mongole, dont Jornandes dit naïvement qu'ils ont plutôt des points que des yeux, *magis puncta quam lumina.* Cependant le coin de l'œil est sensiblement relevé par en haut vers les tempes; les sourcils sont noirs ou d'un brun-foncé, minces et peu arqués; les paupières sont garnies de cils très-longs, et l'habitude de les baisser, comme si elles étoient appesanties par lassitude, adoucit le regard chez les femmes, et fait paroître l'œil voilé, plus petit qu'il ne l'est effectivement. Si les Chaymas, et en général tous les indigènes de l'Amérique méridionale et de la Nouvelle-Espagne, se rapprochent de la race mongole par la forme des yeux, leurs pommettes saillantes, leurs cheveux droits et plats, et par le manque presque absolu de barbe, ils en diffèrent essentiellement par la forme du nez, qui est assez long, proéminent dans toute sa longueur, épaissi vers les narines, dont les ouvertures sont dirigées par en bas, comme chez les peuples de la race du Caucase. La bouche grande, à lèvres larges, mais peu saillantes, a souvent une expression de bonté. Le passage du nez à la bouche est marqué, chez les deux sexes, de deux sillons qui se dirigent, en divergeant, des narines vers le coin de la bouche. Le menton est extrêmement court et rond; les mâchoires sont remarquables par leur force et leur largeur.

Quoique les Chaymas aient les dents blanches et belles comme tous les hommes qui mènent une vie très-simple, elles sont cependant beaucoup moins fortes que chez les Nègres. L'usage de se noircir les dents, dès l'âge de quinze ans, par l'emploi de quelques sucs d'herbes[1] et de la chaux caustique, avoit attiré l'attention des premiers voyageurs; il est aujourd'hui tout-à-fait inconnu. Telles ont été les migrations des diverses tribus dans ces contrées, surtout depuis les incursions des Espagnols, qui faisoient la traite des esclaves, qu'on peut admettre que les habitans de Paria, visités par Christophe Colomb et par Ojeda, n'étoient pas de la même race que les

---

[1] Les premiers historiens de la conquête attribuent cet effet aux feuilles d'un arbre, que les indigènes appeloient *Hay*, et qui ressembloit au myrte. Parmi des peuples très-éloignés les uns des autres, le piment porte un nom semblable; chez les Haytiens (de l'île Saint-Domingue), *aji* ou *ahi*; chez les Maypures de l'Orénoque, *a-i*. Des plantes stimulantes et aromatiques, qui n'appartiennent pas toutes au genre Capsicum, étoient désignées par un même nom.

Chaymas. Je doute fort que la coutume de se noircir les dents ait été originairement liée, comme l'affirme Gomara[1], à des idées bizarres sur la beauté, ou qu'elle ait eu pour but d'empêcher les maux de dents. Ce mal est à peu près inconnu aux Indiens; les blancs mêmes en souffrent très-rarement dans les colonies espagnoles, du moins dans les régions chaudes où la température est si uniforme. Ils y sont

---

[1] *Cap.* 78, *p.* 101. Les peuples qui se présentoient aux Espagnols sur la côte de Paria, avoient sans doute l'habitude de stimuler les organes du goût par de la chaux caustique, comme d'autres le font par le tabac, le Chimo, les feuilles du Cocca ou le Bétel. Cette habitude se retrouve encore aujourd'hui sur la même côte, mais plus à l'ouest, chez les Guajiros, à l'embouchure du Rio La Hacha. Ces Indiens restés sauvages portent de petites coquilles calcinées et réduites en poudre dans un fruit qui leur sert de vase, et qu'ils suspendent à la ceinture. La poudre des Guajiros est un objet de commerce, comme l'étoit jadis, selon Gomara, celle des Indiens de Paria. En Europe, l'usage immodéré du tabac à fumer jaunit et noircit aussi les dents. Seroit-il juste de conclure de là que l'on fume chez nous, parce que l'on trouve les dents jaunes plus belles que les dents blanches?

plus exposés sur le dos des Cordillères, à Santa-Fe et à Popayan.

Les Chaymas ont, comme presque toutes les nations indigènes que j'ai vues, les mains petites et peu larges. Leurs pieds sont grands, et les doigts du pied conservent une mobilité extraordinaire. Tous les Chaymas ont un air de famille; et cette analogie de forme, tant de fois observée par les voyageurs, frappe d'autant plus, qu'entre vingt et cinquante ans, l'âge ne s'annonce pas par les rides de la peau, par la couleur des cheveux ou la décrépitude du corps. En entrant dans une cabane, on a souvent de la peine, parmi les personnes adultes, à distinguer le père du fils, à ne pas confondre une génération avec l'autre. Je pense que cet air de famille tient à deux causes très-différentes, à la position locale des peuplades indiennes, et au degré inférieur de leur culture intellectuelle. Les nations sauvages se subdivisent en une infinité de tribus qui, se portant une haine cruelle les unes aux autres, ne s'allient pas entre elles, lors même que leurs langues remontent à une même souche, et qu'un petit bras de rivière ou un groupe de collines séparent seuls leurs habitations.

Moins les tribus sont nombreuses, et plus les alliances, répétées depuis des siècles entre les mêmes familles, tendent à fixer une certaine égalité de conformation, un type organique, que l'on peut appeler national [1]. Ce type se conserve sous le régime des missions formées par une seule peuplade. L'isolement est le même, les mariages ne se font que parmi les habitans d'un même hameau. Ces liens du sang, qui unissent presque toute une nation, sont indiqués d'une manière naïve dans le langage des Indiens nés dans les missions ou par ceux qui, enlevés dans les bois, ont appris l'espagnol. Pour désigner les individus qui appartiennent à la même peuplade, ils emploient les mots *mis parientes*, mes parens.

A ces causes, qui ne tiennent qu'à l'isolement, et dont les effets se retrouvent chez les Juifs de l'Europe, chez les différentes castes de l'Inde et chez tous les peuples montagnards en général, se lient d'autres causes plus négligées jusqu'ici. J'ai déjà fait obser-

[1] Nullis aliis aliarum nationum connubiis infecta, propria et sincera, et tantum sui similis gens. Unde habitus quoque corporum, quamquam in tanto hominum numero, idem omnibus. *Tac. Germ.*, c. 4.

ver ailleurs que c'est la culture intellectuelle qui contribue le plus à diversifier les traits. Les nations barbares ont plutôt une physionomie de tribu ou de horde qu'une physionomie propre à tel ou tel individu. Il en est de l'homme sauvage et de l'homme cultivé comme de ces animaux de la même espèce dont les uns errent dans les forêts, tandis que les autres, rapprochés de nous, participent, pour ainsi dire, aux bienfaits et aux maux qui accompagnent la civilisation. Les variétés de forme et de couleur ne sont fréquentes que chez les animaux domestiques. Quelle différence dans la mobilité des traits et la diversité de physionomie entre les chiens redevenus sauvages dans le Nouveau-Monde, et ceux dont on soigne jusqu'aux moindres caprices, dans une maison opulente! Chez l'homme et les animaux, les mouvemens de l'âme se reflètent dans les traits, et ces traits prennent d'autant plus l'habitude de la mobilité, que les émotions sont plus fréquentes, plus variées et plus durables. Or, l'Indien des missions, éloigné de toute culture, guidé uniquement par le besoin physique, satisfaisant presque sans peine ses désirs, traîne sous un climat heureux, une vie indolente et monotone. La plus grande égalité règne parmi les membres d'une même commune ; et c'est cette uniformité, c'est cette invariabilité de position qui se peignent dans les traits des Indiens.

Sous le régime des moines, les passions violentes, comme le ressentiment et la colère, agitent l'indigène plus rarement que lorsqu'il vit dans les forêts. Si l'homme sauvage se livre à des mouvemens brusques et impétueux, sa physionomie, jusque-là calme et immobile, passe instantanément à des contorsions convulsives. Son emportement est d'autant plus passager, qu'il est plus vif. Chez l'Indien des missions, comme je l'ai souvent observé à l'Orénoque, la colère est moins violente, moins franche, mais plus longue. D'ailleurs, dans toutes les conditions de l'homme, ce ne sont pas l'énergie ou le déchaînement éphémère des passions, qui donnent de l'expression aux traits ; c'est plutôt cette sensibilité de l'âme qui nous met sans cesse en contact avec le monde extérieur, multiplie nos souffrances et nos plaisirs, et réagit à la fois sur la physionomie, les mœurs et le langage. Si la variété et la mobilité des traits embellissent le domaine de la nature animée, il faut convenir aussi que l'une et l'autre, sans être le produit seul de la civilisation, augmentent avec elle. Dans la grande famille des peuples, aucun autre ne réunit ces avantages à un plus haut degré que la race du Caucase ou Européenne. Ce n'est que dans les hommes blancs que peut avoir lieu cette pénétration instantanée du système dermoïde par le sang, ce léger changement de couleur dans la peau qui ajoute si puissamment à l'expression des mouvemens de l'âme. « Comment se fier à ceux qui ne savent pas rougir », dit l'Européen dans sa haine invétérée contre le Nègre et l'Indien? On doit convenir d'ailleurs que cette immobilité des traits n'est pas propre à toutes les races à teint très-basané : elle est beaucoup moins grande chez l'Africain que chez les indigènes de l'Amérique.

A ce tableau physique des Chaymas, nous ferons succéder quelques notions sommaires sur leurs manières de vivre et sur leurs mœurs. Ignorant la langue de ce peuple, je ne prétendrai point, après un séjour peu prolongé dans les missions, avoir approfondi leur caractère. Chaque fois que je parlerai des Indiens, j'ajouterai ce que nous avons appris des missionnaires au peu que nous avons observé par nous-mêmes.

Les Chaymas, comme tous les peuples à demi-sauvages qui habitent les régions excessivement chaudes, ont une aversion prononcée pour les vêtemens. Les écrivains du moyen âge nous apprennent que, dans le nord de l'Europe, les chemises et les caleçons, distribués par les missionnaires, ont beaucoup contribué à la conversion des païens. Sous la zone torride, au contraire, on voit les indigènes avoir honte, comme ils disent, d'être vêtus, et s'enfuir dans les bois, lorsqu'on les force trop tôt de renoncer à leur nudité. Parmi les Chaymas, malgré les remontrances des moines, hommes et femmes restent nus dans l'intérieur de leurs maisons. Lorsqu'ils traversent le village, ils portent une espèce de tunique de toile de coton, qui descend à peine jusqu'au genou. Elle est munie de manches chez les hommes; chez les femmes et les jeunes garçons, jusqu'à l'âge de dix à douze ans, les bras, les épaules et le haut de la poitrine sont nus. La tunique est coupée de manière que la partie antérieure tient à celle du dos par deux bandes étroites qui reposent sur les épaules. En rencontrant les naturels hors de la mission, nous les vîmes, surtout par un temps de pluie, dépouillés de leurs vêtemens, tenant leur chemise roulée sous le bras. Ils aimoient mieux recevoir la pluie sur le corps tout nu que de mouiller leurs vêtemens. Les femmes les plus vieilles se cachoient derrière les arbres, en jetant de grands éclats de rire lorsqu'elles nous virent passer. Les missionnaires se plaignent en général que les sentimens de décence et de pudeur ne sont guère plus prononcés chez les jeunes filles que chez les hommes. Déjà Ferdinand Colomb[1] raconte que son père trouva, en 1498, à l'île de la

---

[1] *Vie de l'Amiral*, cap. 71 (*Churchill's Collection*, 1723, tome II, pag. 586). Cette vie rédigée postérieurement à l'année 1537, d'après les notes autographes de Christophe Colomb, est le monument le plus précieux de l'histoire de ses découvertes. Elle n'existe que dans les traductions italiennes et espagnoles d'Alfonso de Ulloa et de Gonzalès Barcia; car l'original porté, en 1571, à Venise, par le savant Fornari, n'a pas été publié ni retrouvé depuis. *Napione della patria di Colombo*, 1804, p. 109 et 295. *Cancellieri sopra Christ. Colombo*, 1809, p. 129.

Trinité, les femmes entièrement nues, tandis que les hommes portoient le *guayuco*, qui est plutôt une bandelette étroite qu'un tablier. A cette même époque, sur la côte de Paria, les filles se distinguoient des femmes mariées, ou, comme le prétend le cardinal Bembo[1], par une nudité absolue, ou, selon Gomara[2], par la couleur du guayuco. Cette bandelette, que nous avons trouvée encore en usage chez les Chaymas et chez toutes les nations nues de l'Orénoque, n'a que 2 à 3 pouces de large, et s'attache de deux côtés à un cordon qui ceint le milieu du corps. Les filles se marient souvent à l'âge de douze ans : jusqu'à celui de neuf ans, les missionnaires leur permettent d'aller nues, c'est-à-dire sans tunique, à l'église. Je n'ai pas besoin de rappeler ici que, parmi les Chaymas comme dans toutes

---

[1] *Voyez* la description éloquente de l'Amérique, dans l'histoire de Venise (livre XII) : «Feminæ virum passæ nullam partem, præter muliebria; virgines ne illam quidem tegebant.»

[2] Las donzellas se conocen en el color y tamaño del cordel, y traerlo asi, es señal certissima de virginidad. (*Gomara*, cap. 73, p. 96.)

les missions espagnoles et les villages indiens que j'ai parcourus, un caleçon, des souliers ou un chapeau, sont des objets de luxe, inconnus aux naturels. Un domestique qui nous avoit servi pendant notre voyage à Caripe et à l'Orénoque, et que j'ai amené en France, étoit tellement frappé, en débarquant, de voir labourer la terre à un paysan qui portoit un chapeau, qu'il se croyoit « dans un pays misérable, où les nobles même (*los mismos caballeros*) suivent la charrue. »

Les femmes Chaymas ne sont pas jolies, d'après les idées que nous attachons à la beauté; cependant les jeunes filles ont quelque chose de doux et de triste dans le regard, qui contraste agréablement avec l'expression un peu dure et sauvage de la bouche. Elles portent les cheveux réunis en deux longues tresses. Elles ne se peignent pas la peau et ne connoissent d'autres ornemens, dans leur extrême pauvreté, que des colliers et des bracelets formés de coquilles, d'os d'oiseaux et de graines. Hommes et femmes ont le corps très-musculeux, mais charnu, à formes arrondies. Il est superflu d'ajouter que je n'ai vu aucun individu qui ait une difformité naturelle; je dirois la même chose de tant de milliers de Caribes, de Muyscas, d'Indiens Mexicains et Péruviens, que nous avons observés pendant cinq ans. Ces difformités du corps, ces déviations, sont infiniment rares dans de certaines races d'hommes, surtout chez les peuples qui ont le système dermoïde fortement coloré. Je ne puis croire qu'elles dépendent uniquement du progrès de la civilisation, de la mollesse de la vie, de la corruption des mœurs. En Europe, une fille bossue ou très-laide se marie si elle a de la fortune, et les enfans héritent souvent de la difformité de la mère. Dans l'état sauvage, qui est un état d'égalité, rien ne peut engager les hommes à s'unir à une femme contrefaite ou d'une santé extrêmement foible. Si elle a eu le rare bonheur de parvenir à l'âge adulte; si elle a résisté aux chances d'une vie inquiète et agitée, elle meurt sans enfans. On seroit tenté de croire que les sauvages paroissent tous bien faits et vigoureux, parce que les enfans foibles périssent en bas âge, manque de soin, et que les plus vigoureux survivent seuls, mais ces mêmes causes ne peuvent agir chez l'Indien des missions, qui a les mœurs de nos paysans, chez les Mexicains de Cholula et de Tlascala, jouissant d'une richesse qui leur a été transmise par des ancêtres plus civilisés qu'eux. Si, dans tous les états de la culture, la race cuivrée manifeste cette même inflexibilité, cette même résistance à la déviation d'un type primitif, ne sommes-nous pas forcés à admettre que cette propriété tient en grande partie à l'organisation héréditaire, à celle qui constitue la race? Je dis à dessein, en grande partie, pour ne pas exclure entièrement l'influence de la civilisation. Chez les hommes cuivrés, comme chez les blancs, le luxe et la mollesse, en affoiblissant la constitution physique, avoient rendu jadis les difformités plus communes au Couzco et à Tenochtitlan : mais ce n'est point parmi les Mexicains d'aujourd'hui, tous laboureurs et vivant dans la plus grande simplicité de mœurs, que Montezuma auroit trouvé les nains et les bossus que Bernal Diaz vit assister à son dîner [1].

La coutume de se marier très-jeune n'est,

---

[1] *Bernal Diaz, Hist. verd. de la Nueva España,* 1630, cap. 91, p. 68.

selon le témoignage des religieux, aucunement contraire à la population. Cette nubilité précoce tient à la race et non à l'influence d'un climat excessivement chaud; on la retrouve à la côte nord-ouest de l'Amérique; chez les Esquimaux, et en Asie parmi les Kamtschadales et les Korœkes, où des filles de dix ans sont souvent mères. On peut être étonné que le temps de la gestation, la durée de la grossesse, ne soient jamais altérés dans l'état de santé chez aucune race et sous aucun climat.

Les Chaymas sont presque sans barbe au menton, comme les Tongouses et d'autres peuples de race mongole. Ils arrachent le peu de poils qui leur viennent; mais il n'est pas juste de dire en général qu'ils n'ont pas de barbe, uniquement parce qu'ils se l'arrachent. Indépendamment de cet usage, la majeure partie des indigènes seroient encore à peu près imberbes [1]. Je dis la majeure partie, car

[1] Il n'y auroit jamais eu de dissentiment parmi les physiologistes, sur l'existence de la barbe chez les Américains, si on avoit pesé ce que les premiers historiens de la découverte de l'Amérique avoient

il existe des peuplades qui, paroissant comme isolées parmi les autres, n'en sont que plus dignes de fixer notre attention. Tels sont, dans l'Amérique du Nord, les Chepewyans [1], visités par Mackenzie, et les Yabipaïs [2], près des ruines Toltèques du Moqui, à barbe touffue; dans l'Amérique du sud, les Patagons et les Guaranys. Parmi ces derniers on trouve des individus qui ont du poil, même sur la poitrine. Lorsque les Chaymas, au lieu de s'arracher le peu de barbe qu'ils ont au menton, essaient de se raser fréquemment, la barbe leur pousse. J'ai vu faire cette expérience avec succès à de jeunes Indiens qui servoient la messe, et qui désiroient vivement ressembler aux Pères Capucins, leurs missionnaires et leurs maîtres. La grande masse du peuple conserve autant d'antipathie pour la

---

écrit sur cette question, par exemple, *Pigafetta*, en 1519, dans son *Journal*, conservé à la bibliothèque Ambrozienne à Milan, et publié (en 1800), par M. *Amoretti*, p. 18; *Benzoni, Hist. del Mundo Nuovo*, 1572, p. 35; *Bembo, Hist. Venet.*, 1557, p. 86.

[1] Lat. 60°-65° nord.
[2] *Humb. Nouv. Esp.*, tom. II, p. 410.

barbe que les Orientaux l'ont en honneur. Cette antipathie dérive d'une même source avec la prédilection pour les fronts aplatis, qui se manifeste d'une manière si bizarre dans la représentation des divinités et des héros aztèques. Les peuples attachent l'idée de la beauté à tout ce qui caractérise particulièrement leur conformation physique, leur physionomie nationale [1]. Il en résulte que si la nature leur a donné très-peu de barbe, un front étroit ou la peau rouge-brunâtre, chaque individu se croit d'autant plus beau, qu'il a le corps plus dépourvu de poils, la tête plus aplatie, la peau plus couverte de *roucou*, de *chica*, ou de quelque autre couleur rouge-cuivré.

La vie des Chaymas est de la plus grande uniformité; ils se couchent très-régulièrement à sept heures du soir: ils se lèvent long-temps avant le jour, à quatre heures et demie du matin. Chaque Indien a un feu près de

---

[1] C'est ainsi que les Grecs exagéroient, dans leurs plus belles statues, la forme du front, en relevant outre mesure la ligne faciale (*Cuvier, Anat. comp.*, T. II, p. 6. *Humb., Monum. Amér.*, T. I, p. 158).

son hamac. Les femmes sont si frileuses, que je les ai vues greloter à l'église lorsque le thermomètre centigrade ne baissoit pas au-dessous de 18°. L'intérieur des cabanes des Indiens est extrêmement propre. Leurs hamacs, leurs estères, leurs pots pour contenir le manioc ou le maïs fermenté, leurs arcs et leurs flèches, tout est rangé dans le plus grand ordre. Hommes et femmes se baignent tous les jours; et, comme ils sont presque constamment nus, on ne trouve pas chez eux cette malpropreté dont les vêtemens sont la cause principale chez le bas peuple, dans les pays froids. Outre la maison dans le village, ils ont généralement dans leurs *conucos*, près de quelque source ou à l'entrée d'un vallon bien solitaire, une cabane étroite, couverte en feuilles de palmier et de bananier. Quoiqu'ils vivent moins commodément dans le *conuco*, ils cherchent à s'y retirer aussi souvent qu'ils le peuvent. Nous avons déjà parlé plus haut de ce désir irrésistible de fuir la société, et de rentrer dans la vie sauvage. Les enfans les plus jeunes quittent quelquefois leurs parens, et rôdent 4 à 5 jours dans les forêts, se nourrissant de fruits, de chouxpalmiste et de racines. En voyageant dans les missions, il n'est pas rare de trouver les villages presque déserts, parce que les habitans sont dans leurs jardins ou dans les forêts, *al monte*. Chez les peuples civilisés, la passion pour la chasse tient peut-être en partie à ces mêmes sentimens, aux charmes de la solitude, au désir inné de l'indépendance, à l'impression profonde que laisse la nature, partout où l'homme se voit seul en contact avec elle.

L'état des femmes est, chez les Chaymas comme chez tous les peuples à demi-barbares, un état de privations et de souffrances. Les travaux les plus durs sont leur partage. Lorsque nous vîmes les Chaymas revenir le soir de leur jardin, l'homme ne portoit rien que le couteau (*machette*), avec lequel il se fraie le chemin dans les broussailles. La femme étoit courbée sous un grand fardeau de bananes; elle tenoit un enfant dans ses bras; deux autres étoient quelquefois placés au haut de la charge. Malgré cette inégalité de condition, les femmes des Indiens de l'Amérique méridionale m'ont paru, en général, plus heureuses que celles des sauvages du nord. Entre les Monts Alleghanys et le Mississipi, partout où les indigènes ne vivent pas en grande partie de la chasse, ce sont les femmes qui cultivent le maïs, les fèves et les courges : les hommes ne prennent aucune part au labourage. Sous la zone torride, les peuples chasseurs sont extrêmement rares, et, dans les missions, les hommes travaillent au champ comme les femmes.

Rien n'égale la difficulté avec laquelle les Indiens apprennent l'espagnol : ils l'ont en aversion, aussi long-temps qu'éloignés des blancs, ils n'ont pas l'ambition d'être appelés des Indiens policés, ou, comme on dit dans les missions, des Indiens *latinisés*, *Indios muy latinos*. Mais ce qui m'a frappé le plus, non-seulement chez les Chaymas, mais dans toutes les missions très-reculées que j'ai visitées par la suite, c'est la difficulté extrême qu'ont les Indiens de coordonner et d'exprimer les idées les plus simples en espagnol, lors même qu'ils saisissent parfaitement la valeur des mots et le tour des phrases. On les croiroit d'une imbécillité d'esprit, qui n'est pas même celle de l'enfance; dès qu'un blanc les questionne sur des objets qui les entourent dès leur berceau. Les missionnaires assurent que cet embarras n'est pas l'effet de la timidité; que chez les Indiens qui fréquentent journalement la maison du missionnaire, et qui ordonnent les travaux publics, il ne tient pas à une stupidité naturelle, mais à l'obstacle qu'ils trouvent dans le mécanisme d'une langue si différente de leurs langues natales. Plus l'homme est éloigné de la culture, et plus il a de roideur et d'inflexibilité morale. Il ne faut donc pas s'étonner de trouver, chez l'Indien isolé dans les missions, des obstacles qu'ignorent ceux qui habitent une même paroisse avec les métis, les mulâtres et les blancs dans le voisinage des villes. J'ai été surpris souvent de la volubilité avec laquelle, à Caripe, l'*alcalde*, le *governador* et le *sargento mayor* haranguoient, pendant des heures entières, les Indiens assemblés devant l'église; ils régloient les travaux de la semaine, réprimandoient les paresseux, menaçoient les indociles. Ces chefs qui sont également de race chaymas, et qui transmettent les ordres du missionnaire, parlent alors tous à la fois, d'une voix forte, avec des intonations marquées, sans presque aucun geste. Les traits de leur visage restent immobiles, leur regard est impérieux et sévère.

Les mêmes hommes, qui annonçoient de la vivacité d'esprit, et qui possédoient assez bien l'espagnol, ne pouvoient plus lier leurs idées, lorsqu'en nous accompagnant dans nos excursions autour du couvent, nous leur faisions adresser des questions par les moines. On leur faisoit affirmer ou nier ce que l'on vouloit; et l'indolence, accompagnée de cette politesse rusée à laquelle l'Indien le moins cultivé n'est pas étranger, les engageoit quelquefois à donner à leurs réponses le tour qui paroissoit indiqué par nos questions. Les voyageurs ne sauroient trop se prémunir contre ces assentimens officieux, lorsqu'ils veulent s'appuyer du témoignage des natifs. Pour mettre un alcalde indien à l'épreuve, je lui demandai un jour, « s'il ne croyoit pas que la petite rivière de Caripe qui sort de la grotte du Guacharo, y rentre du côté opposé, par une ouverture inconnue, en remontant la pente de la montagne. » Après avoir eu l'air de réfléchir, il dit, pour étayer mon système : « Comment aussi, sans cela, y auroit-il toujours de l'eau dans le lit de la rivière, à la bouche de la caverne? »

Les Chaymas ont une extrême difficulté à saisir tout ce qui tient à des rapports numériques. Je n'en ai pas trouvé un seul à qui l'on n'eût fait dire qu'il avoit 18 ou 60 ans. M. Marsden a observé la même chose chez les Malais de Sumatra, quoiqu'ils aient plus de cinq siècles de civilisation. La langue chaymas renferme des mots qui expriment des nombres assez grands, mais peu d'Indiens savent les employer; et, comme par leurs rapports avec les missionnaires, ils en ont senti la nécessité, les plus intelligens comptent en castillan, avec un air qui annonce un grand effort d'esprit, jusqu'à 30 ou 50. Les mêmes hommes ne comptent, en langue chaymas, pas au-delà de 5 ou 6. Il est naturel qu'ils emploient de préférence les mots d'une langue dans laquelle on leur a enseigné la série des unités et des dixaines. Depuis que les savans de l'Europe n'ont pas dédaigné d'étudier la structure des idiomes de l'Amérique, comme on étudie la structure des langues sémitiques, du grec et du latin, on n'attribue plus à l'imperfection du langage ce qui appartient à la grossièreté des peuples. On reconnoît que presque partout les idiomes offrent plus de richesses, des nuances plus fines qu'on ne devroit le supposer, d'après l'état d'inculture des peuples qui les parlent. Je suis loin de vouloir placer sur une même ligne les langues du Nouveau-Monde avec les plus belles langues de l'Asie et de l'Europe; mais aucune de celles-ci n'a un système de numération plus net, plus régulier et plus simple que le qquichua et l'aztèque, qui étoient parlés dans les grands empires du Couzco et d'Anahuac. Or, seroit-il permis de dire que, dans ces langues, on ne compte pas au-delà de quatre, parce que, dans les villages où elles se sont conservées parmi les pauvres laboureurs de race péruvienne ou mexicaine, on trouve des individus qui ne savent pas nombrer au-delà. L'opinion bizarre que tant de peuples américains comptent seulement jusqu'à 5, 10 ou 20, a été répandue par des voyageurs qui ignoroient que, selon le génie de différens idiomes, les hommes s'arrêtent, sous tous les climats, à des groupes de 5, 10 ou 20 unités (c'est-à-dire aux doigts d'une main, de deux mains; des mains, et des pieds), et que 6, 13 ou 20 sont diversement exprimés par cinq un, dix trois, et pied dix [1]? Diroit-on que les nombres des Européens ne vont pas au-delà de dix, parce que nous nous arrêtons après avoir formé un groupe de dix unités?

La structure des langues américaines est si opposée à celle des langues dérivées du latin, que les Jésuites, qui avoient examiné à fond tout ce qui pouvoit contribuer à étendre leurs établissemens, introduisoient parmi les néophytes, au lieu de l'espagnol, quelques langues indiennes très-riches, très-régulières, et très-répandues, comme le qquichua et le guarani. Ils tâchoient de substituer ces langues à des idiomes plus pauvres, plus grossiers, plus irréguliers dans leur syntaxe. Cette substitution étoit très-aisée : les Indiens de différentes tribus s'y prêtoient avec docilité, et dès-lors ces langues américaines généralisées devinrent un

[1] *Voyez* mes *Monumens américains*, vol. II, p. 229-237. Les sauvages, pour faciliter leur manière d'exprimer de grands nombres, ont l'habitude de former des groupes de 5, 10 ou 20 grains de maïs, selon qu'ils comptent dans leurs langues par pentades, par décades ou par icosiades.

moyen facile de communication entre les missionnaires et les néophytes. On auroit tort de croire que la préférence donnée à la langue de l'Incas sur le castillan, n'avoit d'autre but que celui d'isoler les missions, et de les soustraire à l'influence de deux puissances rivales, les évêques et les gouverneurs civils : les jésuites avoient encore d'autres motifs independans de leur politique, pour vouloir généraliser de certaines langues indiennes. Ils trouvoient dans ces langues un lien commun, et facile à établir entre des hordes nombreuses, qui étoient restées isolées, ennemies les unes des autres et séparées par la diversité des idiomes; car, dans les pays incultes, après l'écoulement de plusieurs siècles, les dialectes prennent souvent la forme, ou du moins l'apparence de langues mères.

Lorsqu'on dit qu'un Danois apprend plus facilement l'allemand, un Espagnol plus facilement l'italien ou le latin que toute autre langue, on pense d'abord que cette facilité résulte de l'identité d'un grand nombre de racines qui sont communes à toutes les langues germaniques ou à celles de l'Europe latine:

on oublie que, près de cette ressemblance des sons, il y en a une autre qui agit plus puissamment sur les peuples d'une commune origine. Le langage n'est pas le résultat d'une convention arbitraire : le mécanisme des flexions, les formes grammaticales, la possibilité des inversions, tout dérive de notre intérieur, de notre organisation individuelle. Il y a dans l'homme un principe instinctif et régulateur, diversement modifié chez les peuples qui ne sont pas d'une même race. Le climat plus ou moins âpre, le séjour dans les gorges des montagnes ou sur les bords de la mer, les habitudes de la vie, peuvent altérer les sons, rendre méconnoissable l'identité des racines, et en multiplier le nombre ; mais toutes ces causes n'affectent pas ce qui constitue la structure et le mécanisme des langues. L'influence du climat et des agens extérieurs disparoît auprès de celle qui tient à la race, à l'ensemble héréditaire des dispositions individuelles de l'homme.

Or, dans l'Amérique, et ce résultat des recherches les plus modernes [1] est infiniment

[1] Vater, dans le *Mithridates*, Tom. III, P. II, p. 385-409. *Id.*, *Bevœlkerung von America*, p. 207.

remarquable pour l'histoire de notre espèce; en Amérique, depuis le pays des Esquimaux jusqu'aux rives de l'Orénoque, et depuis ces rives brûlantes jusqu'aux glaces du détroit de Magellan, des langues mères, entièrement différentes par leurs racines, ont pour ainsi dire une même physionomie. On reconnoît des analogies frappantes de structure grammaticale, non seulement dans des langues perfectionnées, comme la langue de l'Incas, l'Aymare, le Guarany, le Mexïcain et le Cora, mais aussi dans des langues extrêmement grossières. Des idiomes, dont les racines ne se ressemblent pas plus que les racines du Slave et du Basque, ont de ces ressemblances de mécanisme intérieur, qu'on trouve dans le sanscrit, le persan, le grec et les langues germaniques. Presque partout, dans le Nouveau-Monde, on reconnoît une multiplicité de formes et de temps [1]

[1] Dans le Grœnlandois, par exemple, la multiplicité des *régimes-pronoms* produit vingt-sept formes pour chaque temps de l'indicatif du verbe. On est étonné de trouver, chez des peuples placés aujourd'hui au plus bas degré de la civilisation, ce besoin de nuancer les rapports du temps, cette surabondance de modifications apportées au verbe pour caractériser

dans le verbe, une industrie artificieuse, pour indiquer d'avance, soit par la flexion des pronoms personnels qui forment la désinence des verbes, soit par un *suffixum* intercalé, la nature et les rapports du régime et du sujet, pour distinguer si le régime est animé ou inanimé, de genre masculin ou féminin, unique ou en nombre complexe. C'est à cause de cette analogie générale de structure, c'est parce que des langues américaines qui n'ont aucun mot de commun (par exemple le mexicain et

le regime. *Matarpa*, il l'ôte; *mattarpet*, tu l'ôtes; *mattarpatit*, il t'ôte; *mattarpagit*, je t'ôte. Et au prétérit du même verbe: *mattara*, il l'a ôté; *mattaratit*, il t'a ôté. Cet exemple, tiré du Grœnlandois, peut servir à faire voir comment le régime et le pronom personnel forment corps, dans les langues américaines, avec le radical du verbe. Ces nuances dans la forme du verbe, d'après la nature des régimes-pronoms, ne se retrouvent, dans l'ancien monde, que dans le Basque et le Congo. (*Vater, Mithr.* Tom. III, P. 1, p. 218; P. 2, p. 386, et P. 3, p. 442. *Guillaume de Humboldt, de la langue basque*, p. 58.) Etrange conformité dans la structure des langues sur des points si éloignés et chez trois races d'hommes, si différentes, les Cantabres blancs, les Congos noirs et les Américains rouges-cuivrés!

le qquichua), se ressemblent entre elles par leur organisation, et contrastent entièrement avec les langues de l'Europe latine, que l'Indien des missions se rend plus aisément familier un idiome américain, que celui de la métropole. Dans les forêts de l'Orénoque, j'ai vu les Indiens les plus abrutis parler deux ou trois langues. Souvent des sauvages de nations différentes se communiquent leurs idées par un idiome qui n'est pas le leur.

Si l'on avoit suivi le système des Jésuites, des langues qui occupent déjà de vastes étendues de pays, seroient devenues presque générales. A la Terre-Ferme et à l'Orénoque, on ne parleroit aujourd'hui que le caribe ou le tamanaque; dans le sud et le sud-ouest, le qquichua, le guarani, l'omagua et l'araucan. En s'appropriant ces langues, dont les formes grammaticales sont très-régulières, presque aussi fixées que celles du grec et du sanscrit, les missionnaires se mettroient dans des rapports plus intimes avec les indigènes qu'ils gouvernent. Les difficultés sans nombre que l'on rencontre dans le régime des missions formées par une dixaine de peuplades, disparoîtroient avec la confusion des idiomes. Ceux qui sont peu répandus, deviendroient des langues mortes : mais l'Indien, en conservant un idiome américain, conserveroit son individualité, sa physionomie nationale. On acheveroit ainsi, par des voies paisibles, ce que ces Incas trop vantés, qui ont donné le premier exemple du fanatisme religieux dans le Nouveau-Monde, ont commencé à établir par la force des armes.

Comment s'étonner en effet du peu de progrès que font les Chaymas, les Caribes, les Salives ou les Otomaques dans la connoissance de la langue espagnole, lorsqu'on se rappelle qu'un homme blanc, un seul missionnaire, se trouve isolé au milieu de cinq ou six cents Indiens, et qu'il a de la peine à former parmi eux un *Governador*, un Alcade ou un Fiscal qui puisse lui servir d'interprète. Si on parvenoit à substituer au régime des missionnaires un autre moyen de civilisation, disons plutôt d'adoucissement de mœurs (car l'Indien réduit a des mœurs moins barbares, sans avoir plus de lumières); si, au lieu d'éloigner les blancs, on pouvoit les mêler aux indigènes récemment réunis en villages, les idiomes américains seroient bientôt remplacés pa les langues de l'Europe, et les naturels recevroient dans ces langues la grande masse d'idées nouvelles qui sont le fruit de la civilisation. Dès-lors, l'introduction des langues générales, comme celles de l'Incas ou du Guarany, deviendroit sans doute inutile. Mais après avoir vécu si long-temps dans les missions de l'Amérique méridionale; après avoir vu de si près les avantages et les abus du régime des missionnaires, il me sera permis de douter qu'il soit facile d'abandonner ce régime, qui est très-susceptible de perfectionnement, et qui offre un moyen préparatoire à un autre plus conforme à nos idées de liberté civile. On m'objectera que les Romains avoient réussi à introduire rapidement leur langue avec leur domination dans les Gaules [1], dans la Bétique, et dans la

---

[1] Je crois qu'il faut chercher dans le caractère des indigènes et dans l'état de leur civilisation, et non dans la structure de leur langue, la cause de cette rapide introduction du latin dans les Gaules. Les nations celtes, à cheveux bruns, différoient certainement de la race des nations germaniques à cheveux blonds; et, quoique la caste des Druides rappelle une des institutions du Gange, il n'est pas prouvé pour

province d'Afrique : mais les peuples indigènes de ce pays n'étoient pas des sauvages. Ils habitoient des villes ; ils connoissoient l'usage de l'argent ; ils avoient des institutions qui indiquent un état de culture assez avancé. L'appât du commerce et un long séjour des légions romaines les avoient mis en contact avec les vainqueurs. Nous voyons au contraire que l'introduction des langues de la métropole a trouvé des obstacles presque insurmontables partout où des colonies carthaginoises, grecques ou romaines se sont établies sur des côtes entièrement barbares. Dans tous les siècles et sous tous les climats, le premier mouvement de l'homme sauvage est de fuir l'homme policé.

La langue des Indiens Chaymas m'a paru moins agréable à l'oreille que le caribe, le salive et d'autres langues de l'Orénoque. Elle

---

cela que l'idiome des Celtes appartienne, comme celui des peuples d'Odin, au rameau des langues indo-pélasges. Par analogie de structure et par analogie de racines, le latin auroit dû pénétrer plus facilement au-delà du Danube que dans les Gaules ; mais l'état d'inculture, joint à une grande inflexibilité morale, s'opposoit sans doute à cette introduction chez les peuples germaniques.

a surtout moins de terminaisons sonores en voyelles accentuées. On est frappé de la répétition fréquente des syllabes *guaz*, *ez*, *puec* et *pur*. Nous verrons bientôt que ces désinences dérivent en partie de la flexion du verbe *être*, et de certaines prépositions qui s'ajoutent à la fin des mots, et qui, d'après le génie des idiomes américains, font corps avec eux. On auroit tort d'attribuer cette rudesse de sons au séjour des Chaymas dans les montagnes : ils sont étrangers à ce climat tempéré. Ils y ont été conduits par les missionnaires, et l'on sait que les Chaymas, comme tous les habitans des régions chaudes, avoient d'abord en horreur ce qu'ils appellent le froid de Caripe. Je me suis occupé, avec M. Bonpland, pendant notre séjour dans l'hospice des Capucins, de former un petit catalogue de mots chaymas. Je n'ignore pas que les langues sont beaucoup plus caractérisées par leur structure et leurs formes grammaticales que par l'analogie des sons et des racines, et que cette analogie des sons devient quelquefois méconnoissable dans les différens dialectes d'une même langue : car les tribus dans lesquelles se divise une nation désignent souvent les mêmes objets par des mots tout-à-fait hétérogènes. Il en résulte qu'on est facilement induit en erreur; si, en négligeant l'étude des flexions, et en ne consultant que les racines, par exemple les mots qui désignent la lune, le ciel, l'eau et la terre, on prononce sur la différence absolue de deux idiomes d'après la seule dissemblance des sons. Tout en connoissant cette source d'erreur, les voyageurs doivent continuer, je pense, à réunir les matériaux que leur position peut leur offrir. S'ils ne font pas connoître la structure intérieure et l'ordonnance générale de l'édifice, ils en feront connoître isolément quelques parties importantes. Les catalogues des mots ne sont point à négliger; ils nous apprennent même quelque chose sur le caractère essentiel d'un idiome, si le voyageur a recueilli des phrases qui montrent la flexion du verbe et le mode si différent de désigner les pronoms personnels et possessifs.

Les trois langues les plus répandues dans les provinces de Cumana et de Barcelone, sont aujourd'hui le chaymas, le cumanagotte et le caribe. Elles ont constamment été regardées dans ces pays comme des idiomes différens; chacune d'elles a son dictionnaire, composé, pour l'usage des missions, par les pères Tauste, Ruiz-Blanco et Breton. Le *Vocubulario y arte de la lengua de los Indios Chaymas* est devenu extrêmement rare. Le peu d'exemplaires des grammaires américaines, imprimées pour la plupart au 17e siècle, ont passé dans les missions, et se sont perdus dans les forêts. L'humidité de l'air et la voracité des insectes [1] rendent la conservation des livres presque impossible dans ces régions brûlantes. Ils se trouvent détruits dans un court espace de temps, malgré les précautions qu'on emploie. J'ai eu beaucoup de peine à réunir dans les missions et les couvens les grammaires [2] de langues américaines que j'ai remises, d'abord après mon retour en Europe, entre les mains de M. Severin Vater, professeur et bibliothécaire à l'université de Kœnigsberg : elles lui ont offert des matériaux utiles pour le grand et bel ouvrage qu'il a composé sur les idiomes du Nouveau-Monde. J'avois omis, dans le temps,

---

[1] Les termites, si connues dans l'Amérique espagnole sous le nom de *Comegen*.

[2] *Voyez* la note A à la fin de ce livre.

de transcrire de mon journal, et de communiquer à ce savant ce que j'avois recueilli sur le chaymas. Comme ni le père Gili, ni l'abbé Hervas, n'ont fait mention de cette langue, je vais exposer succinctement ici le résultat de mes recherches [1].

Sur la rive droite de l'Orénoque, au sud-est de la mission de l'Encaramada [2], à plus de cent lieues de distance des Chaymas, demeurent les Tamanaques (*Tamanacu*), dont la langue se divise en plusieurs dialectes. Cette nation, jadis très-puissante, est réduite aujourd'hui à un petit nombre; elle est séparée des montagnes de Caripe par l'Orénoque, par les vastes steppes de Caracas et de Cumana, et, ce qui est une barrière bien plus difficile à franchir, par les peuples d'origine caribe. Malgré cet éloignement et ces obstacles multipliés, on reconnoît, en examinant la langue des Indiens Chaymas, qu'elle est une branche de la langue tamanaque. Les plus anciens missionnaires de Caripe n'ont aucune connoissance de ce résultat curieux, parce que les

---

[1] Voyez, pour un plus ample détail, la note B.
[2] Par les 7° et 7° 25' de latitude.

capucins aragonois ne fréquentent guère les rives méridionales de l'Orénoque, et qu'ils ignorent presque l'existence des Tamanaques. J'ai reconnu l'analogie entre l'idiome de ce peuple et celui des Indiens Chaymas, long-temps après mon retour en Europe, en comparant les matériaux que j'avois recueillis, au précis d'une grammaire publiée en Italie par un ancien missionnaire de l'Orénoque. Sans connoître le chaymas, l'abbé Gili avoit pressenti que la langue des habitans de Paria devoit [1] avoir du rapport avec le tamanaque.

[1] *Gili*, *Saggio di Storia Amer*, Tom. III, p. 201. M. Vater a aussi donné des conjectures très-fondées sur la liaison des langues tamanaques et caribes avec les langues que l'on parle sur la côte nord-est de l'Amérique méridionale. *Mithridates*, Tom. III, P. II, p. 654 et 676. Je dois avertir le lecteur que j'ai constamment écrit les mots des langues américaines d'après l'orthographe espagnole; de sorte que les *u* doivent être prononcés *ou*, le *che* comme *sche*, en allemand, etc. N'ayant parlé, pendant un grand nombre d'années, aucune autre langue que le castillan, j'ai noté les sons d'après un même système d'écriture, et je craindrois aujourd'hui de changer la valeur des signes, en en substituant d'autres également imparfaits. C'est

## CHAPITRE IX.

Je prouverai ce rapport par les deux voies qui peuvent faire reconnoître l'analogie des idiomes, je veux dire, par la structure grammaticale et l'identité des mots ou des racines. Voici d'abord les pronoms personnels des Chaymas, qui sont en même temps des pronoms possessifs : *u-re*, je, moi; *eu-re*, toi, tu; *teu-re*, il, lui. En tamanaque : *u-re*, je; *amare* ou *an-ja*, tu; *iteu-ja*, il. Le radical de la première et de la troisième personne est [1] en

---

un usage barbare que d'exprimer, comme la plupart des nations de l'Europe, des sons très-simples et très-distincts, ou par plusieurs voyelles ou par plusieurs consonnes réunies (*ou, oo, augh, aw, ch, sch, tsch, gh, ph, ts, dz*), tandis qu'on pourroit les indiquer par des lettres également simples. Quel chaos, que ces vocabulaires écrits d'après des notations angloises, allemandes, françoises ou espagnoles ! Le nouvel essai que l'illustre auteur du *Voyage en Égypte*, M. de Volney, va publier bientôt sur l'analyse des sons trouvés chez les différens peuples et sur la notation de ces sons d'après un système uniforme, fera faire les plus grands progrès à l'étude des langues.

[1] Il ne faut point être surpris de ces racines qui se réduisent à une seule voyelle. Dans une langue de l'ancien continent, dont la structure est si artificieusement compliquée, dans le basque, le nom patrony-

Chaymas *u* et *teu*; les mêmes racines se retrouvent chez les Tamanaques.

| CHAYMAS. | TAMANAQUE. |
|---|---|
| *Ure*, je. | *Ure*. |
| *Tuna*, eau. | *Tuna*. |
| *Conopo*, pluie. | *Canepo*. |
| *Poturu*, savoir. | *Puturo*. |
| *Apoto*, feu. | *U-apto* (en caribe) *uato*. |
| *Nuna*, lune, mois. | *Nuna*. |
| *Je*, arbre. | *Jeje*. |
| *Ata*, maison. | *Aute*. |
| *Euya*, à toi. | *Auya*. |
| *Toya*, à lui. | *Iteuya*. |
| *Guane*, miel. | *Uane*. |
| *Nacaramayre*, il l'a dit. | *Nacaramai*. |
| *Piache* (*Piatsche*), médecin, sorcier. | *Psiache* (*Psiaschi*). |
| *Tibin*, un. | *Obin*, (en Jaoi, *Tewin*). |
| *Aco*, deux. | *Oco* (en Caribe, *Occo*). |
| *Oroa*, trois. | *Orua* (en Caribe *Oroa*). |
| *Pun*, chaire. | *Punu*. |
| *Pra*, non (négation). | *Pra*. |

mique Ugarte (*entre les eaux*), renferme l'*u* de *ura* (eau) et *arte* (entre). Le *g* est ajouté pour l'euphonie. *Guill. de Humboldt sur la langue basque*, p. 46.

Le verbe substantif *être* s'exprime, en chaymas [1], par *az* : en ajoutant au verbe le pronom personnel *je* (*u* de *u-re*), on place, pour l'euphonie, un *g* devant l'*u*, comme dans *guaz*, *je suis*, proprement *g-u-az*. Comme la première personne se reconnoît par un *u*, la seconde est désignée par un *m*, la troisième par un *i* : tu es, *maz*; *muerepuec araquapemaz*, pourquoi es-tu triste, proprement, *cela pour triste toi être; punpuec topuchemaz*, tu es gras de corps, proprement, *chair (pun) pour (puec) gras (topuche), tu être (maz)*. Les pronoms possessifs pré-

---

[1] Le même mot *conopo* signifie *pluie* et *année*. On compte les années par le nombre des *hivers*, qui est la saison des *pluies*. On dit, en chaymas, comme en sanscrit, *tant de pluies*, pour dire tant d'années. En basque, le mot *urtea*, année, dérive d'*urten* (*frondescere*), développer des feuilles au printemps. En tamanaque et en caribe, *nono* signifie la terre; *nuna*, la lune, comme en chaymas. Ce rapport m'a paru bien curieux : aussi les Indiens du Rio Caura disent que la lune est *une autre terre*. On trouve, chez les sauvages, au milieu de tant d'idées confuses, de certaines *réminiscences* bien dignes d'attention. Chez les Grœnlandois, *nuna* signifie la terre, *anoningat* la lune.

cèdent le substantif : *upatay*, dans ma maison ; proprement, *moi maison en*. Toutes les prépositions et la négation *pra* sont incorporées à la fin comme dans le tamanaque. On dit en chaymas, *ipuec*, avec lui, proprement, *lui avec ; euya*, à toi ou toi à ; *epuec charpe guaz*, je suis gai avec toi, proprement, *toi avec gai moi être ; ucarepra*, non comme moi, proprement, *moi comme non ; quenpotupra quoguaz*, je ne le connois pas, proprement, *le connoissant pas je suis ; quenepra quoguaz*, je ne l'ai pas vu, proprement, *le voyant pas je suis*. En tamanaque, on dit *acurivane*, beau, et *acurivanepra*, laid, non beau ; *uotopra*, il n'y a pas de poisson, proprement, *poisson pas ; uteripipra*, je ne veux pas aller, proprement, *je aller vouloir non*, composé de *iteri* [1], aller, *ipiri*, vouloir,

---

[1] En chaymas : *utechire*, j'irai aussi, proprement, je (*u*) *aller* (le radical *ite*, ou à cause de la voyelle qui précède, *te*) *aussi* (*chere* ou *ere* ou *ire*). Dans *utechire* on retrouve le verbe tamanaque, aller, *iteri*, dont *ite* est encore le radical, et *ri* la terminaison de l'infinitif. Pour prouver qu'en chaymas, *chere* ou *ere* indique l'adverbe *aussi*, je citerai, d'après le fragment d'un vocabulaire que je possède : *u-chere*, je aussi ;

et *pra*, non. Chez les Caribes, dont la langue a aussi des rapports avec le tamanaque, quoique infiniment moins que le chaymas, la négation est exprimée par un *m* placé devant le verbe : *amoyenlenganti*, il fait très-froid, et *mamoyenlenganti*, il ne fait pas très-froid. D'une manière analogue, la particule *mna* ajoutée au verbe tamanaque, non à la fin, mais par intercalation, lui donne un sens négatif, comme *taro*, dire, *taromnar*, pas dire.

Le verbe substantif (*être*), très-irrégulier dans toutes les langues, est *az* ou *ats* en chaymas; et *uochiri* (dans les compositions *uac*, *uatscha*), en tamanaque. Il ne sert pas seulement à former le passif, mais il s'ajoute aussi incontestablement, comme par aglutination, au radical des verbes attributifs, dans un nombre de temps [1]. Ces aglutinations rappellent l'emploi que fait le sanscrit

---

*nacaramayre*, il le dit aussi; *guareazere*, je portai aussi; *charechere*, porter aussi. En tamanaque, *chareri* signifie porter; tout comme en chaymas.

[1] Le présent tamanaque, *jarer-bac-ure*, ne me paroît autre chose que le verbe substantif *bac*, ou *uac* (de *uocschiri*, être), ajouté au radical porter, *jare* (à l'infinitif *jareri*), d'où résulte *portant être moi*.

des verbes auxiliaires *as* et *bhu* (*asti* et *bhavati*) [1]; le latin, de *es* et *fu* ou *fuo* [2]; le basque, de *izan*, *ucan* et *eguin*. Il y a de certains points dans lesquels les idiomes les plus dissemblables se rencontrent; ce qu'il y a de commun à l'organisation intellectuelle de l'homme se reflète dans la structure générale des langues, et tout idiome, quelque barbare qu'il paroisse, décèle un principe régulateur qui a présidé à sa formation.

Le pluriel, en tamanaque, est indiqué de sept manières, selon la terminaison du substantif, ou selon qu'il désigne un objet animé ou inanimé [3]. En chaymas, le pluriel se fait comme en caribe [4], en *on*: *teure*, lui-même,

---

[1] Dans le rameau des langues germaniques, on retrouve *bhu*, dans les formes *bim*, *bist*; *as*, dans les formes *vas*, *vast*, *vesum*. (Bopp, p. 138.)

[2] De là, *fu-ero*, *amav-issem*, *amav-eram*, *post-sum* (*pot-sum*).

[3] *Tamanacu*, un Tamanaque; pluriel *Tamanakemi*: *Pongheme*, un Espagnol proprement, *un homme habillé*; *Pongamo*, les Espagnols ou les *habillés*. Le pluriel en *cne* caractérise les objets inanimés; par exemple, *cene* chose; *cenecne* les choses: *jeje* arbre, *jejecne* les arbres.

[4] *Mithridates*, Tom. III, P. II, p. 687.

*teurecon*, eux-mêmes; *taronocon*, ceux d'ici; *montaonocon*, ceux de là-bas, en supposant que l'interlocuteur parle d'un endroit où il se trouvoit présent; *miyonocon*, ceux de là-bas, en supposant que l'interlocuteur indique un lieu où il ne se trouvoit pas. Les Chaymas ont aussi les adverbes castillans *aqui* et *alà* (*allà*), nuances que nous ne pouvons exprimer que par des périphrases, dans les idiomes d'origine germanique et latine.

Quelques Indiens, qui savoient l'espagnol, nous ont assuré que *Zis* ne signifioit pas seulement le Soleil, mais aussi la Divinité. Cela m'a paru d'autant plus extraordinaire que, chez toutes les autres nations américaines, on trouve des mots distincts pour *Dieu* et le *Soleil*. Le Caribe ne confond pas *tamoussicabo*, le *vieux du ciel*, avec le soleil, *veyou*. Même le Péruvien, adorateur du soleil, s'élève à l'idée d'un être qui règle la marche des astres. Le soleil porte, dans la langue de l'Incas, presque comme en sanscrit, le nom d'*inti* [1],

---

[1] En qquichua ou langue de l'Incas, soleil, *inti*; amour, *munay*; grand, *veypul*: en sanscrit, soleil, *indre*; amour, *manya*; grand, *vipulo*. (*Vater, Mithri-*

tandis que Dieu est appelé *Vinay Huayna*, *l'éternellement jeune* [1].

L'arrangement des mots est, chez les Chaymas, tel qu'on le trouve dans toutes les langues des deux Continens qui ont conservé un certain air de jeunesse. On place le régime avant le verbe, le verbe avant le pronom personnel. L'objet sur lequel l'attention doit être principalement fixée, précède toutes les modifications de cet objet. L'Américain diroit : *liberté entière aimons-nous*, au lieu de : nous aimons la liberté entière ; *toi avec heureux suis-je*, au lieu de : je suis heureux avec toi. Il y a quelque chose de direct, de ferme et démonstratif dans ces tours, dont la naïveté augmente par l'absence de l'article. Doit-on admettre qu'avec une civilisation avancée, ces peuples, abandonnés à eux-mêmes, auroient changé peu à peu l'arrangement de leur phrase ? On est porté à adopter

---

*dates*, T. III, p. 333. ) Ce sont les seuls exemples d'analogie de son qu'on ait trouvés jusqu'ici. Le caractère des grammaires des deux langues diffère totalement.

[1] *Vinay*, toujours ou éternel ; *huayna*, dans la fleur de l'âge.

cette idée, si l'on se rappelle les changemens qu'a éprouvés la syntaxe des Romains dans les langues précises, claires, mais un peu timides de l'Europe latine.

Le chaymas, comme le tamanaque et la plupart des langues américaines, manque entièrement de certaines lettres, comme de *f*, *b* et *d*. Aucun mot ne commence par un *l*. La même observation a été faite sur la langue mexicaine, quoiqu'elle se trouve surchargée des syllabes *tli*, *tla* et *itl*, à la fin ou au milieu des mots. Le chaymas substitue des *r* aux *l*, substitution qui tient à un défaut de prononciation si commun sous toutes les zones [1]. C'est ainsi que les *Caribes* de l'Orénoque ont été transformés en *Galibi* dans la Guiane françoise, en confondant *r* avec *l* et en adoucissant le *c*. Du mot espagnol *soldado* le Tamanaque a fait *choraro* (*solalo*). La disparition de *f* et *b* dans tant d'idiomes américains tient à la liaison intime entre de certains sons, qui se manifeste dans toutes les langues d'une même origine. Les lettres *f*, *v*, *b* et *p*, se trouvent

---

[1] La substitution de *r* à *l* caractérise, par exemple, le dialecte baschmourique de la langue copte.

substituées les unes aux autres; par exemple :
en persan, *peder*, father, pater; *burader* [1],
frater; *behar*, ver; en grec, *phorton* (*forton*),
bürde; *pous*, *fouss*. De même, chez les Américains, *f* et *b* deviennent *p*, et *d* devient *t*. Le
Chaymas prononce *patre*, *Tios*, *Atani*, *aracapucha*, pour *padre*, *Dios*, *Adan* et *arcabuz*,
(arquebuse).

Malgré les rapports que nous venons d'indiquer, nous ne pensons pas qu'on puisse
regarder la langue chaymas comme un dialecte du tamanaque, tels que le sont les trois
dialectes Maitano, Cuchivero et Crataïma. Il
existe beaucoup de différences essentielles,
et les deux langues me paroissent tout au
plus rapprochées, comme l'allemand, le
suédois et l'anglois. Elles appartiennent à
une même subdivision de la grande famille
des langues tamanaques, caribes et arouaques.
Comme il n'existe pas une mesure absolue
de parenté entre les idiomes, on ne peut
indiquer ces degrés de parenté que par des
exemples tirés de langues connues. Nous
regardons comme d'une même famille ceux

[1] D'où l'allemand *bruder*, avec les mêmes consonnes.

qui se rapprochent entre eux, comme le grec, l'allemand, le persan et le sanscrit.

On a cru découvrir, en comparant les langues, qu'elles se divisent toutes en deux classes [1], dont les unes, plus parfaites dans leur organisation, plus aisées et plus rapides dans leurs mouvemens, annoncent un développement intérieur par *flexion*, tandis que les autres, plus grossières et moins susceptibles de perfectionnement, n'offrent qu'un assemblage brut de petites *formes* ou particules aglutinées, conservant chacune la physionomie qui leur est propre, lorsqu'on les emploie isolément. Cet aperçu très-ingénieux manqueroit de justesse, si l'on supposoit qu'il existe des idiomes polysyllabiques sans aucune flexion, ou que ceux qui se développent organiquement, comme par des germes intérieurs, ne connoisent pas [2] d'accroissement

---

[1] *Voyez* le savant ouvrage de M. Frédéric Schlegel, *Sprache und Weisheit der Indier*, p. 44-60.

[2] Dans le sanscrit même, plusieurs *temps* se forment par aggrégation: on ajoute le verbe substantif *être* au radical, par exemple dans le premier futur. De même nous trouvons en grec *mach-esó*, si le *s* n'est pas l'effet

de dehors par la voie des *suffixa* et des *affixa*, accroissement que nous avons déjà appelé plusieurs fois par aglutination ou incorporation. Beaucoup de choses qui nous paroissent aujourd'hui des flexions du radical, ont peut-être été, dans l'origine, des affixa, dont il est à peine resté une ou deux consonnes. Il en est des langues comme de tout ce qui est organique dans la nature; rien n'est entièrement isolé ou dissemblable. Plus on parvient à pénétrer dans leur structure interne, plus les contrastes, les caractères tranchans s'évanouissent. « On diroit qu'elles sont comme les nuages dont les

de la flexion, et en latin, *pot-ero* (*Bopp*, p. 26 et 66). Voilà des exemples d'incorporations et d'aglutinations dans le système grammatical de langues, que l'on cite avec raison comme des modèles d'un développement intérieur par flexion. Dans le système grammatical des Américains, par exemple chez les Tamanaques, *tarecschi*, je porterai, se compose de la même manière du radical *ar* (infin. *jareri*, porter), et du verbe substantif *ecschi* (infin. *uocschiri*, être). Il existe à peine un mode d'agrégation, dans les langues américaines, dont on ne trouve un exemple analogue dans quelque autre langue que l'on suppose ne se développer que par flexion.

contours ne paroissent bien terminés [1] que lorsqu'on les voit dans le lointain. »

Mais si nous n'admettons pas un principe unique et absolu dans la classification des langues, nous n'en demeurerons pas moins d'accord que, dans leur état actuel, les unes montrent plus de tendance pour la flexion, les autres plus de tendance pour l'agrégation externe. On sait qu'à la première division appartiennent les langues du rameau indien, pelasgique et germain; au second, les idiomes américains, le copte ou ancien égyptien, et, jusqu'à un certain point, les langues sémitiques et le basque. Le peu que nous avons fait connoître de l'idiome des Chaymas de Caripe suffit, sans doute, pour prouver cette tendance constante vers l'incorporation ou agrégation de certaines formes qu'il est facile de séparer, quoique, d'après un sentiment d'euphonie assez rafiné, on leur ait fait perdre quelques lettres, ou qu'on les ait augmentées de quelques autres. Ces *affixa*, en alongeant

---

[1] *Guill. de Humboldt, sur les monographies des langues*, §. 1. *Le même, sur la langue basque* p. 43, 46 et 50.

les mots, indiquent les rapports les plus variés de nombre, de temps et de mouvement.

Lorsqu'on réfléchit sur la structure particulière des langues américaines, on croit reconnoître la source de cette opinion très-ancienne et universellement répandue dans les missions, que les langues américaines ont de l'analogie avec l'hébreu et le basque. Partout, au couvent de Caripe comme à l'Orénoque, au Pérou comme au Mexique, j'ai entendu énoncer cette idée, et particulièrement à des religieux qui avoient quelques notions vagues de l'hébreu et du basque. Des motifs que l'on croit intéresser la religion, ont-ils fait établir une théorie si extraordinaire? Dans le nord de l'Amérique, parmi les Chactas et les Chicasas, des voyageurs un peu crédules ont entendu chanter l'*allelujah* [1] des Hébreux, comme, au dire des Pandits, les trois paroles sacrées des mystères d'Eleusis (*konx om pax*) retentissent encore dans l'Inde [2]. Je ne soupçonne pas

---

[1] L'Escarbot, Charlevoix et même Adair (*Hist. of the American Indians*, 1775, p. 15-220).

[2] *Asiat. Res.*, Tom. V, p. 231. *Ouvaroff, sur les mystères d'Eleusis*, 1816, p. 27 et 115.

que les peuples de l'Europe latine aient appelé hébreux ou basque tout ce qui a une physionomie étrange, de même que long-temps on nommoit monumens égyptiens ceux qui n'étoient pas dans le style grec ou romain. Je crois plutôt que c'est le système grammatical des idiomes américains qui a fortifié les missionnaires du seizième siècle, dans leurs idées sur l'origine asiatique des peuples du Nouveau-Monde. La fastidieuse compilation du père Garcia, *Tratad del origen de los Indios*, en fait foi[1]. La position des pronoms possessifs et personnels à la fin du nom et des verbes, ainsi que les temps si multipliés de ces derniers, caractérisent l'hébreu et les autres langues sémitiques. L'esprit de quelques missionnaires a été frappé de trouver ces mêmes nuances dans les langues américaines. Ils ignoroient que l'analogie de plusieurs traits épars ne prouve point que des langues appartiennent à une même souche.

Il paroît moins étonnant que des hommes qui ne connoissent bien que deux langues entièrement hétérogènes, le castillan et le

---

[1] *Libro III, cap. VII, §. 3.*

basque, aient trouvé à celui-ci un air de famille avec les langues américaines. C'est la composition des mots, la facilité avec laquelle on retrouve les élémens partiels, ce sont les formes du verbe et les modifications diverses qu'il éprouve, selon la nature du régime, qui ont pu causer et entretenir cette illusion. Mais, nous le répétons, une égale tendance vers l'agrégation ou incorporation ne constitue pas une identité d'origine. Voici quelques exemples de ces rapports de physionomie entre les langues américaines et la langue basque, entre des idiomes qui diffèrent entièrement dans les racines.

En chaymas: *quenpotupra quoguaz*, je ne connois pas, proprement ne connoissant pas je suis. En tamanaque: *jarer-uacure*, portant suis-je, je porte: *anarepra aichi*, il ne portera pas, proprement portant ne sera: *patcurbe*, bon; *patcutari*, se faire bon: *Tamanacu*, un Tamanaque; *Tamanacutari*, se faire Tamanaque; *Pongheme*, espagnol; *ponghemtari*, s'espagnoliser; *tenectschi*, je verrai; *teneicre*, je reverrai; *tecscha*, je vais; *tecshare*, je retourne; *maypur butkè*, un petit Indien Maypure; *aicabutkè*, une petite femme[1]; *maypuritaje*, un vilain Indien Maypure; *aicataje*, une vilaine femme.

En basque: *maitetutendot*, je l'aime, proprement je aimant l'ai; *beguia*, l'œil, et *beguitsa*, voir; *aitagana*, vers le père; en ajoutant *tu*, on en forme le verbe *aitaganatu*, aller vers le père; *ume-tasuna*, ingénuité douce et enfantine; *ume-queria*, enfantillage désagréable[2].

J'ajouterai à ces exemples quelques composés descriptifs qui rappellent l'enfance des peuples, et nous frappent également dans les langues américaines et basques par une certaine naïveté d'expression. En *tamanaque*: la guêpe, *uane-imu;* père (*im-de*), du miel (*uane*); les doigts du pied, *ptari-mucuru*, proprement les fils du pied; les doigts de la main, *amgna-mucuru*, les fils de la main; les champignons, *jeje-panari*, proprement les

---

[1] Le diminutif de femme (*aica*) ou d'Indien Maypure, se forme en ajoutant *butkè*, qui est la terminaison de petit, *cujuputkè; taje* repond au *accio* des Italiens.

[2] La terminaison *tasuna* indique une bonne qualité; *queria* en indique une mauvaise et dérive de *eria*, maladie. (*Guill. de Humboldt, Basques*, p. 40.)

oreilles (*panari*) de l'arbre (*jeje*); les veines de la main, *amgna-mitti*, proprement les racines ramifiées; les feuilles, *prutpe-jareri*, proprement les cheveux de la sommité de l'arbre; *puirene-veju*, proprement soleil (*veju*) droit ou perpendiculaire; foudre, *kinemeru-uaptori*[1], proprement le feu (*uapto*) du tonnerre ou de l'orage. En basque: *becoquia*, le front, ce qui appartient (*co* et *quia*) à l'œil (*beguia*); *odotsa*, le bruit (*otra*) du nuage (*odeia*) ou tonnerre; *arribicia*, l'écho, proprement la pierre animée de *arria*, pierre, et *bicia*, la vie.

Les verbes chaymas et tamanaques ont une énorme complication de temps, deux présens, quatre prétérits, trois futurs. Cette multiplicité caractérise les langues américaines les plus grossières. Astarloa compte de même, dans le système grammatical du basque, deux cent six formes du verbe. Les langues, dont la tendance principale est la flexion, excitent moins la curiosité du vulgaire que celles qui semblent formées par agrégation. Dans les premières, on ne re-

---

[1] Je reconnois dans *kinemeru*, tonnerre ou orage, la racine, *kineme*, noir.

connoît plus les élémens dont se composent les mots et qui se réduisent généralement à quelques lettres. Isolés, ces élémens n'offrent aucun sens; tout est assimilé et fondu ensemble. Les langues américaines sont au contraire comme des machines compliquées dont les rouages sont à jour. On reconnoît l'artifice, je dirai le mécanisme industrieux de leur structure. On croit assister à leur formation; on les diroit d'une origine très-récente, si l'on ne se rappeloit pas que l'esprit humain suit imperturbablement une impulsion donnée, que les peuples agrandissent, perfectionnent ou réparent l'édifice grammatical de leurs langues, d'après un plan une fois déterminé; enfin, qu'il y a des pays dont le langage, les institutions et les arts sont comme stéréotypes depuis une longue suite de siècles.

Le plus haut degré de développement intellectuel s'est trouvé jusqu'ici chez des nations qui appartiennent au rameau indien et pelasgique. Les langues formées principalement par agrégation paroissent opposer elles-mêmes des obstacles à la culture; elles sont en partie dépourvues de ce mouvement rapide, de cette vie intérieure que favorise la flexion des racines, et qui donnent tant de charmes aux ouvrages de l'imagination. N'oublions pas cependant qu'un peuple célèbre dès la plus haute antiquité, auquel les Grecs mêmes ont emprunté des lumières, avoit peut-être une langue dont la structure rappelle involontairement celle des langues de l'Amérique. Quel échafaudage de petites formes monosyllabes ou dissyllabes ajoutées au verbe et au substantif dans la langue copte! Le Chaymas et le Tamanaque, à demi-sauvages, ont des mots abstraits assez courts pour exprimer la grandeur, l'envie et la légèreté, *cheictivate*, *uoite* et *uonde*; mais, en copte, le mot malice [1], *metrepherpetou*, est composé de cinq élémens faciles à distinguer. Il signifie *la qualité* (*met*) *d'un sujet* (*reph*) *qui fait* (*er*) *la chose qui est* (*pet*) *mal* (*ou*). Cependant la langue copte a eu sa littérature comme la langue chinoise,

---

[1] Voyez, sur l'identité incontestable de l'ancien Egyptien et du Copte et sur le système particulier de synthèse de cette dernière langue, les réflexions judicieuses de M. *Sylv. de Sacy*, dans la *Notice des Recherches de M. Etienne Quatremère sur la littérature de l'Égypte*; p. 18 et 23.

dont les racines, loin d'être agrégées, sont à peine rapprochées les unes des autres, sans contact immédiat. Convenons que les peuples une fois réveillés de leur léthargie, et tendant vers la civilisation, trouvent dans les langues les plus bizarres le secret d'exprimer avec clarté les conceptions de l'esprit, et de peindre les mouvemens de l'âme. Un homme respectable, qui a péri dans les sanglantes révolutions de Quito, don Juan de la Rea, avoit imité avec une grâce naïve quelques idylles de Théocrite dans la langue de l'Incas, et l'on m'a assuré qu'en exceptant les traités de science et de philosophie, il n'y a presque pas d'ouvrage de la littérature moderne qu'on ne puisse traduire en péruvien.

Les rapports intimes qui se sont formés depuis la conquête, entre les naturels et les Espagnols, ont fait passer un certain nombre de mots américains dans la langue castillane. Quelques-uns de ces mots n'expriment pas des choses inconnues avant la découverte du Nouveau-Monde, et nous rappellent à peine aujourd'hui leur origine barbare[1].

Par exemple: savanne, canibale.

Presque tous appartiennent à la langue des grandes Antilles, que l'on désignoit jadis sous le nom de langue d'Haïti, de Quizqueja, ou d'Itis [1]. Je me bornerai à citer les mots *maïs*, *tabac*, *canot*, *batate*, *cazique*, *balsa*, *conuco*, etc. Lorsque les Espagnols, dès l'année 1498, commencèrent à visiter la Terre-Ferme, ils avoient déjà des mots [2] pour désigner les végétaux les plus

---

[1] Le nom d'*Itis* pour Haïti ou Saint-Domingue (Hispaniola), se trouve dans l'*Itinerarium* de l'évêque Geraldini (*Romæ*, 1631, p. 206). « Quum Colonus *Itim* insulam cerneret. »

[2] Voici, dans leur véritable forme, les mots haïtiens qui ont passé, dès la fin du 15.ᵉ siècle, dans la langue castillane, et dont une grande partie n'est pas sans intérêt pour la botanique descriptive : *ahi* (Capsicum baccatum), *batata* (Convolvulus Batatas), *bihao* (Heliconia Bihai), *caimito* (Chrysophyllum Caimito), *cahoba* (Swietenia Mahagoni), *jucca* et *casabi* (Jatropha Manihot; le mot *casabi* ou *cassave* ne s'emploie que pour le pain fait des racines du Jatropha; le nom de la plante, *jucca*, fut aussi entendu par Americo Vespucci sur la côte de Paria); *age* ou *ajes* (Dioscorea alata), *copei* (Clusia alba), *guayacan* (Guajacum officinale), *guajaba* (Psidium pyriferum), *guanavano* (Anona muricata), *mani* (Arachis

utiles à l'homme, communs aux Antilles et aux côtes de Cumana et de Paria. Ils ne se

hypogæa), *guama* (Inga), *henequen* (originairement une herbe avec laquelle, selon les contes des premiers voyageurs, les Haïtiens coupoient les métaux, aujourd'hui tout fil très-résistant); *hicaco* (Chrysobalanus Icaco), *maghei* (Agave americana), *mahiz* ou *maiz* (Zea), *mamei* (Mammea americana), *mangle* (Rhizophora), *pitahaja* (Cactus Pitahaja), *ceiba* (Bombax), *tuna* (Cactus Tuna), *hicotea* (tortue), *iguana* (Lacerta Iguana), *manati* (Trichecus Manati), *nigua* (Pulex penetrans), *hamaca* (Hamac), *balsa?* (radeau, cependant *balsa* est un mot ancien castillan lorsqu'il signifie une mare), *barbacoa* (couchette de bois léger, ou de roseau), *canei* ou *buhio* (cabane), *canoa* (canot), *cocujo* (Eclater noctilucus), *chicha*, *tschischa* (boisson fermentée), *macana* (gros bâton ou massue faite des pétioles d'un palmier), *tabaco* (non l'herbe, mais le tuyau duquel on se servoit pour respirer la fumée du tabac), *cazique* (chef). D'autres mots américains, aujourd'hui aussi usités parmi les Créoles que les mots arabes espagnolisés, n'appartiennent pas à la langue d'Haïti; par exemple, *caiman*; *piragua*, *papaja* (Carica), *aguacate* (Persea), *tarabita*, *paramo*. L'abbé Gili rend probable qu'ils sont tirés de la langue de quelques peuples qui habitoient le pays tempéré entre Coro, les montagnes de Merida et le plateau de Bogota (*Saggio*, Tom. III, p. 228. *Voyez* aussi plus haut, Tom. II. p. 319). Que de mots contentèrent pas de conserver ces mots empruntés aux Haïtiens, ils contribuèrent aussi à les répandre dans toutes les parties de l'Amérique, à une époque où la langue d'Haïti étoit déjà une langue morte, et chez des peuples qui ignoroient jusqu'à l'existence des Antilles. Quelques mots dont on se sert journellement dans les colonies espagnoles sont attribués à tort aux Haïtiens. *Banana* est du Chaco, de la langue Mbaja; *arepa* (pain de manioc ou de Jatropha Manihot), et *guayuco* (tablier, perizoma), sont caribes; *curiara* (canot très-alongé) est tamanaque; *chinchorro* (hamac), et *tutuma* (fruit du Crescentia Cujete, ou vaisseau pour contenir un liquide), sont des mots chaymas.

Je me suis arrêté long-temps à des considérations sur les langues américaines, parce qu'en les analysant pour la première fois dans cet ouvrage, j'ai cru devoir faire sentir tout l'intérêt de ce genre de recherches. Cet in-

---

des langues celtique et germanique nous auroient conservé Jules-César et Tacite, si les productions des pays septentrionaux visités par les Romains, avoient différé autant des productions de l'Italie et de l'Espagne que de celles de l'Amérique équinoxiale.

térêt est analogue à celui qu'inspirent les monumens des peuples à demi-barbares. On ne les examine point, parce qu'ils méritent par eux-mêmes une place parmi les ouvrages de l'art, mais parce que leur étude répand quelque jour sur l'histoire de notre espèce et sur le développement progressif de nos facultés.

Après les Chaymas, il me resteroit à parler des autres nations indiennes qui habitent les provinces de Cumana et de Barcelone. Je me contenterai de les indiquer succinctement.

1°. Les *Pariagotos* ou *Parias*. On croit que les terminaisons en *goto*, comme dans Pariagoto, Purugoto, Avarigoto, Acherigoto, Cumanagoto, Arinagoto, Kirikirisgoto [1], indiquent une origine caribe [2].

---

[1] Les *Kirikirisgotos* (ou *Kirikiripas*) sont de la Guiane-Hollandoise. Il est bien remarquable que, parmi les petites peuplades brésiliennes qui ne parlent pas la langue des Tupi, les *Kiriri*, malgré l'énorme éloignement de 650 lieues, ont plusieurs mots tamanaques. *Hervas Catalogo delle lingue*, p. 26.

[2] Dans la langue tamanaque, qui est d'un même rameau avec le caribe, se trouve aussi la terminaison

Toutes ces peuplades (à l'exception des Purugotos du Rio Caura) occupoient jadis les pays qui ont été si long-temps sous la domination caribe, savoir les côtes de Berbice et d'Esquibo, la péninsule de Paria, les plaines de Piritu et la Parime. C'est sous ce dernier nom qu'on comprend, dans les missions, le terrain peu connu entre les sources du Cujuni, du Caroni et du Mao. Les Indiens Parias[1] se sont fondus en partie avec les Chaymas de Cumana; d'autres ont été fixés par les capucins aragonois dans les missions de Caroni, par exemple, à Cupapuy et Alta-Gracia, où l'on parle encore leur langue, qui paroît tenir le milieu entre le tamanaque et le caribe. Mais le nom de Parias ou Pariagotos n'est-il qu'un nom purement géographique ? Les

*goto*, comme *anekiamgoto*, animal. Souvent une analogie dans les terminaisons des noms, loin de prouver une identité de race, indique seulement que les noms des peuples ont été empruntés d'une même langue.

[1] *Caulin*, p. 9, 88, 136. *Vater*, Tom. III, P. II, p. 465, 617, 676. *Gili*, Tom. III, p. 201, 205.

CHAPITRE IX.             343

Espagnols qui fréquentoient ces côtes depuis leur premier établissement à l'île de Cubagua et à Macarapana, ont-ils fait passer le nom du promontoire de Paria [1] à la tribu qui l'habitoit ? Nous ne l'affirmerons pas positivement ; car les Ca-

---

[1] *Paria*, Uraparia, même Huriaparia æt Payra, sont les anciens noms du pays, écrits comme les premiers navigateurs ont cru les entendre. (*Ferd. Colomb*, dans *Curchill's Collection*, Tom. II, p. 586, cap. 71. Galvano, dans *Hakluyt's Suppl.*, 1812, p. 18. *Petrus Martyr*, p. 73, 75. *Girolamo Benzoni*, p. 7. *Geraldini Itinèrer*, p. 17. Christ. Columbi Navigatio, dans *Gryn. Orb. Nov.*, p. 80 et 86. *Gomara*, p. 109, cap. 84.) Il ne me paroît guère probable que le promontoire de Paria ait reçu son nom de celui d'un cacique *Uriapari*, célèbre par la résistance qu'il fit à Diego Ordaz en 1530, trente-deux ans après que Colomb avoit entendu le nom de Paria de la bouche des indigènes. (*Fray Pedro Simon*, p. 103, *noticia* 2, cap. 16. *Caulin*, p. 134 et 143.) L'Orénoque, à son embouchure, prit aussi le nom d'Uriapari, Yuyapari ou Iyupari. (*Herera Dec.*, Tom. I, p. 80, 84 et 108.) Dans toutes ces dénominations d'un grand fleuve, d'un littoral, et d'un pays pluvieux, je crois reconnoître le radical *par*, qui signifie eau, non seulement dans les langues de ces contrées, mais dans celles de peuples très-éloignés les uns des autres sur les côtes

ribes nommoient eux-mêmes Caribana [1] un pays qu'ils occupoient et qui s'étendoit du Rio Sinu au golfe de Darien. C'est un exemple frappant d'une identité de nom entre un peuple américain et le territoire qu'il possède. On conçoit que, dans un état de la société où les demeures ne sont pas fixes pour long-temps, ces exemples devoient être très-rares.

2°. Les *Guaraons* ou *Gu-ara-unu*, presque tous libres et indépendans, dispersés dans le Delta de l'Orénoque, dont eux seuls connoissent bien les canaux si diversement ramifiés. Les Caribes appellent les Guaraons *U-ara-u*. Ils doivent

orientales et occidentales de l'Amérique. *Mer* ou *grande eau* se dit, en caribe, en maypure et en brésilien, *parana*; en tamanaque, *parava*. Dans la Haute-Guiane, l'Orénoque s'appelle aussi *Parava*. En péruvien ou qquichua, je trouve pluie, *para*; pleuvoir, *parani*. De plus il y a un lac au Pérou, qui porte très-anciennement le nom de Paria. (*Garcia, Origen de los Ind.*, p. 292.) Je suis entré dans ce détail bien minutieux sur le nom de Paria, parce que très-récemment on a cru y reconnoître le pays des *Parias*, caste de l'Hindostan.

[1] *Petrus Martyr, Ocean.*, p. 125.

leur indépendance à la nature de leur pays : car les missionnaires, malgré leur zèle, n'ont pas été tentés de les suivre sur la cime des arbres. On sait que les Guaraons, pour élever leurs habitations au-dessus de la surface de l'eau, à l'époque des grandes inondations, les appuient sur des troncs coupés de manglier et du palmier Mauritia [1]. Ils font du pain de la farine médullaire de ce palmier, qui est le véritable sagoutier de l'Amérique. La farine porte le nom de *Yuruma :* j'en ai mangé à la ville de Saint-Thomas de la Guiane, et elle m'a paru très-agréable au goût, ressemblant plutôt au pain de

---

[1] Leurs mœurs ont toujours été les mêmes. Le cardinal Bembo les a décrites au commencement du 16.ᵉ siècle : « Quibusdam in locis propter paludes incolæ domus in arboribus ædificant » (*Hist. Venet.*, 1551, p. 88.) Sir Walter Raleigh, en 1595, dépeint les Guaraons sous les noms d'*Aruottes*, de *Trivitivas* et de *Warawites :* c'étoient peut-être les noms de quelques tribus dans lesquelles la masse de la grande nation guaraonne se subdivisoit alors. (*Barrere, Essai sur l'hist. nat. de la France équin.*, p. 150.)

manioc qu'au sagou [1] de l'Inde. Les Indiens m'ont assuré que les troncs du Mauritia (l'*arbre de vie* tant vanté par le Père Gumilla) ne donnent abondamment de la farine, que lorsqu'on abat le palmier avant que les fleurs se développent. C'est ainsi que le *maguey* [2] cultivé à la Nouvelle-Espagne ne fournit une liqueur sucrée, le vin (*pulque*) des Mexicains, qu'à l'époque où la plante pousse sa hampe. En interrompant la floraison, on force la nature à porter ailleurs cette matière sucrée ou amylacée, qui devoit s'accumuler dans les fleurs du *maguey* et dans les fruits du Mauritia. Quelques familles de Guaraons, agrégées aux Chaymas, vivent loin de leur terre natale, dans les missions des plaines ou *Llanos* de Cumana, par exemple à Santa-Rosa de Ocopi. Cinq ou six cents

---

[1] M. Kunth a réuni les trois genres de Palmiers, Calamus, Sagus et Mauritia, sous une nouvelle section des Calamées. (*Voyez* nos *Nova Genera*, Tom. I, p. 310.)

[2] *Agave americana*; l'aloës de nos jardins.

ont abandonné volontairement leurs marécages, et ont formé, il y a peu d'années, sur la rive septentrionale et méridionale de l'Orénoque, à 25 lieues de distance du Cap Barima, deux villages assez considérables, sous les noms de Zacupana et Imataca. Lorsque je fis le voyage de Caripe, ces Indiens étoient encore sans missionnaires, et vivoient en pleine indépendance. Les excellentes qualités qu'ont ces indigènes, comme marins, leur grand nombre, leur connoissance intime des bouches de l'Orénoque et de ce dédale de bras qui communiquent les uns aux autres, donnent aux Guaraons une certaine importance politique. Ils favorisent le commerce clandestin, dont l'île de la Trinité est le centre; ils faciliteroient probablement aussi toute expédition militaire qui voudroit remonter l'Orénoque pour attaquer la Guiane espagnole. Les gouverneurs de Cumana ont appelé depuis long-temps, et toujours sans succès, l'attention du ministère sur cette peuplade indienne. Comme les Guaraons courent avec une extrême adresse sur des terrains vaseux, là où le blanc, le nègre et tout autre Indien n'oseroient marcher, on croit communément qu'ils sont d'un moindre poids que le reste des indigènes. C'est aussi l'opinion qu'on a en Asie des Tartares Burates. Le peu de Guaraons que j'ai vus étoient d'une taille médiocre, trapus et très-musculeux. La légèreté avec laquelle ils marchent dans les endroits récemment desséchés, sans enfoncer, lors même qu'ils n'ont pas de planches liées aux pieds, me paroît être l'effet d'une longue habitude. Quoique j'aie navigué long-temps sur l'Orénoque, je ne suis pas descendu jusqu'à son embouchure ; les voyageurs qui visiteront ces marécages rectifieront ce que j'ai avancé.

3.º Les *Guaiqueries* ou *Guaikeri*. Ce sont les plus habiles et les plus intrépides pêcheurs de ces contrées; eux seuls connoissent bien le banc très-poissonneux, qui entoure les îles Coche, Marguerite, Sola et Testigos, banc qui a plus de 400 lieues carrées, et qui s'étend, de l'est à l'ouest, depuis Maniquarez jusqu'aux Bouches-du-Dragon. Les Guaiqueries habitent l'île de la Marguerite, la péninsule d'Araya et le faubourg de Cumana qui porte leur nom. Nous avons déjà fait observer plus haut [1] qu'ils croient leur langue un dialecte de la langue des Guaraons. Cela rapprocheroit ceux-ci de la grande famille des nations caribes; car le missionnaire Gili [2] pense que l'idiome des Guaiqueries est un des rameaux nombreux de la langue caribe. Ces rapports ont de l'intérêt, parce qu'ils font apercevoir d'anciennes liaisons entre des peuples dispersés sur une vaste étendue de pays, depuis la bouche du Rio-Caura [3] et les sources de l'Erevato, dans

---

[1] T. II, chap. IV, p. 251. (Voy. aussi *Hervas Cat.*, p. 49). Si le nom du port de *Pam-Patar*, à l'île de la Marguerite, est guaiqueri, comme on ne sauroit en douter, il offre un trait d'analogie avec la langue cumanagote, qui se rapproche du caribe et du tamanaque. Sur la Terre-Ferme, dans les missions de Piritu, nous trouvons le village de *Caygua-Patar*, dont le nom signifie *maison de Caygua*.

[2] Tom. III, p. 204. *Vater*, Tom. III, P. II, p. 676.

[3] Les *Guaiquiris* ou *O-aikiris*, stationnés aujourd'hui sur les rives de l'Erevato, et jadis entre le Rio Caura et le Cuchivero, près de la petite ville d'Alta-Gracia, sont-ils d'une origine différente des Guaiqueries de Cumana? Je connois aussi, dans

la Parime, jusqu'à la Guiane françoise et aux côtes de Paria.

4°. Les *Quaquas* que les Tamanaques appellent *Mapoje*, peuplade jadis très-guerrière et alliée des Caribes. C'est un phénomène assez curieux que de les trouver mêlés aux Chaymas dans les missions de Cumana; car leur idiome est, avec l'ature des cataractes de l'Orénoque, un dialecte de la langue salive, et leur site originaire est sur les rives de l'Assiveru, que les Espagnols apellent Cuchivero. Ils ont poussé leurs migrations 100 lieues au nord-est. Je les ai souvent entendu nommer à l'O-

l'intérieur des terres, dans les missions des Piritus, près du village de San Juan Evangelista del Guarive, un ravin qui porte très-anciennement le nom des *Guayquiricuar*. Ces indices semblent prouver des migrations du sud-ouest vers le littoral. La terminaison *cuar*, qui se trouve dans tant de noms cumanagotes et caribes, signifie *ravin*, comme dans *Guaymacuar* (ravin des lézards), *Pirichucuar* (ravin ombragé de palmiers Pirichu ou Piritu), *Chiguatacuar* (ravin de coquilles terrestres). Raleigh décrit les Guaiqueries sous le nom d'*Ouikeris*. Il appelle les Chaymas *Saimas*, en changeant (d'après la prononciation caribe), le *che* en *s*.

rénoque, au-dessus de la bouche du Meta ; et, ce qui est très-remarquable, on assure [1] que des missionnaires jésuites ont trouvé des Quaquas jusque dans les Cordillères de Popayan. Raleigh cite, parmi les naturels de l'île de la Trinité, les Salives, peuplade de mœurs très-douces de l'Orénoque, qui demeure au sud des Quaquas. Peut-être ces deux tribus, qui parlent presque la même langue, ont-elles voyagé ensemble vers les côtes.

5°. Les *Cumanagotes* ( ou, selon la prononciation des Indiens, *Cumanacoto*), aujourd'hui à l'ouest de Cumana, dans les missions de Piritu, où ils vivent comme agriculteurs au nombre de plus de 26000. Leur langue, de même que celle des *Palencas* ou *Palenques* et *Guarives*, se trouve placée entre le tamanaque et le caribe, mais plus rapprochée du premier. Ce sont encore des idiomes d'une même famille ;

---

[1] *Vater*, Tom. III, P. II, p. 364. Le nom de *Quaqua* se retrouve accidentellement sur la côte de Guinée. Les Européens le donnent à une peuplade de Nègres, à l'est du cap Lahon.

mais, pour les considérer comme de simples dialectes, il faudroit aussi nommer le latin un dialecte du grec, et le suédois un dialecte de l'allemand. Lorsqu'il s'agit de l'affinité des langues entre elles, on ne doit pas oublier que ces affinités peuvent être très-diversement graduées, et que ce seroit tout confondre que de ne pas distinguer entre de simples dialectes et des langues d'une même famille. Les Cumanagotes, les Tamanaques, les Chaymas, les Guaraons et les Caribes, ne s'entendent pas, malgré les analogies fréquentes de mots et de structure grammaticale qu'offrent leurs idiomes. Les Cumanagotes habitoient, au commencement du seizième siècle, les montagnes du Bergantin et de Parabolata. Le père Ruiz-Blanco, d'abord professeur à Séville, et puis missionnaire dans la province de Nueva-Barcelona, a publié, en 1683, une grammaire du cumanagote, et quelques ouvrages théologiques dans la même langue. Je n'ai pu savoir si les indiens Piritus, Cocheymas, Chacopatas, Tomuzas, Topocuares, confondus aujourd'hui dans les mêmes villages avec les Cumanagotes et parlant leur langue, ont été originairement des tribus de la même nation. Les *Piritus*, comme nous l'avons fait observer ailleurs, ont tiré leur nom du ravin *Pirichucuar*, où croît en abondance le petit palmier *Pirichu* ou *Piritu*[1], dont le bois excessivement dur, et par cela même peu combustible, sert à faire des pipes. C'est dans ce même lieu qu'a été fondé en 1556 le village de la Conception de Piritu, chef-lieu des missions cumanagotes, connues sous la dénomination de *missiones de Piritu*.

6°. Les *Caribes* (*Carives*). C'est le nom que les premiers navigateurs leur donnent, et qui s'est conservé dans toute l'Amérique espagnole : les François et les Allemands l'ont transformé, j'ignore pourquoi, en Caraïbes; eux-mêmes s'appellent *Carina*, *Calina* et *Callinago*. J'ai parcouru quelques missions caribes des *Llanos* [2], en

---

[1] Caudice gracili aculeato, foliis pinnatis. Peut-être du genre Aiphanes de Willdenow. (*Voyez* mes *Proleg. de distrib. geogr. plant.*, 1817, p. 228.)

[2] Je me servirai dorénavant de ce mot *Llanos*

revenant du voyage de l'Orénoque, et je me bornerai ici à rappeler que les *Galibis* (Caribi de Cayenne), les *Tuapocas* et les *Cunaguaras*, qui habitoient originairement les plaines entre les montagnes de Caripe (Caribe) et le village de Maturin, les *Iaoi* de l'île de la Trinité et de la province de Cumana, et peut-être aussi les *Guarives*, alliés aux Palenques, sont des tribus de la grande et belle nation caribe.

Quant aux autres nations dont nous avons indiqué les rapports du langage avec le tamanaque et le caribe, nous ne pensons pas qu'il soit indispensable de les considérer comme de même race avec eux. En Asie, les peuples d'origine mongole diffèrent totalement, par leur organisation physique, de ceux d'origine tartare. Tel a été cependant le mélange de ces peuples que, d'après les belles recherches de M. de

( loca *plana*, en supprimant le *p* ), sans ajouter les équivalens de *pampas*, *savannes*, *prairies*, *steppes* ou *plaines*. Le pays entre les montagnes côtières et la rive gauche de l'Orénoque comprend les *Llanos* de Cumana, de Barcelone et de Caracas.

Klaproth, des langues tartares (rameaux de l'ancien Oigour) sont parlées aujourd'hui par des hordes incontestablement mongoles. Ni l'analogie, ni la diversité du langage ne peuvent suffire pour résoudre le grand problème de la filiation des peuples : elles ne donnent que de foibles probabilités. Les Caribes proprement dits, ceux qui habitent les missions du Cari dans les *Llanos* de Cumana, les rives du Caura et les plaines au nord-est des sources de l'Orénoque, se distinguent, par leur taille presque gigantesque, de toutes les autres nations que j'ai vues dans le Nouveau-Continent. Faut-il admettre pour cela que ces Caribes sont une race entièrement isolée, et que les Guaraons et les Tamanaques, dont les langues se rapprochent du caribe, n'ont aucun lien de parenté avec eux? Je pense que non. Parmi des peuples d'une même famille, un rameau peut prendre un développement d'organisation extraordinaire. Les montagnards du Tyrol et de Salzbourg sont d'une taille plus élevée que les autres races germaniques ; les Samojèdes de l'Altaï sont moins petits et trapus que ceux du littoral. De même il seroit difficile de nier que les *Galibis* sont de véritables Caribes ; et cependant, malgré l'identité des langues, quelle différence frappante dans la hauteur de la taille et la constitution physique !

En indiquant les élémens dont se compose aujourd'hui la population indigène des provinces de Cumana et de Barcelone, je n'ai pas voulu mêler des souvenirs historiques à la simple énumération des faits. Avant que Cortès brûlât ses vaisseaux en débarquant sur les côtes du Mexique, avant qu'il entrât dans la capitale de Móntezuma en 1521, l'attention de l'Europe étoit fixée sur les régions que nous venons de parcourir. En décrivant les mœurs des habitans de Paria et de Cumana, on croyoit dépeindre les mœurs de tous les indigènes du Nouveau-Continent. Cette remarque ne sauroit échapper à ceux qui lisent les historiens de la conquête, surtout les lettres de Pierre Martyr d'Anghiera, écrites à la cour de Ferdinand-le-Catholique, remplies d'observations fines sur Christophe Colomb, sur Léon X et sur Luther, inspirées par un noble enthousiasme pour les grandes découvertes d'un siècle si riche en événemens extraordinaires. Sans entrer dans aucun détail sur les mœurs des peuples que l'on a confondus long-temps sous la dénomination vague de Cumaniens (*Cumaneses*), il me paroît important d'éclaircir un fait que j'ai souvent entendu discuter dans l'Amérique espagnole.

Les Pariagotes d'aujourd'hui sont rouge-bruns, comme les Caribes, les Chaymas et presque tous les naturels du Nouveau-Monde. Pourquoi les historiens du seizième siècle affirment-ils que les premiers navigateurs ont vu des hommes blancs à cheveux blonds au promontoire de Paria? Etoient-ce de ces Indiens à peau moins basanée, que nous avons vus, M. Bonpland et moi, à l'Esmeralda, près des sources de l'Orénoque? Mais ces mêmes Indiens avoient les cheveux aussi noirs que les Otomaques et d'autres tribus dont le teint est le plus foncé. Etoient-ce des Albinos, comme on en a trouvé jadis à l'isthme de Panama? Mais les exemples de cette dégénération sont très-rares dans la race cuivrée, et Anghiera, de même que Gomara, parlent des habitans de Paria en général, non de quelques individus. L'un et l'autre [1] les décrivent comme si c'étoient des peuples d'origine germanique : ils les disent blancs et à cheveux blonds. Ils ajoutent qu'ils portoient des vêtemens semblables à ceux des Turcs [2]. Gomara et Anghiera écrivent d'après les relations orales qu'ils avoient pu recueillir.

[1] *Æthiopes nigri, crispi lanati, Pariæ incolæ albi, capillis oblongis protensis flavis.* Petrus Martyr, Ocean., Dec. I., Lib. VI (ed. 1574), p. 71. *Utriusque sexus indigenæ albi veluti nostrates, præter eos qui sub sole versantur*, loc. cit., p. 75. Gomara dit des indigènes que Colomb vit à l'embouchure de la rivière de Cumana : « Las donzellas eran amorosas, desnudas y *blancas* (las de la casa); los Indios que van al campo estan negros del sol. » *Hist. de los Indios*, Cap. LXXIV, p. 97. Los Indios de Paria son *blancos* y rubios. *Garcia, Origen de los Indios*, 1729, Lib. IV, Cap. IX, p. 270.

[2] Ils portoient autour de la tête un mouchoir de coton rayé. Ferd. Colomb, cap. 71 (Churchill's, Tom. II, p. 586). A-t-on pris ce genre de coîfe pour un turban? (*Garcia del Origen de los Ind.*, p. 303.) Je suis surpris qu'un peuple de ces régions se couvrît la tête; mais, ce qui est bien plus curieux encore, c'est que Pinzon, dans un voyage qu'il fit seul à la côte de Paria, et dont Pierre Martyr d'Anghiera nous a conservé les

CHAPITRE IX. 359

Ces merveilles disparoissent si nous examinons le récit que Ferdinand Colomb [1] a tiré des papiers de son père. On y trouve tout simplement « que l'Amiral étoit surpris de voir les habitans de Paria, et ceux de l'île de la Trinité, mieux faits, plus cultivés (*de buena conversacion*) et plus blancs que les indigènes

détails, prétend avoir trouvé les indigènes vêtus. « Incolas omnes genu tenus mares, fœminas surarum tenus, gossampinis vestibus amictos simplicibus repererunt: sed viros more Turcarum insuto minutim gossipio ad belli usum duplicibus. (*Petrus Martyr*, Dec. II, Lib. VII, p. 183.) Qu'est-ce que ces peuples plus civilisés, couverts de tuniques, comme sur le dos des Andes, et trouvés sur une côte où, avant et après Pinzon, on ne vit que des hommes nus ?

[1] *Churchill's Collect.*, Tom. II, p. 584 et 586. Herrera, p. 80, 83, 84. Munoz, *Hist. del Nuevo Mundo*, Tom. I, p. 289. « El colorera bazo como es regular en los Indios, pero mas claro que en las islas reconocidas. » Les missionnaires ont l'habitude de nommer *blanchâtres*, ou même *presque blancs*, les Indiens moins bruns, moins basanés. (*Gumilla, Hist. de l'Orénoque*, Tom. I, Chap. V, § 2.) Ces expressions impropres peuvent tromper ceux qui ne sont pas accoutumés aux exagérations que se permettent souvent les voyageurs.

qu'il avoit vus jusqu'alors. » Cela ne veut pas dire sans doute que les Pariagotes sont blancs. La couleur moins foncée de la peau des indigènes, et la grande fraîcheur des matinées, à la côte de Paria, sembloient confirmer l'hypothèse bizarre que ce grand homme s'étoit faite sur l'irrégularité de la courbure de la terre et sur la hauteur des plaines dans cette région, comme effet d'un renflement extraordinaire du globe dans le sens des parallèles [1]. Amerigo Vespucci [2] (s'il est permis de citer son prétendu *premier* voyage, composé peut-être sur le récit d'autres navigateurs), Vespucci compare les naturels aux peuples *tartares*, non pour leur couleur, mais pour la largeur du visage et l'expression de la physionomie.

Mais s'il est certain qu'à la fin du 15.ᵉ siècle il y avoit sur les côtes de Cumana tout aussi peu d'hommes à peau blanchâtre, qu'il y en a de nos jours, il ne faut pas en con-

---

[1] *Voyez* la note C à la fin du livre.
[2] Vultu non multum speciosi sunt, quoniam latas facies *Tartariis* adsimilatas habent. (Americi Vesputii Navigatio prima dans *Gryn, Orb. Nov.*, 1555, p. 212.)

clure que les indigènes du Nouveau-Monde offrent partout une même organisation du système dermoïde. Il est aussi inexact de dire qu'ils sont tous rouge-cuivrés, que d'affirmer qu'ils n'auroient pas une teinte basanée s'ils n'étoient pas exposés à l'ardeur du soleil ou hâlés par le contact de l'air. On peut partager les naturels en deux portions très-inégales en nombre ; à la première appartiennent les Esquimaux du Grœnland, du Labrador et de la côte septentrionale de la baie de Hudson, les habitans du détroit de Bering, de la péninsule d'Alaska et du golfe du Prince Guillaume. Le rameau oriental et le rameau occidental [1] de cette race polaire, les Esquimaux et les Tchougazes, malgré l'énorme distance de 800 lieues qui les sépare, sont liés par l'analogie la plus intime des langues. Cette analogie s'étend même, comme cela a été prouvé récemment d'une manière

---

[1] Vater, dans le *Mithridates*, Tom. III, P. III, p. 425-468, Egede, Crantz, Hearne, Mackensie, Portlock, Chwostoff, Davidoff, Resanoff, Merk et Billing, nous ont fait connoître la grande famille de ces peuples Esquimaux-Tchougazes.

indubitable, jusqu'aux habitans du nord-est de l'Asie : car l'idiome des Tchouktches [1], à l'embouchure de l'Anadyr, a les mêmes racines que la langue des Esquimaux qui habitent la côte de l'Amérique opposée à l'Europe. Les Tchouktches sont les Esquimaux d'Asie. Semblable aux Malays, cette race hyperboréenne n'occupe que le littoral. Elle est composée d'ichtyophages, presque tous d'une stature plus petite que les autres Américains, vifs, mobiles et bavards. Leurs cheveux sont plats, droits et noirs; mais leur peau ( et ceci est très-caractérisque dans cette race, que je désignerai sous le nom de la race des *Esquimaux-Tchougazes* ), leur peau est originairement blanchâtre. Il est certain que les enfans des Grœnlandois naissent blancs; quelques-uns conservent cette blancheur, et souvent dans les plus brunis (les plus hâlés), on voit paroître le rouge du sang dans les joues [2].

---

[1] Je ne parle ici que des Tchouktches à demeures stables : car les Tchouktches nomades se rapprochent des Korœkes.

[2] *Crantz, Hist. of Greenland*, 1667, Tom. I, p. 132.

La seconde portion des indigènes de l'Amérique renferme tous les peuples qui ne sont pas *Esquimaux-Tchougazes*, à commencer depuis la Rivière de Cook jusqu'au détroit de Magellan, depuis les Ugaljachmouzes et les Kinaïs du Mont Saint-Elie jusqu'aux Puelches et Tehuelhets de l'hémisphère austral. Les hommes qui appartiennent à cette seconde branche sont plus grands, plus forts, plus guerriers, plus taciturnes. Ils offrent aussi des différences très-remarquables dans la couleur de leur peau. Au Mexique, au Pérou, dans la Nouvelle-Grenade, à Quito, sur les rives de l'Orénoque et de l'Amazone, dans toute la partie de l'Amérique méridionale que j'ai examinée, dans les plaines comme sur les plateaux très-froids, les enfans indiens, à l'âge de deux ou trois mois, ont le même teint bronzé que l'on observe dans les adultes. L'idée que les naturels pourroient bien être des blancs hâlés par l'air et le soleil, ne s'est jamais présentée à un Espagnol, habi-

---

Le Grœnland paroît ne pas avoir été habité au 11.ᵉ siècle, du moins les Esquimaux ne parurent qu'au 14.ᵉ siècle, venant de l'Ouest. (*Loc. cit.*, p. 258.)

tant de Quito ou des rives de l'Orénoque. Dans le nord-ouest de l'Amérique, au contraire, on rencontre des tribus chez lesquelles les enfans sont blancs, et prennent, à l'âge viril, la couleur bronzée des indigènes du Pérou et du Mexique. Michikinakoua, le chef des Miamis, avoit les bras et les parties du corps non exposés au soleil, presque blancs. Cette différence de teinte entre les parties couvertes et non couvertes ne s'observe jamais chez les indigènes du Pérou ou du Mexique, même dans les familles qui vivent dans une grande aisance et restent presque constamment renfermées dans leurs maisons. A l'ouest des Miamis, sur la côte opposée à l'Asie, chez les Kolouches et Tchinkitans[1] de la baie de Norfolk, les filles adultes, lorsqu'on les force de se nettoyer la peau, offrent le teint blanc des Européens. Cette blancheur

---

[1] Entre les 54° et 58° de latitude. Ces peuples blancs ont été visités successivement par Portlok, Marchand, Baranoff et Davidoff. Les Tchinkitans ou Schinkit sont les habitans de l'île Sitka. *Vater, Mithr.*, T. III, P. II, p. 218. *Marchand, Voyage,* T. II, p. 167, 170.

se retrouve, selon quelques relations [1], chez les peuples montagnards du Chili.

Voilà des faits bien remarquables et contraires à cette opinion trop généralement répandue de l'extrême conformité d'organisation chez les indigènes de l'Amérique. Si nous divisons ceux-ci en *Esquimaux* et *non Esquimaux*, nous convenons volontiers que cette classification n'est pas plus philosophique que celle des anciens qui ne voyoient dans tout le monde habité que des Celtes et des Scythes, des Grecs et des Barbares. Cependant, lorsqu'il s'agit de grouper des peuplades sans nombre, on gagne déjà en procédant par exclusion. Nous avons voulu établir ici qu'en séparant toute la race des Esquimaux-Tchougazes, il reste encore, au milieu des Américains brun-cuivrés, d'autres races dans lesquelles les enfans naissent blancs, sans qu'on puisse prouver, en remontant jus-

---

[1] *Molina, Saggio sulla storia nat. del Chili*, ed. 2, p. 293. Doit-on ajouter foi à ces yeux bleus des Boroas du Chili et des Guayanas de l'Uruguay, qu'on nous peint comme des peuples de la race d'Odin? *Azzara, Voyage*, T. II, p. 76.

qu'à l'histoire de la conquête, qu'ils se soient mêlés avec les Européens. Ce fait mérite d'être éclairci par des voyageurs qui, doués de connoissances en physiologie, auront l'occasion d'examiner à l'âge de deux ans les enfans bruns des Mexicains, les enfans blancs des Miamis, et ces hordes [1] de l'Orénoque qui, vivant dans les régions les plus brûlantes, conservent, pendant toute leur vie et dans la plénitude de leurs forces, la peau blanchâtre des Métis. Le peu de communication qu'il y a eu jusqu'ici entre l'Amérique du nord et les colonies espagnoles, a entravé toutes les recherches de ce genre.

Dans l'homme, les déviations du type commun à la race entière portent plutôt sur la taille [2], sur la physionomie, sur la forme du corps, que sur la couleur. Il n'en est point ainsi chez les animaux, où les variétés se trouvent plus dans la couleur que dans la forme. Le poil des mammifères, les plumes

---

[1] Ces peuplades à teint blanchâtre sont les Guaicas, les Ojos et les Maquiritares.

[2] Les peuples circonpolaires des deux continens sont petits et trapus, quoique de races très-différentes.

des oiseaux, et même les écailles des poissons changent de teinte selon l'influence prolongée de la lumière et de l'obscurité, selon l'intensité de la chaleur et du froid. Dans l'homme la matière colorante paroît se déposer dans le système dermoïde par la racine ou le bulbe des poils [1], et toutes les bonnes observations prouvent que la peau varie de couleur par l'action des stimulus extérieurs dans les individus, et non héréditairement dans la race entière. Les Esquimaux du Grœnland et les Lapons sont hâlés par l'influence de l'air; mais leurs enfans naissent blancs. Nous ne prononcerons pas sur les changemens que la nature peut produire dans un espace de temps qui excède toutes les traditions historiques. Le raisonnement s'arrête dans ces matières, lorsqu'il n'est plus guidé par l'expérience et les analogies.

Les peuples qui ont la peau blanche commencent leur cosmogonie par des hommes

---

[1] D'après les recherches intéressantes de M. Gaultier, sur l'organisation de la peau de l'homme, p. 57, John Hunter observe que, dans plusieurs animaux, la coloration du poil est indépendante de celle de la peau.

blancs; selon eux, les nègres et tous les peuples basanés ont été noircis ou brunis par l'ardeur excessive du soleil. Cette théorie, adoptée par les Grecs [1], quoique non sans contradiction [2], s'est propagée jusqu'à nos jours. Buffon a redit en prose ce que Théodectès avoit exprimé en vers, deux mille ans avant, « que les nations portent la livrée des climats qu'elles habitent. » Si l'histoire avoit été écrite par des peuples noirs, ils auroient soutenu, ce que récemment des Européens mêmes ont avancé [3], que l'homme est originairement noir ou d'une couleur très-basanée, qu'il a blanchi dans quelques races par l'effet de la

---

[1] *Strabo*, Lib. XV (*ed. Oxon. Falcon.*, T. II, p. 990).

[2] Onesicritus, apud *Strabon*. Lib., XV (*loc. cit.*, p. 983). L'expédition d'Alexandre paroît avoir beaucoup contribué à fixer l'attention des Grecs sur la grande question de l'influence des climats. Ils avoient appris par des voyageurs que, dans l'Hindostan, les peuples du midi étoient plus basanés que ceux du nord, voisins des montagnes, et ils supposoient que les uns et les autres étoient de la même race.

[3] *Voyez* l'ouvrage de M. Prichard, plein de recherches curieuses : *Researches into the physical Hist. of Man*, 1813, p. 233, 239.

civilisation et d'un affoiblissement progressif, de même que les animaux, dans l'état de domesticité, passent d'une teinte obscure à des teintes plus claires. Dans les plantes et dans les animaux, des variétés accidentelles, formées sous nos yeux, sont devenues constantes, et se sont propagées [1] sans altération: mais rien ne prouve que, dans l'état actuel de l'organisation humaine, les différentes races d'hommes noirs, jaunes, cuivrés et blancs, lorsqu'elles restent sans mélange, dévient considérablement de leur type primitif par l'influence des climats, de la nourriture et d'autres agens extérieurs.

J'aurai occasion de rappeler de nouveau ces considérations générales, lorsque nous monterons sur les vastes plateaux des Cordillères, qui sont quatre à cinq fois plus élevés que la vallée de Caripe. Il me suffit ici de m'appuyer du témoignage d'Ulloa [2]. Ce

[1] Par exemple, la brebis à pieds de devant très-courts, appelée *ancon sheep* dans le Conecticut, et examinée par Sir Everard Home. Cette variété ne date que de l'année 1791.

[2] « Les Indiens (Américains) sont d'une couleur cuivrée qui, par l'effet du soleil et de l'air, devient

savant a vu les Indiens du Chili, des Andes du Pérou, des côtes brûlantes de Panama, et ceux de la Louisiane, située sous la zone tempérée boréale. Il a eu l'avantage de vivre à une époque où les théories étoient moins multipliées, et, comme moi, il a été frappé de voir que l'indigène, sous la ligne, est aussi bronzé, aussi brun dans le climat froid des

plus obscure. Je dois avertir que ni la chaleur ni le climat froid ne produisent de changement sensible dans la couleur, de sorte que l'on confond aisément les Indiens des Cordillères du Pérou avec les Indiens des plaines les plus chaudes, et que l'on ne peut distinguer, par la couleur, ceux qui vivent sous la ligne de ceux que l'on trouve par les 40° de latitude nord et sud. » *Noticias americanas*, Cap. XVII, p. 307. Aucun auteur ancien n'a aussi clairement indiqué les deux formes de raisonnement par lesquelles on explique encore de nos jours les différences de couleur et de traits, parmi des peuples voisins, que Tacite dans la Vie d'Agricola. Il distingue entre les dispositions héréditaires et l'influence des climats; et, comme un philosophe qui est persuadé de notre profonde ignorance sur l'origine des choses, il ne décide rien. *Habitus corporum varii atque ex eo argumenta. Seu durante originis vi, seu procurrentibus in diversa terris, positio cœli corporibus habitum dedit.* Agricola, Cap. 11.

Cordillères, que dans les plaines. Lorsqu'on observe des différences de couleur, elles tiennent à la race. Nous trouverons bientôt, sur les rives brûlantes de l'Orénoque, des Indiens à peau blanchâtre : *est durans originis vis.*

## NOTES DU LIVRE III.

### Note A.

Je vais donner ici une notice des grammaires de langues américaines que j'ai rapportées en Europe, et sur lesquelles l'intérêt des savans a été fixé récemment par les travaux de MM. Hervas, Gili, Barton, Vater et Schlegel.

*Bernardo de Lugo*, gramatica de la lengua general del Nuevo Reyno de Granada o de la lengua de los Muyzcas o Mozcas. Madrid, 1619.

*Diego Gonzalez Holguin*, Vocabulario de la lengua general de todo el Peru, llamada lengua Qquichua o del Inca, conforme a la propriedad cortesana del Cuzco. Ciudad de los Reyes, 1608.

*Gramatica de la lengua del Inca.* Lima, 1753.

*Al. de Molina*, Vocabulario de la lengua Mexicana. Mexico, 1571.

*Augustin de Vetancurt*, Arte de la lengua Mexicana. Mexico, 1673.

*Ant. Vasquez Gastelu y Raym. de Figueroa*, arte de lengua Mexicana. Puebla de los Angeles, 1693.

*L. de Neve y Molina*, Reglas de ortografia, Diccionario y arte del idioma Othomi. Mexico, 1767.

NOTES.

*Carlos de Tapia Zenteno, Noticia de la lengua Huasteca, con doctrina christiana.* Mexico, 1767.

*Fr. Antonio de los Reyes, Gramatica de la lengua Mixteca.* Mexico, 1593.

*Jose Zambrano Bonilla, cura de San Andres de Hucitlapan, arte de la lengua Totonaca, con una doctrina de la lengua de Naolingo, con algunas voces de la lengua de aquella sierra y de esta por aca, por Franc. Dominguez, cura de Xalpan.* Puebla de los Angeles, 1752.

*Jose de Ortega, Vocabulario della lengua Castellana y Cora.* Mexico, 1732.

*Fern. Ximenez, Gramatica de la langua Caribe.* (Manuscrit.)

Mon frère, M. Guillaume de Humboldt, qui a fait une étude approfondie des langues américaines, a enrichi cette collection des ouvrages suivans : *C. de Tapia Zenteno, arte novissima de lengua Mexicana.* Mexico, 1753.

*Raymond Breton, Dict. Caraibe-François.* Auxerre, 1665.

*Dictionnaire Galibi, par M. D. L. S.* Paris, 1763.

*Luiz Figueira, Gramatica de la lengua del Bresil.* Lisboa, 1795.

*Lexic. Bras.* Lisb. 1795.

Il possède en outre quatorze manuscrits copiés sur ceux de l'abbé Hervas et de la Propaganda à Rome : 1. *Mss. sur la langue Azteque ou Mexicaine.* 2. *Mss. sur la langue des Otomites.* 3. *Mss. sur la langue Maya ou du Yucatan.* 4. *Mss. sur les* langues de l'Orénoque en général. 5. Mss. sur la la langue des Yaruros. 6. Mss. sur la langue Betoy. 7. Mss. sur la langue Omagua. 8. Mss. sur la langue Qquichua, par le père Camaño. 9. Mss. sur la langue Guarani. 10. Mss. sur la langue Guaicuru ou Mbaya. 11. Mss. sur la langue Mocobi. 12. Mss. sur la langue Lule. 13. Mss. sur la langue des Abipons. 14. Mss. sur la langue des Araucans du Chili. Cette notice offre plus de trente langues américaines qui ont été réduites en grammaires à l'usage des moines missionnaires. Il m'a paru d'autant plus utile de la consigner ici, que les plus riches bibliothèques de l'Europe, par exemple celle du Roi à Paris, ne possèdent pas trois grammaires de l'Amérique espagnole.

## Note B.

Langue des Chaymas dans les missions de Caripe ;
*U-re*, je, moi-même.
*Eure*, tu, toi.
*Teure*, il, lui.
*Teurecon*, eux-mêmes.
*Uchere*, moi aussi.
*Euya*, à toi.
*Toya*, peut-être, *teuya*, à lui.
*Taquer*, avec lui.
*Uca* ou *uguarey*, comme moi.
*Ucarepra*, pas comme moi.

*Muene, muenere*, celui-là.

*Temerene*, tout cela.

*Tibinpupra*, un seul.

*Achacono*, tous les deux.

*Achoroaono*, tous les trois.

*Ucheepchic, ucheucurca*, moi-même, par pondération, moi sans en douter.

*Taquer*, avec lui.

*Upuyao* ou *upunyao*, pour moi.

*Guaz*, je suis (*az*, être ; *g-u*, moi, donc moi être).

*Pra*, pas, non.

*Zis*, soleil.

*Nuna*, lune.

*Septuca*, Vénus.

*Vilaborei*, les Pléiades.

*Apotos*, feu.

*Tuna*, eau.

*Conopo*, pluie, averse.

*Pesissi*, vent.

*Mico*, enfant.

*Ures*, fille.

*Urajot*, garçon.

*Iguanetpur* ou *ipuetepuin*, veuf.

*Ipuetepur*, veuve.

*Tuguerizquen*, le marié.

*Tuanequen*, la mariée.

*Ye*, arbre ou bois.

*Caney*, hangard.

*Chinchorro*, hamac.

*Uguemur*, fièvre.

*Notomocan*, cela a fini.
*Panaz* ou *paremaña*, c'est assez.
*Ucaymuer*, *uguozpar* ou *uguozuar*, ma chasse, ce que j'ai tué.
*Eniri*, *eneritpur* ou *enerizpo*, ton ouvrage.
*Piache*, magicien, médecin.
*Ivorokiamo*, diable, mauvais esprit.
*Chavi*, tigre, jaguar.
*Chavinaci*, descendant du tigre, expression figurée pour désigner un homme cruel.
*Totelelo*, coq.
*Focora*, poule.
*Cuivivi*, canard.
*Tucuchi*, colibri.
*Sicotu*, chique, nigua, Pulex penetrans.
*Bututo*, en prononçant le *b* presque comme *f*, flûte.
*Camo*, chanter.
*Tandema*, demain.
*Chuque*, prend, impératif.
*Pisca*, porte, impératif.
*Tropse*, il se meurt.
*Kesoptreipnei*, il est malade.
*Ispinkepolepi*, il fait chaud.
*Tenetkinpoli*, il fait froid.
*Nesselcane*, il tonne.
*Tinpole poc maney*, déjà vient l'averse.
*Mico nis-inimipani*, un enfant est né.
*Tuquerizque camanay*, ou *tuputcamanay*, es-tu marié?
*Tuaneccamanay*, es-tu mariée?

*Tuguerizqueguaz*, je suis marié.
*Tuaniqueguaz*, je suis mariée.
*Iguanepuin uze*, ou *iguanepra*, je suis veuve.
*Iguirichipraguaz*, ou *ipuitepra*, je suis veuf.
*Iguanetac*, marie-toi, en parlant à une femme.
*Ipuetetac*, marie-toi, en parlant à un homme.
*Epuitpe nechia meche*, que celle-ci soit ta femme.
*Tupaguenapiaz*, j'ai mangé assez.
*Epuequere*, pour toi.
*Cupuncomiao*, ou *cupuecon*, ou *cupuerecon*, pour nous.
*Ipuec ipagua*, il est avec lui.
*Onquepan*, ou *aponomac*, donne-moi davantage.
*Guarepanca*, je porterai davantage.
*Epuec chârpe guaz*, je suis gai avec toi.
*Apazcatepayene*, il aime à tuer.
*Notomocan*, c'est fini.
*Guanatpuec*, il cultive son jardin.
*Quenapuinuze*, je ne l'ai vu.
*Ayaz yecran*, le maïs se mouille.
*Tecreguez*, il fait glissant.
*Imoron*, ou *imoromnique*, empoisonneur.
*Turopiurpuec*, il se meurt.
*Yarazinyao ou tarazincomiao*, il aura.
*Nunenao*, au clair de lune.
*Eyepatechin*, ils doivent apprendre.
*Etatechin*, ils doivent entendre.
*Enirtechin*, ils doivent faire.
*Uyare onquepe*, donne-moi aussi.
*Amachenepque*, va me porter.

*Amna zezin*, ou *enzez*, allons.
*Etigua*, qu'est-ce que cela?
*Mananequian*, on l'appelle.
*Ipunet*, il le veut.
*Anec narepo*, qui l'a vu?
*Guayque cumuepo*, ou *cumuepuec*, ils vont tuer du gibier.
*Zazamar*, chemin.
*Conopyaune*, ou *conopyayere*, lors de l'averse.
*Quenpotupra quoguaz*, je ne le connois pas.
*Quenepra quoguaz*, je ne l'ai pas vu.
*Terepuirpuec*, pourquoi s'effraie-t-il?
*Turayerpuec*, à cause de la maladie.
*Chetayma*, en dedans.
*Cumueripian*, il voulut le frapper.
*Upatay guane mana*, il y a du miel dans ma cabane.
*Tumanema*, toujours danser.
*Utechirin*, j'irai aussi.
*Mazpantonoma apotoaca itumuecon*, seulement les méchans iront au feu.
*Patre Cumanantacanan*, le père est-il à Cumana?
*Cumanantacamana*, oui, il est à Cumana.
*Montaonocon*, ou *taronocon*, ceux d'ici.
*Miyonocon*, ceux de là-bas.
*Yequiz puec capuemiaz*, je le liai à l'arbre.

## Note C.

Lorsque Christophe Colomb revint de son troisième voyage, un bruit confus se répandit dans toute l'Europe qu'il avoit reconnu, à de certains mouvemens de la polaire, que la côte de Paria et la mer circonvoisine étoient élevées comme un vaste plateau ; que la terre n'étoit pas tout-à-fait ronde, mais que (dans les contrées de l'ouest) elle avoit un renflement vers l'équateur : qu'on montoit en allant de Cadiz à la péninsule de Paria, et qu'à cause de cette grande élévation des terrains occidentaux, on trouvoit à Paria un climat moins ardent et des hommes moins basanés qu'en Afrique. Tous les écrivains de ce temps font mention de ces hypothèses bizarres. (*Petr. Martyr. Ocean.*, Dec. I, Lib. VII, p. 77. *Gomara, Hist. gen.*, Cap. VIII, p. 110. *Herera*, Dec. I, Lib. III, Cap. XII.)

Mais quelle étoit l'observation de la polaire qui avoit pu faire croire à Christophe Colomb des choses si étranges? Ferdinand Colomb nous l'apprend dans la Vie de son père (*Churchill's Coll.* T. II, p. 583). L'Amiral avoit observé, sur le parallèle des îles Açores, la hauteur méridienne de la polaire au-dessus et au-dessous du pôle. La différence de ces deux hauteurs étoit 5°, et il en résultoit 2° 30′ pour la distance de l'étoile au pôle; tandis que, par un calcul trigonométrique, on trouve qu'elle devoit être à cette époque de 3° 24′ 30″. L'erreur étoit donc de 54′ en moins. Colomb jugeoit des passages de la polaire par la position de la Grande Ourse. Quand le Chariot étoit à l'est ou à l'ouest, il indiquoit le passage de la polaire au méridien; mais cette indication étant très-incertaine, Colomb n'étoit pas sûr d'observer au moment où la polaire étoit dans le méridien; la hauteur inférieure de la polaire devoit être trop grande, et la hauteur supérieure trop petite, ce qui explique pourquoi Colomb n'a trouvé que 5° de différence entre les deux hauteurs.

Sous la zone torride, vers 7° à 8° de latitude boréale, Colomb trouva la polaire élevée de 11° au-dessus de l'horizon au méridien supérieur, et seulement de 6° lorsqu'elle étoit en digression ou à la hauteur du pôle, ce qui lui donnoit une distance polaire de 5°. Ici Colomb supposoit encore que la polaire étoit au méridien supérieur, lorsque le Chariot étoit à l'ouest; mais comme il ne pouvoit pas voir la polaire au méridien inférieur, parce qu'elle étoit trop basse, il observa la hauteur lorsque le Chariot étoit au méridien supérieur, et indiquoit la digression de l'étoile. La polaire lui parut encore à la hauteur de 9° lorsque le Chariot étoit au méridien inférieur, et par conséquent invisible à cause du peu d'élévation du pôle.

Si la constellation indiquoit mal les passages de la polaire au méridien, il paroît qu'elle indiquoit encore plus mal les digressions; car il est bien probable que Colomb prenoit la hauteur de la polaire, lorsqu'elle étoit au-dessous de la digression et du pôle, en sorte qu'il trouvoit une hauteur trop petite, et une distance polaire de 5° au lieu de 2° 30' qu'il avoit conclu de ses observations aux Açores. Pour se rendre raison d'une si grande différence, Colomb pensa que la terre n'avoit pas la forme d'une *pelotte*, mais d'une *poire*, et qu'on s'élevoit prodigieusement vers le ciel, en allant des Açores à Paria, où le cercle décrit par la polaire devoit paroître fort grand, parce qu'il étoit vu de plus près. « D'ailleurs, dit-il, quoique je ne sois pas bien maître de mon explication, l'étoile paroît dans son orbite entière sous l'équateur, tandis que plus on approche du pôle, et plus cette orbite diminue, à cause de l'obliquité du ciel. » Tout ceci n'est pas fait pour nous donner une idée favorable des connoissances astronomiques de Christophe Colomb. Comment admettre que ce grand homme n'ait pas eu des notions plus justes sur la distance des étoiles et leurs mouvemens apparens? L'Amiral raconte qu'il souffroit d'une inflammation des yeux pendant le temps qu'il étoit sur les côtes de Paria. A-t-il observé plus mal qu'à l'ordinaire, ou a-t-il marqué sur son journal les observations des pilotes? Peut-être aussi le fils a-t-il confusément énoncé les idées du père. Gomara blâme l'Amiral d'avoir cru que son *Paria* est plus près des cieux que l'Espagne. « La terre, dit-il, est ronde et non de la figure d'une poire. Cette fausse opinion de Colomb s'est soutenue jusqu'à nos jours, et fait croire aux pilotes, qui ne sont pas lettrés, que, des Indes et de Paria en Espagne, on va en descendant, *cuesta abaxo*. » Pierre Martyr d'Anghiera juge aussi l'Amiral avec beaucoup de sévérité. « Quæ de poli varietate refert Colonus, contra omnium astronomorum sententiam prolata videntur. »

# TABLE DES MATIÈRES

CONTENUES DANS LE TROISIÈME VOLUME.

### LIVRE TROISIÈME. *Pag.* 1

CHAPITRE VI. Montagnes de la Nouvelle-Andalousie.—Vallée de Cumanacoa.—Cime du Cocollar.—Missions des Indiens Chaymas. *Ibid.*

CHAPITRE VII. Couvent de Caripe.—Caverne du Guacharo.—Oiseaux nocturnes. 139

CHAPITRE VIII. Départ de Caripe.—Montagne et forêt de Santa-Maria.—Mission de Catuaro.—Port de Cariaco. 197

CHAPITRE IX. Constitution physique et mœurs des Chaymas.—Leurs langues.—Filiation des peuples qui habitent la Nouvelle-Andalousie.—Pariagotes vus par Colomb. 259

FIN DU TROISIÈME VOLUME.

# ERRATA.

Pag. 122, ligne 1, *au lieu* de 222: *lisez* 229.
    167, ligne 15, *ôtez* vers le milieu du jour.
    270, ligne 22, *au lieu* de Cumanogote : *lisez* Cumanagote.
    276, ligne 21, *au lieu* de monie : *lisez* moine.
    318, ligne 21, *au lieu* de chaire : *lisez* chair.
Pag. 331, ligne 11, *au lieu* de Tratad : *lisez* Tratado.
    359, ligne 19, *au lieu* de colorera : *lisez* color era.
    362, ligne 13, *au lieu* de caractérisque : *lisez* caractéristique.

Solander color

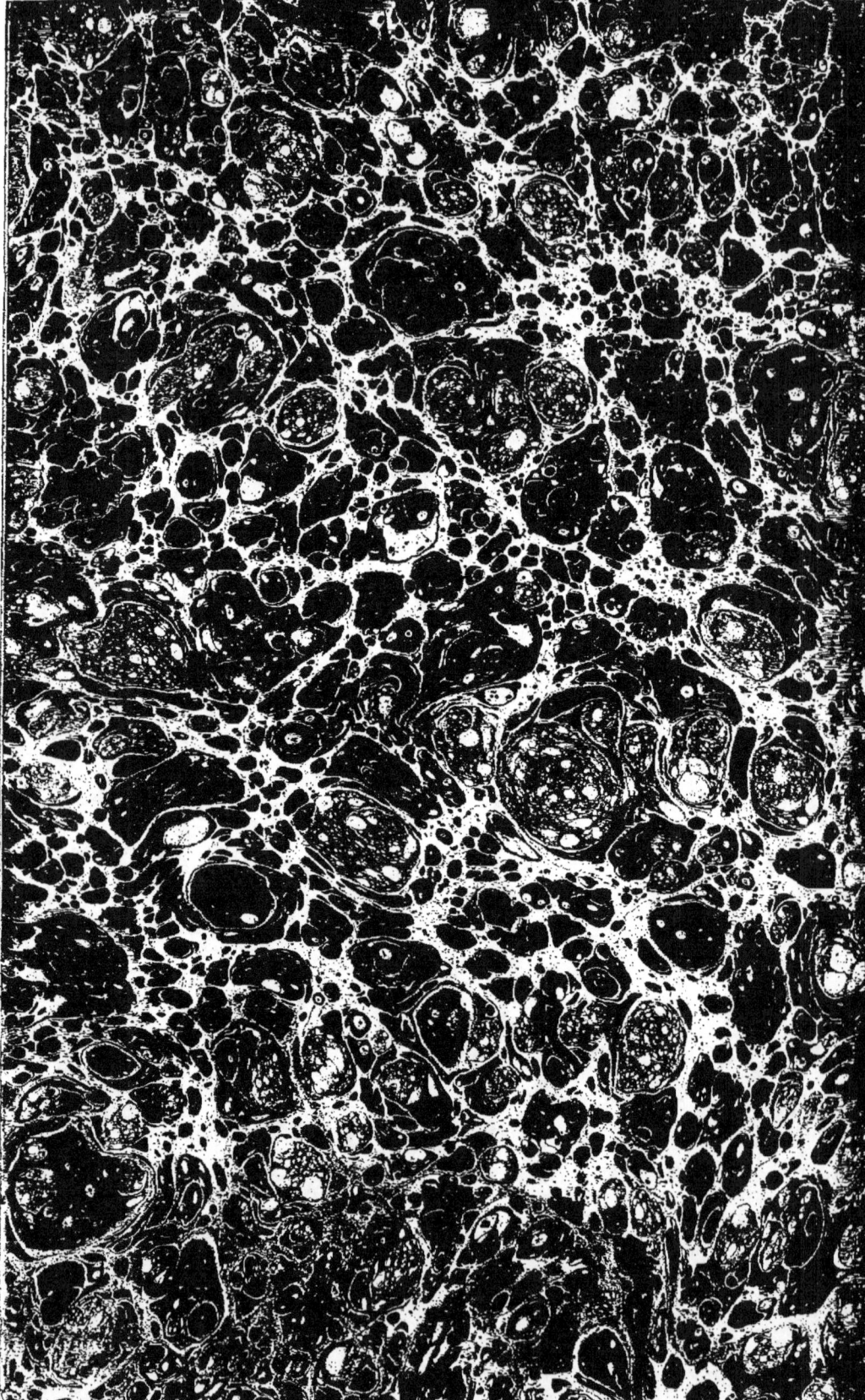

www.ingramcontent.com/pod-product-compliance
Lightning Source LLC
Chambersburg PA
CBHW071949220426
43662CB00009B/1056